LANGUE FRANÇAISE 163, septembre 2009 :
Dialogisme et marqueurs grammaticaux

La composition de ce numéro a été confiée à
Jacques Bres & Sylvie Mellet

SOMMAIRE

N° 92 **Syntaxe et sémantique des noms propres** (M.-N. Gary-Prieur).
N° 93 **Enquêtes, corpus et témoins** (G. Bergounioux).
N° 94 **Les négations** (B. Callebaut).
N° 95 **L'orthographe : perspectives linguistiques et psycholinguistiques** (M. Fayol et J.-P. Jaffré).
N° 96 **La productivité lexicale** (A. Dugas et Ch. Molinier).
N° 97 **Temps et discours** (J.-P. Bronckart).
N° 98 **Les primitifs sémantiques** (B. Peeters).
N° 99 **Métrique Française et métrique accentuelle** (D. Billy, B. de Cornulier, J-M. Gouvard).
N° 100 **Temps et aspect dans la phrase française** (J. Guéron).
N° 101 **Les figures de rhétorique** (R. Landheer).
N° 102 **Les sources du savoir et leurs marques linguistiques** (P. Dendale et L. Tasmowski-de Ryck).
N° 103 **Le lexique : construire l'interprétation** (S. Lecointre et D. Leeman).
N° 104 **Les français d'Afrique** (C. de Féral et F.-M. Gandon).
N° 105 **Grammaire des sentiments** (A. Balibar-Mrabti).
N° 106 **L'exemple dans le dictionnaire de langue** (A. Lehmann).
N° 107 **Synchronie et diachronie : du discours à la grammaire** (H. Bat-Zeev Shyldkrot).
N° 108 **La variation graphique et les Rectifications dc l'orthographe** (N. Catach).
N° 109 **La préposition de** (L. Kupferman).
N° 110 **Linguistique et Poétique** (M. Dominicy, J.-M. Gouvard, N. Ruwet).
N° 111 **L'ordre des mots** (H. Nølke et H. Korzen).
N° 112 **L'argumentation en dialogues** (C. Garcia-Debanc).
N° 113 **Aux sources de la polysémie nominale** (P. Cadiot et B. Habert).
N° 114 **Le français des jeunes** (H. Boyer).
N° 115 **La variation en syntaxe** (F. Gadet).
N° 116 **Indéfinis et référence** (W. de Mulder et N. Flaux).
N° 117 **La linguistique comme discipline en France** (J.-L. Chiss et C. Puech).
N° 118 **L'acquisition du français langue maternelle** (C. Martinot).
N° 119 **Segments graphiques du français** (N. Andrieux-Reix et S. Monsonégo).
N° 120 **Les démonstratifs** (M.-N. Gary-Prieur et A.-M. Léonard).
N° 121 **Phrase, texte, discours** (E. S. Karabétian).
N° 122 **Le groupe nominal : contraintes distributionnelles et hypothèses de descriptions** (A. Daladier).
N° 123 **Sémantique du lieu commun** (J.-M. Gouvard et O. Galatanu).
N° 124 **L'orthographe et ses scripteurs** (J.-P. Chevrot).
N° 125 **Nouvelles recherches sur l'apposition** (F. Neveu).
N° 126 **La phonologie du français** (B. Laks).
N° 127 **La prédication seconde** (P. Cadiot et N. Furukawa).
N° 128 **L'ancrage énonciatif des récits de fiction** (G. Philippe).
N° 129 **Les figures entre langue et discours** (C. Marque-Pucheu).
N° 130 **La linguistique diachronique** (W. De Mulder et A. Vanderheyden).
N° 131 **Grammaires d'enseignants et grammaires d'apprenants** (J.-C. Beacco et R. Porquier).
N° 132 **La parole intérieure** (G. Bergounioux).
N° 133 **Le lexique, entre identité et variation** (J.-J. Franckel).
N° 134 **Nouvelles approches de la métaphore** (A. Balibar-Mrabti et M. Conenna).
N° 135 **La stylistique entre rhétorique et linguistique** (B. Combettes et E. S. Karabétian).
N° 136 **L'adjectif sans qualité(s)** (C. Schnedecker).
N° 137 **La langue des signes** (C. Cuxac).
N° 138 **Temps et co(n)texte** (J. Bres).
N° 139 **La grammatisation du français** (B. Colombat).
N° 140 **La productivité morphologique en questions et en expérimentations** (G. Dal).
N° 141 **Le français parmi les langues romanes** (M. Barra Jover).
N° 142 **Procédés de modalisation, l'atténuation** (P. P. Haillet).
N° 143 **La négation en français classique** (C. Badiou-Monferran).
N° 144 **Les insultes : approches sémantiques et pragmatiques** (D. Lagorgette et P. Larrivée).
N° 145 **Le génie de la langue française** (M. Herslund et I. Baron).
N° 146 **Noms propres : la modification** (S. Leroy).
N° 147 **La langue française au prisme de la psychomécanique du langage** (O. Soutet).
N° 151 **Morphographie et hétérographie** (J.-P. Jaffré).
N° 152 **Le démonstratif en français** (C. Guillot).
N° 153 **Le classement syntactico-sémantique des verbes français** (J. François, D. Le Pesant, D. Leeman).
N° 154 **Les marqueurs discursifs** (G. Dostie, C. D. Pusch).
N° 155 **Avant le texte** (I. Fenoglio, L. Chanquoy).
N° 156 **Grammaticalisation et lexicalisation** (S. Prévost et B. Fagard).
N° 157 **Énigmatiques prépositions** (D. Leeman).
N° 158 **Les proformes indéfinies** (F. Lefeuvre & M. Pierrard).
N° 159 **Points de vue sur** *comme* (E. Moline et N. Flaux).
N° 160 **Figures et point de vue** (Alain Rabatel).
N° 161 **Les marqueurs d'attitude énonciative** (J.-C. Anscombre).
N° 162 **La notion de prise en charge en linguistique** (D. Coltier, P. Dendale, P. De Brabanter).

Jacques Bres
Praxiling UMR 5267, CNRS-Montpellier III
Sylvie Mellet
BCL UMR 6039, Université de Nice-Sophia Antipolis, CNRS, MSH de Nice

Une approche dialogique des faits grammaticaux

L'objectif de ce numéro de *Langue Française* est de questionner certains faits grammaticaux à partir de la notion de dialogisme et, au-delà, d'interroger le statut linguistique de cette notion, héritée des recherches du sémioticien russe M. Bakhtine (1895-1975 ; voir les références bibliographiques) et aujourd'hui sur le devant de la scène dans nombre de travaux qui débordent largement l'analyse de discours – littéraire ou autre – à laquelle elle semblait devoir au départ se cantonner. On introduira dans un premier temps la problématique dialogique, avant de présenter sa pertinence dans la description grammaticale.

1. DE LA PROBLÉMATIQUE DIALOGIQUE

Comme on le sait, la notion de dialogisme est avancée dans les travaux de Bakhtine qui, à partir de la fin des années 20, développe un ensemble de thèses sémiotiques et discursives auxquelles introduira en France l'article de J. Kristeva, « Bakhtine, le mot, le dialogue, le roman » (1967). Certains de ces travaux seront progressivement traduits, à partir de 1970, notamment en anglais et en français ; en 1981, l'ouvrage de T. Todorov, *Mikhaïl Bakhtine. Le principe dialogique*, suivi de *Écrits du cercle de Bakhtine*, viendra consacrer une influence – parfois une emprise – largement engagée, tant dans la critique littéraire qu'en analyse du discours ou en linguistique de l'énonciation. C'est ce dernier domaine qui retiendra plus particulièrement notre attention.

1.1. Dialogue, dialogisme, dialogalité

On ne saurait trouver, dans les travaux du sémioticien, une définition explicite, prête à l'emploi, de la notion de dialogisme. On en reconstruira le sens de la sorte : pour Bakhtine, la réalité première du langage, c'est l'interaction verbale, qui se manifeste sous la forme prototypique du *dialogue*. C'est sur le terme de *dialogue*, dont il fait un usage aussi variable qu'extensif, que Bakhtine crée le néologisme *dialogichnost'*(« dialogisme ») et également le dérivé *dialogizatzija* (« dialogisation ») (Nowakowska 2005).

Selon le sémioticien, le dialogisme est un *principe* qui gouverne toute pratique humaine. Au niveau langagier, il consiste en l'*orientation* de tout discours – orientation constitutive et au principe de sa production comme de son interprétation – vers d'autres discours, et ce, doublement : (i) vers des discours réalisés antérieurement sur le même objet de discours, et (ii) vers la réponse qu'il sollicite. Cette double orientation, vers l'amont et vers l'aval, se réalise comme *interaction* elle-même double :

- le locuteur, dans sa saisie d'un objet, rencontre les discours précédemment tenus par d'autres sur ce même objet, discours avec lesquels il ne peut manquer d'entrer en interaction ;
- le locuteur s'adresse à un interlocuteur sur la compréhension-réponse duquel il ne cesse d'anticiper.

On a tendance actuellement à parler de dialogisme *interdiscursif*, pour le premier type d'interaction ; et de dialogisme *interlocutif*, pour le second. On n'oubliera pas de signaler un troisième type d'interaction dialogique, que Bakhtine ne mentionne qu'incidemment : « les rapports de dialogue entre le sujet parlant et sa propre parole » (1929/1963/1970 : 212), que J. Authier-Revuz (1995) nomme *autodialogisme* et que, dans un souci de symétrie terminologique, on peut aussi qualifier d'*intralocutif*. Le locuteur est son premier interlocuteur dans le processus de l'auto-réception : la production de sa parole se fait constamment en interaction avec ce qu'il a dit antérieurement, avec ce qu'il est en train de dire, et avec ce qu'il a à dire[1].

Cette orientation se manifeste sous forme d'une *pluralité de voix*, qui feuillètent tout discours depuis sa macrostructure (le roman, le texte, le discours, le tour de parole) jusqu'à sa microstructure : le mot.

Prévenons une première confusion, trop souvent faite encore de nos jours, en distinguant la dimension *dialogique* de la dimension *dialogale* :

- le terme de *dialogal* prend en charge tout ce qui a trait au dialogue en tant qu'alternance de tours de parole, disons le *dialogue externe* pour parler comme Bakhtine ; *dialogal* est opposé à *monologal*. Les discours, selon le genre auquel ils appartiennent, sont dialogaux (la conversation) ou monologaux (l'article de journal) ;
- le terme de *dialogique* prend en charge la problématique de l'orientation du discours vers d'autres discours, soit, en termes bakhtiniens, le *dialogue interne*. Tout discours, qu'il soit dialogal ou monologal, est dialogique.

1. On ajoutera, dans les cadres de l'Ecole française d'analyse du discours, une quatrième dimension, le *dialogisme constitutif*, qui rencontre les notions d'*interpellation* du sujet, d'*interdiscours*, de *formations discursives*, d'*hétérogénéité constitutive* de cette approche : *mon* discours est constitué de ces autres discours, et ce en toute méconnaissance, au principe de l'*effet sujet*.

L'analyse conversationnelle, en tant que sous-discipline, décrit dans sa complexité la dimension dialogale – alternance des tours, places transitionnelles, phatiques, régulateurs, procédures de séquentialisation, etc. – qui font apparaître l'activité de parole comme interlocution. On rappellera notamment les travaux qui mettent en relation la grammaire avec l'interlocution elle-même[2]. Notre objet, qui portera sur le dialogique et non sur le dialogal, sera de questionner le rapport entre la grammaire et l'interaction, non pas *dialogale*, mais *dialogique*. Ce que nous allons maintenant préciser.

1.2. Dialogisme : de l'interaction des discours à l'hétérogénéité énonciative

L'interaction dialogique d'un discours avec d'autres discours peut être saisie et analysée au niveau *macrotextuel* : *Ulysses* de Joyce, par exemple, est en relation *intertextuelle* avec *l'Odyssée* ; *Les Mille et une années de la nostalgie* de R. Boudjedra avec *Cent ans de solitude* de G. García Marquez ; *Memorias de mi putas tristas* de G. García Marquez avec *Les Belles endormies* de Y. Kawabata ; *Les Provinciales* de Pascal avec les discours jansénistes et des jésuites ; un discours sur le « soja fou » avec l'ensemble des discours sur la vache folle (Moirand 2008) ; tout comme la théorie du conditionnel comme *futur hypothétique* de G. Guillaume (1929 : 56-57) « dialogue » polémiquement avec les discours grammaticaux de ceux qui posent que le conditionnel est un mode, ou un temps du passé… L'*intertextualité* généralisée est maintenant devenue un lieu commun dans l'analyse : « Nous regardons la lune et nous la voyons à travers Virgile, à travers Shakespeare, à travers Verlaine » (J.L. Borges)…

Cette interaction que le concept d'intertextualité permet de décrire au niveau *macrotextuel*, peut être également saisie au niveau *microtextuel* de l'énoncé. Et c'est celui-ci qui est concerné par le présent projet.

La triple interaction – interdiscursive, interlocutive, autodialogique – du discours avec du discours a pour résultat, au niveau de l'énoncé réalisé, une *dialogisation intérieure*, que Bakhtine appréhende par différentes métaphores : *pluralité de voix*, *résonances* (1952/1979/1984 : 301, 308), *échos* (1952/1979/1984 : 298), *harmoniques dialogiques* (1934/1975/1978 : 114 ; 1952/1979/1984 : 277, 300), *reflets* (1952/1979/1984 : 298) des énoncés d'autrui dans mon énoncé. Moyennant quoi, tout énoncé est constitutivement dialogique.

Mais, toujours selon Bakhtine, « les rapports dialogiques (y compris ceux du locuteur avec son propre mot) sont un objet de la translinguistique. […] Dans la langue, objet de la linguistique, n'existe et ne peut exister aucun rapport dialogique » (1963/1970 : 239).

Si l'on suit l'auteur, le dialogique relèverait d'une autre branche – en russe, la *metalingvistika* – que celle dont l'objet est la langue, ce dont on peut inférer que la langue resterait en quelque sorte à l'abri du dialogisme, dont le seul terrain de manifestation serait le discours. Nous ne reconduirons pas ce clivage, et

2. Ochs, Schegloff et Thompson 1997.

l'objet de ce numéro sera précisément de questionner la façon dont le dialogisme, qui se manifeste prototypiquement en discours, pénètre, par l'entremise de certains marqueurs, au cœur de la langue (*infra* 2).

Revenons aux métaphores citées au paragraphe précédent. On peut en faire une lecture *énonciative*[3] : les linguistiques de l'énonciation – Bally, Damourette et Pichon, Guillaume, Jakobson, Benveniste, Culioli... – ont établi la présence de l'homme dans la langue à travers le fonctionnement spécifique de différentes unités linguistiques, présence qui induit le marquage subjectif et intersubjectif du discours, et donc des énoncés qui le composent. Complémentairement, selon l'approche dialogique, on dira que l'énoncé est habité, du fait de la nécessaire rencontre du discours avec d'autres discours, non seulement de la présence de l'énonciateur et de l'énonciataire, mais également d'autres « voix » à partir desquelles s'énoncent ces autres discours, voix qui le feuillettent énonciativement. Sous la surface textuelle donc, la profondeur énonciative, *l'autre dans l'un* (pour reprendre une expression de J. Authier-Revuz) ; et l'on parlera d'*hétérogénéité énonciative*. Cette profondeur énonciative, issue de l'interaction incontournable du discours avec d'autres discours, que nous postulons, on peut linguistiquement en décrire certains aspects : lorsque l'orientation dialogique du discours vers d'autres discours laisse des traces – notamment d'ordre grammatical – à la surface de l'énoncé. Mais se pose alors la question du statut de ces traces : les formes grammaticales ainsi sollicitées sont-elles, en quelque sorte, détournées de leur sens propre et de leur fonction première pour collaborer contextuellement à l'expression d'un phénomène purement discursif ou bien sont-elles intrinsèquement porteuses d'un signifié dialogique ? Dans le premier cas, elles ne seraient qu'un *signal* parmi d'autres de dialogisme ; dans le second cas, on pourrait à proprement parler leur conférer le statut de *marqueur* de dialogisme[4].

1.3. Dialogisme *VS* polyphonie

Avant de poursuivre plus avant ce questionnement, il convient de noter que les phénomènes d'hétérogénéité énonciative peuvent être décrits selon deux grands types d'approche : l'approche *dialogique*, l'approche *polyphonique*. Pour expliciter ce point, on se voit contraint de faire une brève présentation de la dualité terminologique *dialogisme/polyphonie* qui trouve son origine dans les travaux de Bakhtine lui-même.

---

3. Lecture qui, précisons-le, n'est pas celle de Bakhtine : sa théorisation ignore la problématique de l'énonciation. Sériot (2007) a raison de signaler tout ce qui le sépare de Benveniste : « ce que Bakhtine construit n'est en aucun cas une théorie de l'énonciation, mais bien une théorie de l'énoncé » (p. 15). Rien cependant n'empêche de retravailler la notion de dialogisme dans les cadres de l'analyse du discours et de ceux de l'énonciation, dans la mesure où ils peuvent parfaitement l'accueillir, en se gardant de toute assimilation conceptuelle hâtive.

4. Un morphème prend le statut de marqueur à partir du moment où il est conçu comme la trace en discours d'opérations énonciatives stables, ayant un statut linguistique, c'est-à-dire dont la configuration définit le signifié en langue dudit morphème : un marqueur dialogique sera donc pour nous un morphème dont le signifié en langue programme la signification dialogique.

Il semble qu'on puisse avancer, en appui sur le texte russe, les faits suivants : Bakhtine use du terme de *dialogisme* dans l'ensemble de sa production, de 1929 à 1970. Celui de *polyphonie* n'apparaît que dans l'ouvrage de 1929 consacré aux romans de Dostoievsky (1929/1963/1970). Bakhtine dit l'emprunter à une étude de V. Komarovich (1924) sur *L'Adolescent* de Dostoievsky, qui « introduit une analogie avec la polyphonie et avec la combinaison contrapuntique des voix d'une fugue » (*op. cit.* : 28) ; il souligne que « quand nous-même comparons le roman de Dostoïevski à la polyphonie, cette comparaison n'a que la valeur d'une analogie imagée, d'une simple métaphore, pas davantage. [...] Métaphore dont nous tirons néanmoins l'expression "roman polyphonique", étant donné que nous ne trouvons pas de désignation plus appropriée » (*op. cit.* : 30). Dans ce même ouvrage, il est également question de dialogisme, sans que l'auteur explicite l'articulation des deux notions. L'étude de ce texte permet d'avancer que Bakhtine conçoit la polyphonie comme l'utilisation artistique – tout particulièrement romanesque – des possibilités dialogiques du discours quotidien.

Mais la réception française des travaux de Bakhtine va tendre à inverser le rapport : c'est le terme de *polyphonie* qui sera le plus sollicité (certainement parce que c'est l'ouvrage de 1929/1963, centré autour du terme de *polyphonie*, qui a le premier bénéficié d'une traduction, en 1970). À la suite des travaux d'O. Ducrot (notamment 1984), de nombreux linguistes usent du terme de *polyphonie* pour appréhender l'hétérogénéité énonciative de l'énoncé quotidien (J.-Cl. Anscombre, M. Carel, H. Constantin de Chanay, M.-L. Donaire, P. Haillet, H. Kronning, D. Maingueneau, H. Nølke, L. Perrin, R. Vion notamment), alors que parallèlement d'autres parlent, sans doute de façon plus fidèle au texte bakhtinien, de dialogisme (J. Authier-Revuz, A. Salazar, J. Bres, S. Mellet, S. Moirand notamment).

La différence de signifiant pourrait n'être qu'un fâcheux doublon terminologique : ce n'est pas le cas. Elle recouvre une différence de conception de l'énonciation (Bres et Rosier 2008), différence à mettre elle-même en relation avec une différence de cadres conceptuels.

L'approche de l'hétérogénéité énonciative de l'énoncé en termes de polyphonie s'inscrit dans les cadres d'une conception théâtrale de l'énonciation ; ainsi, pour O. Ducrot, le *locuteur*, instance strictement linguistique – distinguée du *sujet parlant* en tant que producteur effectif de l'énoncé, non pris en compte dans l'analyse – met en scène différents énonciateurs, conçus comme les porteurs (les supports linguistiques ?) de différents *points de vue* et *attitudes*. Adoptant la même métaphore théâtrale, H. Nølke propose de « dire que LOC est l'auteur et le metteur en scène du drame verbal joué par l'énoncé [...]. Les ê-d [êtres discursifs] sont les acteurs du drame » (2005 : 114) ; « LOC construit les ê-d avec leurs pdv [points de vue] et leurs liens, et il construit la scène où il fait jouer ces acteurs » (*ibid.*, 115).

Les approches en termes de dialogisme, qui s'inscrivent peu ou prou dans les cadres de l'analyse du discours, posent l'énonciation comme négociation du sujet énonciateur – défini comme celui qui profère et valide le discours ou l'énoncé produit – avec l'hétérogène des autres discours qui le traversent et qu'il ne cesse de rencontrer, hétérogène qu'il peut mettre en scène partiellement mais qui plus fondamentalement le domine et auquel il ne saurait échapper.

L'approche polyphonique se développe dans les cadres d'une pragmatique pour laquelle le discours n'est pas une catégorie de l'analyse ; l'approche dialogique, à l'inverse, « plac [e] le discours au centre de l'énonciation et l'énonciation au centre des relations interdiscursives » (Moirand 2004 : 195).

Illustrons cette divergence d'approche, qui induit une différence dans l'analyse des faits, par un exemple, le traitement proposé par Ducrot (1984) de la relative appositive dans l'occurrence suivante :

(1) Et ce même Néron, *que la vertu conduit,*/Fait enlever Junie au milieu de la nuit. (Agrippine dialoguant avec Albine, *in* Racine, *Britannicus,* v. 53-54)

O. Ducrot vient de poser, à côté du locuteur, l'instance des énonciateurs, définis comme « êtres qui sont censés s'exprimer à travers l'énonciation, sans que pour autant on leur attribue de mots précis ; s'ils « parlent », c'est seulement en ce sens que l'énonciation est vue comme exprimant leur point de vue, leur position, leur attitude, mais non pas, au sens matériel du terme, leurs paroles » (*op. cit.* : 204). Ce qu'il illustre par les vers de Racine ainsi commentés : « La relative est destinée à exprimer non pas le *point de vue* d'Agrippine mais celui d'Albine (*ibid.*) ». L'énoncé *La vertu conduit* (*Néron*) ne rapporterait pas les mots d'Albine, on ne saurait entendre là à proprement parler sa *voix* ; en revanche on peut facilement le mettre en relation avec la façon dont elle *voit* Néron : le locuteur Agrippine dirait là le *point de vue* d'Albine sur Néron. La notion de *point de vue,* dans les cadres de la polyphonie, permet d'appréhender une forme de subjectivité infra-verbale, qui semble en parfait accord avec notre intuition des faits langagiers.

L'approche dialogique fera de cet énoncé une analyse sensiblement différente. Si nous relisons cette scène de *Britannicus,* il apparaît que, dans sa défense de Néron, Albine use elle-même, quelques vers plus haut, du mot *vertu* :

(2) (...) Enfin Néron naissant/À toutes les *vertus* d'Auguste vieillissant. (v. 29-30)

De sorte qu'Agrippine reprend bien un mot du discours d'Albine, « vertu », qui fait l'objet, au moins implicitement, d'une modalisation autonymique. *Vertu* est *bivocal* pour reprendre un terme bakhtinien, en ce que s'y rencontrent deux discours, rencontre qui prend la forme d'un énoncé que le locuteur-énonciateur (correspondant à Agrippine) citant *impute* ironiquement à l'énonciateur implicitement cité (correspondant à Albine).

Après avoir, sur la base de cette opposition entre une conception large qui construit des points de vue et une conception plus stricte qui recherche des énoncés latents, distingué les approches polyphonique et dialogique, nous préciserons pour finir qu'elles savent se rencontrer, comme l'a montré le colloque de Cerisy 2004, *Dialogisme, polyphonie : approches linguistiques*

(Bres et *al.* 2005)[5] ; elles se rencontrent de fait dans certaines de leurs analyses, et sont objet d'études contrastives (Dendale et Coltier 2006, par exemple, ou Constantin de Chanay 2006). Le présent projet, toutefois, est centré sur l'approche dialogique, même si les auteurs ne manquent pas de dialoguer avec les analyses polyphoniques lorsqu'ils partagent avec elles un même objet d'étude.

1.4. L'hétérogénéité énonciative, une *exception française* ?

Si nous n'avons mentionné jusqu'à présent que des travaux francophones, ce n'est pas par nombrilisme paroissial… Force est de reconnaître que c'est dans cette langue que se sont développées les recherches linguistiques polyphoniques et dialogiques, ce qu'il nous faut maintenant expliquer brièvement.

Explicitons une question qui ne manque pas de se poser : Bakhtine – pour des raisons scientifiques mais aussi idéologiques – fait partie des auteurs les plus lus dans le monde anglo-saxon. Comment se fait-il que la problématique de l'hétérogénéité énonciative, qu'on la traite en termes de dialogisme ou de polyphonie, soit absente des travaux anglo-saxons ? Citons à titre d'exemple le fait suivant. On sait qu'il existe depuis 1994, domicilié à l'université de Sheffield, un centre très actif d'études bakhtiniennes, le *Bakhtin Center*. Il a organisé en juillet 2008 à l'Université du Western Ontario (Canada), la 13e Conférence internationale sur Mikhaïl Bakhtine : dans la session linguistique, notre problématique énonciative n'a aucunement été abordée.

L'explication nous semble tenir à un fait bien connu, rappelé par Lyons (1994) : alors qu'une partie de la linguistique en France s'est construite, à la suite notamment des travaux de Benveniste (faisant eux-mêmes suite aux recherches de Damourette et Pichon, de Bally, de Guillaume), sur l'opposition *énoncé/énonciation,* il n'en a pas été de même en domaine anglo-saxon, ce que signale par exemple la difficulté à traduire le terme d'*énonciation* (chez certains, *utterance* ; chez d'autres, par emprunt au français et intégration phonologique, *enunciation*). Le retravail des notions de *dialogisme* ou de *polyphonie* dans les cadres d'une approche de linguistique énonciative ne s'est donc pas produit. Ce qui ne signifie pas pour autant bien sûr que les faits linguistiques abordés en français à partir de ces notions ne soient pas traités en linguistique anglo-saxonne. Ils le sont au moins en partie, mais à partir de différents termes – *subjectivity, speaker empathy, point of view, subject-raising*, etc. –, et dans des cadres théoriques aussi différents que ceux de la syntaxe fonctionnelle, de la grammaire générative ou de la linguistique cognitive[6]. À notre connaissance, il

5. Certains auteurs y ont proposé une articulation des deux notions : R. Amossy (« De l'apport d'une distinction : dialogisme *vs* polyphonie dans l'analyse argumentative », 63-73), R. Vion (« Modalités, modalisations, interaction et dialogisme », 143-156, en part. 152-154), H. Constantin de Chanay (« Associations et dissociations énonciatives entre geste et parole : polyphonie et dialogisme dans une interview de Jean-Claude Van Damme », 231-246).

6. R. Langacker p. ex. pose dans ses analyses un *viewer* ou un *conceptualizer*… mais pas un *enunciator* (1995 / 1999 ; 2003).

n'existe pas de travaux consacrés à la mise en relation de ces problématiques avec celles du dialogisme et de la polyphonie.

Les raisons qui expliquent l'absence d'un retravail énonciatif des notions de dialogisme et de polyphonie en anglais[7] rendent compte aussi de sa présence, comme de son importance, dans les travaux en français : il nous semble significatif que J. Authier-Revuz rencontre la notion de dialogisme dans sa construction d'une théorie de l'énonciation non subjective (1982) ; et qu'O. Ducrot emprunte le terme de polyphonie pour résoudre des problèmes liés à sa théorisation de l'énonciation[8]. Il y a bien une *exception française*[9] dans le champ de la linguistique, et elle est liée au concept d'énonciation ; elle se prolonge aujourd'hui dans les études relevant du dialogisme et de la polyphonie, et sa reconnaissance est aussi un des enjeux de ce numéro de *Langue Française*.

2. LE MARQUAGE GRAMMATICAL DU DIALOGISME

Commençons par brosser un rapide tableau des lieux linguistiques où opère la notion de dialogisme, à partir de la remarque suivante dans laquelle Bakhtine, non sans quelque contradiction avec le propos que nous rapportions *supra* (1.2.), avance, dans un autre texte, que « la dialogisation intérieure du discours trouve son expression dans une suite de particularités de la sémantique, de la syntaxe et de la composition que la linguistique et la stylistique n'ont absolument pas étudiées à ce jour » (1934/1975/1978 : 102). Autant dire que ces « particularités » affectent tous les niveaux du texte, comme les objets de (presque) toutes les branches de la linguistique... On distinguera, entre autres, les niveaux rhétorique, lexical et grammatical[10].

Certains faits, traditionnellement classés comme figures rhétoriques, ont récemment été décrits dans leur fonctionnement dialogique : la métaphore (Détrie 2001), le détournement (Leroy 2005), la litote et l'euphémisme (Jaubert 2008), l'antithèse (Siouffi 2007), la prolepse (Bres et Nowakowska 2008), l'oxymore (Monte 2008), la paradiastole (Gaudin-Bordes et Salvan 2008), l'hypallage et l'antanaclase (Gaudin-Bordes et Salvan à paraître 2009) notamment.

7. Précision ultime : il semblerait que la problématique de la polyphonie commence à être prise en compte en anglais, comme le signale le résumé de la conférence d'E. Traugott, « Interactional contexts and emergence : A historical perspective », Bristol avril 2009.

8. On retrouve les deux termes d'*énonciation* et de *polyphonie* associés dans les titres de deux de ses articles : « Esquisse d'une théorie *polyphonique* de l'*énonciation* » (1984), « *Enonciation* et *polyphonie* chez Charles Bally » (1989) (c'est nous qui soulignons).

9. Il conviendrait d'ailleurs de préciser ce syntagme que nous reprenons ironiquement (et dialogiquement !) du discours politique : les recherches énonciatives en polyphonie et en dialogisme, si elles sont parties de travaux réalisés en France, se développent dans différents pays : Brésil, Danemark, Espagne, Norvège, Suède, Suisse...

10. Etant bien entendu que le niveau premier est le niveau intonatif, même si à l'heure actuelle on dispose de peu d'analyses. Cf. toutefois Morel et Danon-Boileau 1998, Morel 2001, Delomier et Morel 2002, de Chanay 2006, Maury, Vion et Bertrand 2009.

De leur côté, la sémantique discursive et l'analyse du discours ont largement validé l'image bakhtinienne selon laquelle les mots du lexique ne sont jamais « vierges » pour les interlocuteurs, mais gros des discours antérieurs qui les ont actualisés, ce que prennent en charge les notions de *dialogisme de la nomination* (Siblot 2001), de *mémoire des mots* et de *fil vertical du discours* (Moirand 2004 et 2005). L'épaisseur discursive des mots du lexique peut se *montrer* par les innombrables tours de la modalisation autonymique (Authier-Revuz 1995). Plus profondément : les mots d'un discours font sens de l'interdiscours qu'ils reconduisent, en toute méconnaissance des interlocuteurs (cf. note 1).

Mais c'est sans doute au niveau grammatical que l'hétérogénéité énonciative apparaît de la manière la plus manifeste et la plus variée. Les lieux grammaticaux – qui relèvent de la sémantique grammaticale, de la morphologie et de la syntaxe – sont en effet nombreux à articuler, de façons fort diverses, la rencontre de deux *voix*, de deux discours. Mentionnons pêle-mêle en un inventaire à la Prévert : le conditionnel, la négation, l'interrogation, le clivage, la concession, la comparaison, la restriction, la nominalisation, les déterminants, le discours rapporté, etc.

Certains de ces lieux ont fait l'objet de nombreux travaux, dans les cadres de la polyphonie et/ou dans ceux du dialogisme, comme par exemple la négation ou le conditionnel[11]. D'autres, fort peu (l'interrogation), voire pas du tout (la comparaison, les déterminants). Le présent numéro entend revenir sur des objets déjà traités pour en évaluer, compléter et approfondir l'analyse, et ouvrir quelques chantiers encore mal explorés. Mais il entend aussi et peut-être surtout poser, à travers chacune de ces études ponctuelles et à travers leur confrontation, des questions générales, dont les enjeux dépassent l'examen d'un morphème ou d'une construction particulière.

2.1. Faits grammaticaux et marqueurs dialogiques

Comme nous le verrons plus en détail ci-dessous, les formes analysées dans chacun des articles ici rassemblés relèvent pour les unes de la syntaxe (tels le détachement, les relatives disjointes, les sous-phrases en *si*, les comparatives), pour d'autres de catégories grammaticales constituées en paradigmes (tels les temps verbaux ou les possessifs), pour d'autres enfin de micro-systèmes grammaticalisés (tels les connecteurs argumentatifs concessifs ou de justification pseudo-objective).

Ainsi, nous qualifions globalement ces formes de *grammaticales* sans autre prétention que de référer à l'acception la plus traditionnelle de la grammaire comme système de systèmes clos, *i.e.* accueillant – outre les morphèmes grammaticaux – les mots-outils, les mots non-prédicatifs, les opérateurs et connecteurs, au sein de classes fermées en synchronie.

11. Il serait abusif de citer ici l'ensemble de ces travaux ; on trouvera de bons récapitulatifs bibliographiques, pour la négation, dans l'article de P. Larrivée « Les voix de la polyphonie négative » (*in* Bres *et al.* 2005 : 313-322), et pour le conditionnel, dans l'ouvrage de P.P. Haillet (2002).

Toutefois, nous sommes bien conscients que plusieurs des formes étudiées se situent à la frontière du lexique et de la grammaire et que, loin d'être anecdotique, ce fait suscite quelques interrogations majeures pour notre propos : le dialogisme traverse-t-il le lexique tout autant que la grammaire (ou la grammaire tout autant que le lexique) ? Peut-il contribuer à alimenter la réflexion sur la frontière entre lexical et grammatical ? La dialogisation de certains lexèmes contribue-t-elle (et si oui, comment) à leur processus de grammaticalisation, voire de pragmaticalisation ?

Seule une grammaire de l'énoncé, articulée à une analyse discursive, nous semble susceptible d'alimenter cette réflexion et d'apporter des réponses aux questions posées. Elle seule en effet permet d'appréhender à la fois la sémantique globale de l'énoncé et celle de chacune de ses parties constitutives en tenant compte de leurs interactions réciproques ; elle assure par là le lien entre sémantique lexicale et sémantique grammaticale, en mettant au jour et en articulant de manière cohérente l'ensemble des opérations énonciatives qui contribuent à structurer les champs notionnels sollicités par l'énoncé et qui organisent, à partir d'un système de repérages énonciatifs plus ou moins complexe, la relation prédicative prise en charge par l'énonciateur. Une illustration de cette puissance explicative a pu être donnée récemment à propos de l'étude de certains connecteurs concessifs français[12].

On a ainsi montré que, pour rendre compte de l'ensemble des emplois du connecteur *pour autant* et de leur évolution diachronique, il fallait solliciter tout à la fois les opérations énonciatives à la base du signifié de ce connecteur (et encore lisibles dans la suite de ses morphèmes constitutifs) – à savoir la comparaison avec altérité mettant en parallèle et dissociant fortement deux domaines notionnels et l'inversion d'un rapport de proportionnalité – et la récurrence d'un processus de dialogisation qui, dans le cadre notamment d'un dialogisme interlocutif, fait passer ce connecteur d'une valeur initialement causale à une valeur concessive, d'abord réservée aux contextes négatifs, puis largement étendue à tout contexte, au point de transformer ce connecteur logico-argumentatif en simple ponctuant dans les emplois les plus modernes.

De la même manière, on a pu rendre compte de la grammaticalisation de *cependant* et de certaines spécificités d'emplois de ce connecteur par rapport à *néanmoins*, *toutefois* et *pourtant*, à partir d'une analyse articulant très étroitement l'opération énonciative de repérage par identification (simultanéité) et les différentes configurations dialogiques dans lesquelles *cependant* apparaît de manière privilégiée[13].

Évoquons un dernier exemple de ce rapport entre dialogisation et grammaticalisation, qui nous autorise à ne pas opposer grammaire et lexique et à intégrer délibérément à notre projet l'étude de certains termes non strictement grammaticaux dans la mesure, précisément, où ils sont le lieu d'expression d'un dialogisme non seulement récurrent, mais désormais stabilisé dans leur

---

12. Voir Mellet (dir.) (2008), notamment les pages 136-160 et 203-241.

13. Sur *cependant*, voir aussi Marchello-Nizia 2007.

signifié propre. On pense au tour « m'attends », récemment analysé par C. Kerbrat-Orecchioni (2005 : 51-55), dont nous proposons l'occurrence suivante :

(3) (Un médecin raconte l'impolitesse de certains clients)
Le type il arrive avec demi-heure de retard il s'excuse pas et il demande de passer illico non ***m'attends*** il me prend pour une conne ou quoi ? (conversation)

Le ponctuant oral *m'attends* (souvent accompagné de *non* et de *mais*) exprime régulièrement l'indignation du locuteur. On peut penser que cette valeur d'emploi procède de la *subduction* du sens du verbe *attendre* en contexte de dialogisme interlocutif anticipatif : *attends* équivalant alors à *ne viens pas me dire que ne... pas, arrête (suspends) tout énoncé positif en faveur du tiers dont je te parle.*

Le dialogisme est donc sans doute une des voies de la grammaticalisation et de la pragmaticalisation. Nous en trouverons d'autres exemples au fil de ce numéro et le rapport entre les deux phénomènes mériterait certainement d'être théorisé.

On se contentera pour conclure ce paragraphe de souligner que la conception de la grammaire et le positionnement méthodologique ici adoptés permettent de résoudre l'apparent paradoxe qu'il y a à aborder le dialogisme – phénomène *a priori* focalisé sur les discours – à travers le prisme de quelques marqueurs grammaticaux particuliers : précisément parce que le dialogisme traverse tout discours et tous les discours, la langue a sans aucun doute construit des marqueurs spécifiques pour dire cette incessante rencontre des voix au sein de l'énoncé. *Marqueurs* est ici entendu au sens strict défini dans la note 4 ; c'est ce que s'attacheront à prouver les études que nous avons rassemblées

2.2. Les enjeux théoriques d'une approche grammaticale du dialogisme

Partant de là, on voit se dessiner un certain nombre de questions qui représentent autant d'enjeux portés par une approche grammaticale du dialogisme.

• Peut-on, grâce à l'étude des diverses formes linguistiques étroitement et fréquemment associées à l'expression du dialogisme, intégrer celui-ci au cœur de la langue ? Peut-on, en dépit de Bakhtine, remonter en amont de la mise en discours et de la textualité pour reconstruire le soubassement proprement linguistique du fait dialogique ?

• Dans cette perspective, comment articulera-t-on le dialogisme avec d'autres notions proches telles que l'hétérogénéité énonciative d'Authier-Revuz ou l'altérité notionnelle de Culioli ? S'agit-il de simples variantes terminologiques liées à l'existence de diverses écoles linguistiques ? de déclinaisons, à différents niveaux de pertinence du système linguistique, d'un même concept ? de concepts radicalement différents ?...

• Enfin quel peut être l'apport d'un dialogisme ainsi revisité à l'analyse des textes d'une part, à celle d'un marqueur ou d'un ensemble de marqueurs linguistiques d'autre part ? Y gagne-t-on en puissance explicative et en cohérence théorique ?

Ce numéro tente d'apporter des éléments de réponse à ces questions en prenant appui sur l'analyse en contexte des diverses formes linguistiques étudiées. La démarche se veut donc en large partie empirique. Elle ne fait cependant pas l'économie d'un positionnement théorique qui s'est imposé comme fortement cohérent, même lorsque, pour certains contributeurs, il n'avait pas été délibérément choisi comme cadre de référence *a priori*.

Ce cadre est celui d'une linguistique de l'énonciation *à la française*. Peu importe ici que les auteurs déclinent cette référence théorique selon des modalités différentes : l'un pourra recourir aux concepts opératoires de la Théorie des Opérations Enonciatives d'Antoine Culioli, l'autre pourra préférer le formalisme de la psychomécanique de Gustave Guillaume, un autre encore se revendiquer de la praxématique et d'autres se contenter de références plus larges à une mouvance qui trouve sa source dans les travaux de Charles Bally et d'Emile Benveniste.

L'important ici est que l'articulation du fait dialogique aux faits de langue *via* l'analyse de son expression par des marqueurs grammaticaux oblige à penser les rapports entre langue et parole sur le modèle de l'*actualisation énonciative*[14]. En somme, notre approche du dialogisme nous oblige à recourir à des outils théoriques permettant de modéliser un double parcours :

- celui de l'énonciateur qui, partant d'un « signifié de puissance » (G. Guillaume) ou d'une « forme schématique » (A. Culioli) sollicitant une forme d'altérité en langue, actualise ce signifié au travers des opérations de repérage et d'ancrage énonciatifs qui conduisent à faire entendre deux voix dans l'énoncé ;
- celui du récepteur (et, au-delà, de l'analyste) qui, partant des marqueurs formels de l'énoncé dialogique, reconstruit les opérations énonciatives dont ceux-ci sont la trace et qui sont intrinsèquement porteuses d'altérité.

Ce modèle est bien celui des théories énonciatives qui intègrent au système même de la langue sa capacité à « s'effectuer » en discours, qui modélisent les opérations énonciatives nécessaires à cette « effectuation » – au premier titre desquelles celle de la prise en charge énonciative qui permet à la fois de valider et d'attribuer un énoncé référentiellement situé –, enfin qui donnent un statut linguistique plein et entier à l'énonciateur et au co-énonciateur.

Partant de là, on peut espérer les gains théoriques suivants :

- une articulation plus explicite et modélisable entre le dialogisme « translinguistique » bakhtinien d'une part, l'altérité notionnelle et l'hétérogénéité énonciative d'autre part ;

14. Voir Barbéris, Bres & Siblot 1998.

- une assise cognitive[15] à cet ensemble de phénomènes qui traversent la langue, les discours et, au-delà, les différents champs sémiotiques ;
- un cadre d'analyse cohérent permettant de décrire de manière unifiée les emplois attestés de chaque marqueur et, surtout, de déterminer de manière argumentée quelles sont les propriétés des marqueurs spécifiquement dialogiques et où passe la frontière entre ceux-ci et ceux qui, contribuant parfois à l'expression du dialogisme sans lui être spécifiquement dédiés, seront ici qualifiés de simples *signaux* dialogiques[16].

Ce n'est qu'après avoir été testée et validée que cette démarche pourra être confrontée à d'autres types d'analyse et à d'autres cadres théoriques.

2.3. Présentation des différentes contributions

Conformément à ces objectifs, chaque article s'attache donc à étudier très précisément, pour chaque élément grammatical retenu comme objet d'analyse, si son fonctionnement dialogique est lié à sa définition en langue ou s'il est un effet de sens produit par tel emploi en discours. Dans le premier cas, l'analyse devra rendre compte de la structure dialogique du « signifié de puissance » du marqueur étudié ; dans le second, elle aura pour tâche d'expliciter selon quelles interactions cotextuelles et contextuelles le sens dialogique se produit, et ce qui permet à l'élément grammatical retenu d'entrer dans sa production à titre d'ingrédient. L'examen des cotextes joue donc un rôle important dans les analyses et tous les articles prennent soin de travailler principalement sur des exemples attestés et largement contextualisés. Parallèlement, chaque étude s'efforce de montrer aussi en quoi la problématique dialogique permet de compléter, d'approfondir, d'enrichir la description grammaticale du marqueur, voire de la renouveler sensiblement, notamment en rendant compte d'occurrences récalcitrantes.

Les deux premiers articles sont consacrés à des classes grammaticales : **les temps de l'indicatif** (J. Bres), **les déterminants possessifs** (J.-M. Sarale).

Les quatre articles suivants portent sur des faits syntaxiques : **les relatives disjointes** (G. Salvan), **la dislocation** (A. Nowakowska), **les sous-phrases en *si*** dites adversatives, concessives et thématisantes (M. Monte), **la concession** signifiée par ***certes*** (S. Garnier et F. Sitri).

L'article suivant (S. Bikialo) traite d'un ensemble : **les marqueurs de la motivation pseudo-objective**.

Le dernier article (S. Mellet) soumet à la question dialogique un **ensemble d'éléments hétérogènes** (connecteur concessif *quand même* et concessif

15. C. Fuchs a montré à plusieurs reprises en quoi la psychomécanique du langage et la Théorie des Opérations Enonciatives s'inscrivent en précurseurs de la linguistique cognitive, voir notamment 2008.

16. Le *signal* est donc défini, par contraste avec le *marqueur* (voir note 4), comme une forme susceptible de contribuer sporadiquement, en contexte, à l'expression du dialogisme sans que son signifié en langue prédise nécessairement cet emploi.

intégratif *quand bien même*, comparaisons, hypothétiques en *si*, négation, verbe *pouvoir*) afin d'étudier la façon dont leur pouvoir dialogique s'articule à l'altérité notionnelle que sollicite leur signifié à travers, notamment, les opérations de parcours et d'identification.

3. PRÉCISIONS COMPLÉMENTAIRES

Les différents articles du numéro partagent l'approche dialogique que nous avons présentée. Ils s'y réfèrent explicitement, ce qui permet d'éviter les fastidieuses répétitions des mêmes éléments. Nous complèterons cette présentation par deux points supplémentaires, qui font également partie des cadres et outils communs. Ils concernent le dialogisme interlocutif, et le statut de l'énoncé avec lequel s'établit l'interaction dialogique.

3.1. Dialogisme interlocutif : *anticipatif, citatif, responsif*

Nous avons vu que le dialogisme interlocutif se construit sur l'interaction avec un énoncé prêté à l'allocutaire, à la différence du dialogisme interdiscursif qui se construit sur la présupposition d'un énoncé antérieur d'un tiers. Cet énoncé peut être *antérieur* – le locuteur-énonciateur interagit avec le discours précédent de l'allocutaire (4) –, ou *ultérieur* : le locuteur-énonciateur interagit par avance avec la réponse qu'il imagine que l'allocutaire fera à son propre discours (5) :

(4) (*Conversation familiale*)
Mère 1 – la prof dit que tu écoutes pas en cours
Fils 2 – (mimant l'intonation de sa mère) *j'écoute pas en cours* ! *j'écoute pas en cours* ! si j'écoutais pas en cours je serais largué et mes notes…
Mère 3 – ok d'accord *tu écoutes en cours* mais peut-être que si tu écoutais mieux tu aurais de meilleures notes

(5) Les Chinois réglaient, lundi, la circulation à Paris. *On plaisante ?* TF1 était en mission pour sauver la police parisienne de l'accusation d'incompétence. (*Le Monde*, 10 avril 2008, à l'occasion de l'arrivée de la flamme olympique à Paris)

En (4), les énoncés mis en italiques « dialoguent » avec un énoncé du précédent tour de parole. Rien de similaire en (5) : l'énoncé *on plaisante ?* est dialogique en ce qu'il met en débat par l'interrogation l'énoncé que l'on peut reconstruire et interpréter comme l'affirmation [*vous plaisantez*], que le locuteur-énonciateur prête à l'allocutaire en réponse à son énoncé précédent : « Les Chinois réglaient, lundi, la circulation à Paris ». On parlera pour ce dernier cas de dialogisme interlocutif *anticipatif*.

Le dialogisme tel que le pensait Bakhtine, et tel que nous l'avons décrit et illustré par nos exemples jusqu'à présent, consiste en l'interaction de l'énoncé [E] du locuteur-énonciateur avec un énoncé [e] prêté à un autre énonciateur, qui se voit « rapporté » de fort diverses façons. On parlera de forme *citative* pour le distinguer d'un autre type, moins fréquent et surtout bien moins analysé et qui pose des problèmes spécifiques de description : la forme *responsive*, que réalise par exemple (6) :

(6) **Un Tour du tonnerre**

C'est de Brest que s'élance aujourd'hui le 95e tour de France. [...] (Titre et début d'un article de *L'Équipe*, 5 juillet 2008)

Le clivage (« *c'est* de Brest *que...* ») est dialogique, non pas en ce qu'il s'oppose implicitement à une autre rhématisation comme dans son fonctionnement habituellement citatif, mais en ce qu'il répond à une interrogation que le scripteur prête à son lecteur, sans pour autant la « rapporter » : l'évaluation positive « du tonnerre » du titre peut susciter l'étonnement du lecteur, d'autant plus que – dialogisme interdiscursif – les affaires de dopage cycliste ont fait la une des journaux sportifs depuis quelques années ; le scripteur répond par avance à cet étonnement putatif par le clivage du complément de lieu « de Brest » qui met ce syntagme en relation avec « du tonnerre », et l'explique implicitement comme jeu de mots avec le juron de marin, et notamment du Capitaine Haddock de *Tintin*, « Tonnerre de Brest ». Dans ce type de cas, le marqueur dialogique – ici le clivage – est bien la trace d'une interaction avec un autre discours, celui que le scripteur prête à son lecteur, mais qui n'est en rien « rapporté ». Nous proposons de parler de forme *responsive* dans la mesure où l'acte de parole réalisé fonctionne comme une réponse à une interrogation (non verbalisée). La forme *responsive* affecte uniquement le dialogisme interlocutif anticipatif.

3.2. Du statut de l'énoncé avec lequel avec lequel s'établit l'interaction dialogique

Nous avons défini le dialogisme citatif comme interaction de (au moins) deux énoncés, l'un citant (E), l'autre cité (e), appartenant à deux discours, procédant de sources énonciatives différentes (mais pouvant relever d'un même locuteur). Répondons par avance – dialogisation interlocutive anticipative (!) – à la critique qui pourrait nous être adressée concernant le statut discursif de l'énoncé cité. Les formes que prend l'énoncé [e] du fait de son enchâssement dans [E] sont fort variables, et se répartissent selon une gradation complexe (Bres 2005a), qui va du pôle de sa manifestation la plus ouverte (discours rapporté direct par exemple) au pôle de sa présence sous-entendue inférable d'une trace parfois peu évidente lorsqu'elle n'est en rien « montrée » : un mot, ou une intonation comme dans l'ironie ; de l'*explicite* donc, à la « mention implicite » (Sperber et Wilson 1978 : 406) lorsque les signifiants font défaut, sans que pour autant l'autre *voix* cesse d'être perceptible. Cet élément [e], quelle que soit la forme qu'il prend dans l'énoncé [E], nous faisons l'hypothèse qu'il a, pour le locuteur-scripteur, statut discursif d'énoncé actualisé ou actualisable.

Précisons d'autre part, pour prévenir tout malentendu, que ledit énoncé cité, mentionné, ou à peine réverbéré, est *imputé* par le locuteur-énonciateur principal à un autre énonciateur, explicite ou totalement implicite : il peut correspondre exactement à cet autre énoncé (comme dans les *verbatim*), le reformuler plus ou moins fidèlement, s'en faire l'écho plus ou moins éloigné, voire... en être la pure invention. L'essentiel est que l'énoncé dialogique se donne à entendre comme interaction avec un autre énoncé relevant d'un autre discours. Ajoutons enfin que le terme de *discours* est entendu non seulement comme ce qui est effectivement dit, mais aussi comme ce qui a pu être dit et ce qui pourra être dit ; c'est-à-dire dont la matérialité n'est pas liée strictement à des mots précis, mais consiste en un ensemble de formulations en relation paraphrastique.

CONCLUSION

Ce questionnement de la grammaire à partir de la notion de dialogisme devrait permettre d'apporter quelques éléments de réponse à une question plus vaste : le dialogisme, que certains posent au principe de la production et de la circulation des discours, pénètre-t-il au cœur de la grammaire ou n'opère-t-il que dans la mise en discours ? L'hétérogénéité énonciative est-elle un phénomène qui n'apparaît qu'à la surface discursive ou bien est-elle « prévue » dans certains éléments de la langue ?

L'ambition est grande, huit articles ne sauraient bien sûr suffire à l'épuiser. On espère cependant qu'ils permettront d'ouvrir la voie à des explorations de plus grande envergure.

Références bibliographiques

AUTHIER-REVUZ J., 1982, « Hétérogénéité montrée et hétérogénéité constitutive. Éléments pour une approche de l'autre dans le discours », *DRLAV* 26 : 91-151.

AUTHIER-REVUZ J., 1995, *Ces mots qui ne vont pas de soi*, Paris : Larousse, deux volumes.

BAKHTINE M., 1929/1963/1970, *La poétique de Dostoïevski*, Paris : Seuil (coll. « Pierres Vives »).

BAKHTINE M., 1934/1975/1978, « Du discours romanesque », in *Esthétique et théorie du roman*, Paris : Gallimard, Tel, 83-233.

BAKHTINE M., 1952/1979/1984, « Les genres du discours », in *Esthétique de la création verbale*, Paris : Gallimard, 265-308.

BAKHTINE M., 1970 [1965], *L'œuvre de François Rabelais et la culture populaire au Moyen-âge et sous la Renaissance.*

BARBÉRIS J.-M., BRES J. ET SIBLOT P., (éd.), 1998, *De l'actualisation*, Paris : CNRS-Editions.

BRES J., HAILLET P., MELLET S., NØLKE H., ROSIER L. (eds), 2005, *Dialogisme, polyphonie : approches linguistiques*, Bruxelles : de Boeck/Duculot.

BRES J., NOWAKOWSKA A., 2006, « Dialogisme : du principe à la matérialité discursive », *in* Perrin L. (éd.), *Le sens et ses voix, Recherches linguistiques* 28, Metz : Université de Metz, 21-48.

CASSANAS A., DEMANGE A., DUTILLEUL-GUERROUDJ E., LAURENT B., LECLER A. (eds), 2005, *Dialogisme et nomination*, Montpellier : Presses de l'Université Paul-Valéry.

CONSTANTIN DE CHANAY H., 2006, « Dialogisme, polyphonie, diaphonie : approche interactive et multimodale », *in* Perrin L. (éd.), *Le sens et ses voix, Recherches linguistiques* 28, Metz : Université Paul-Verlaine, 49-75.

DELOMIER D., MOREL M.-A., 2002, « Les deux voix de l'énonciateur en français oral spontané (propriétés intonatives) », *Faits de Langues* 19, 221-230.

DENDALE P., COLTIER D., 2006, « Éléments de comparaison de trois théories linguistiques de la polyphonie et du dialogisme », *in* Perrin L. (éd.), *Le sens et ses voix, Recherches linguistiques* 28, Metz : Université Paul-Verlaine, 271-300.

DUCROT O., 1984, « Esquisse d'une théorie polyphonique de l'énonciation », in *Le dire et le dit*, Paris : Minuit, 171-233.

DUCROT O., 1989, « Enonciation et polyphonie chez Charles Bally », in *Logique, structure, énonciation*, Paris : Minuit, 165-191.

FUCHS C., 2008, « Linguistique française et cognition », Premier congrès mondial de linguistique française, Paris, http://www.linguistiquefrancaise.org/.

GAUDIN-BORDES L., SALVAN G., 2008, « La paradiastole : un mot pour un autre ? », *in* Schuwer M., Le Bot M.-C., Richard E. (eds), *La reformulation : marqueurs linguistiques, stratégies énonciatives*, Rennes : PUR, 211-223.

GAUDIN-BORDES L., SALVAN G., (à paraître 2009), « Construction d'identité et processus d'identification : le rôle des figures (hypallage, antanaclase, paradiastole) », *in* Osu S. (éd.) *Construction d'identité et processus d'identification*, Berne : Peter Lang.

HAILLET P.-P., (2002), *Le conditionnel en français : une approche polyphonique*, Paris : Ophrys.

JAUBERT A., 2008, « Dire et plus ou moins dire. Analyse pragmatique de l'euphémisme et de la litote », *Langue Française* 160 : 105-116.

KERBRAT-ORECCHIONI C., 2005, *Le discours en interaction*, Paris : Armand Colin.

KRISTEVA J., 1967, « Bakhtine, le mot, le dialogue, le roman », *Critique*, avril, n° 239 : 434-443.

KUNO S., 1981, *Functional Syntax*, Chicago : University of Chicago Press.

LANGACKER R., 1995/1999, « Viewing in cognition and grammar », in *Grammar and Conceptualization*, Berlin/New York : Mouton de Gruyter, 203-245.

LANGACKER R., 2003, « Extreme subjectification. English tense and modals », *in* Cuyckens H., Berg T., Dirven R., Pather K.-U. (eds), *Motivation in Language. Studies in Honor of Günther Radden*, Amsterdam/Philadelphia : John Benjamins, 3-26.

LEROY S., 2005, « Le détournement dans les titres de presse : un marquage dialogique ? », *in* Bres J. *et al.* (eds), *Dialogisme, polyphonie : approches linguistiques*, Bruxelles : de Boeck. Duculot, 201-214.

LYONS J., 1994, « Subjecthood and subjectivity », *in* Yaguello M. (éd.), *Subjecthood and subjectivity*, Paris : Ophrys, 9-18.

MARCHELLO-NIZIA Ch., 2007, « Le principe de surprise annoncée. Grammaticalisation et pragmaticalisation de *cependant* », *Discours* 1 (http://discours.revues.org/index68.html).

MELLET S., 2000, « À propos de deux marqueurs de bivocalité », *in* Mellet S., Vuillaume M. (eds), *Le style indirect libre et ses contextes*, 91-106.

MELLET S. (dir.), 2008, *Concession et dialogisme, Les connecteurs concessifs à l'épreuve des corpus*, Berne : Peter Lang.

MELLET S., BIRAUD M., 2000, « Les faits d'hétérogénéité énonciative dans les textes grecs et latins de l'Antiquité », *in* Mellet S., Vuillaume M. (eds), *Le style indirect libre et ses contextes*, 9-43.

MELLET S., VUILLAUME M. (éds), 2000, *Le style indirect libre et ses contextes*, *Cahiers Chronos* n° 5, Amsterdam – Atlanta : Rodopi.

MOIRAND S., 1999, « Les indices dialogiques de contextualisation dans la presse ordinaire », *Cahiers de praxématique* 33 : 145-184.

MOIRAND S., 2004, « Le dialogisme, entre problématiques énonciatives et théories discursives », *Cahiers de praxématique* 43 : 189-217.

MOIRAND S., 2005, « De la nomination au dialogisme : quelques questionnements autour de l'objet de discours et de la mémoire des mots », *in* Cassanas et *al.* (eds), *Dialogisme et nomination*, 27-64.

MOIRAND S., 2007, *Les discours de la presse quotidienne*, Paris : PUF.

MONTE M., 2008, « Le jeu des points de vue dans l'oxymore : polémique ou reformulation ? », *Langue française* 160, 37-53.

MOREL M.-A. 2001, « Intonation et coénonciation », *in* N. Peacock (éd.), *Tous Azimuts, Language*, Glasgow French Research Seminars, 159-186.

MOREL M.-A. et DANON-BOILEAU L., 1998, *Grammaire de l'intonation*, Paris : Ophrys.

NØLKE H., FLØTTUM K., NORÉN C., 2004, *ScaPoLine, La théorie scandinave de la polyphonie linguistique*, Paris : Kimé.

NØLKE H., 2005, « Le locuteur comme constructeur du sens », *in* Bres J. et *al.* (eds), *Dialogisme, polyphonie : approches linguistiques*, Bruxelles : de Boeck. Duculot, 111-124.

NOWAKOWSKA, A., 2005, « Des textes russes de M. Bakhtine à la linguistique contemporaine », *in* Bres J. *et al.* (eds), *Dialogisme, polyphonie : approches linguistiques*, Bruxelles : de Boeck. Duculot, 19-32.

OCHS E., SCHEGLOFF E. A., THOMPSON S.A. (eds.), 1997, *Interaction and Grammar. Studies in Interactional Sociolinguistics*, Cambridge : Cambridge University Press.

PERRIN L. (éd.), 2006, *Le sens et ses voix. Dialogisme et polyphonie en langue et en discours, Recherches linguistiques* 28, Metz : Université de Metz.

SÉRIOT P., 2007, « Généraliser l'unique : genres, types et sphères chez Bakhtine », *Texto*, XII, 3, http://www.revue-texto.net/, 22 pages.

SIBLOT P., 2001, « De la dénomination à la nomination. Les dynamiques de la signifiance nominale et le propre du nom », *Cahiers de praxématique* 36 : 189-214.

SIOUFFI G. 2007, « Racine au risque de la clarté française », *in* Denis D. (éd.), *L'obscurité*, Paris : Academia-Bruylant, 233-247.

SPERBER D. et WILSON D., 1978, « Les ironies comme mention », *Poétique* 36 : 399-412.

TODOROV T., 1981, *Mikhaïl Bakhtine. Le principe dialogique*, suivi de *Écrits du cercle de Bakhtine*, Paris : Minuit. Traduction d'Andrée Robel, Paris : Gallimard.

Jacques Bres
Praxiling, UMR 5267 CNRS-Montpellier III

Dialogisme et temps verbaux de l'indicatif

1. PRÉLIMINAIRES ET HYPOTHÈSE

Dans quelle mesure le dialogisme[1], en tant qu'interaction de (au moins) deux discours, ce qui se manifeste, au niveau de l'énoncé par l'hétérogénéité énonciative – à savoir, pour le dire métaphoriquement, que s'y entend, plus ou moins explicitement, en plus de la *voix* du locuteur-énonciateur (E_1)[2], celle d'un autre énonciateur (e_1) – concerne-t-il les temps verbaux ? Avant de répondre à cette question, précisons-la quelque peu, à partir de trois remarques :

(i) Tout temps verbal peut actualiser le procès d'un énoncé dialogique. Soit la blague suivante :

(1) – Docteur, je souffre de troubles de la mémoire… (A)
– Ah ! Vous ***souffrez*** de troubles de la mémoire… (B)
– Qui ça ? Moi ? Je ***souffre*** de troubles de la mémoire ? (C)

Les deux occurrences sélectionnées de *souffrir* au présent sont dans des énoncés dialogiques (en (B), par la reprise échoïque de l'énoncé (A) ; en (C), par la mise en débat de l'énoncé (B) par l'interrogation). Pour autant, le présent ne participe pas directement à la production de l'hétérogénéité énonciative : il ne fait que s'y accorder passivement, comportement qui peut être celui de toutes les formes verbales, ce qui ne retiendra pas notre attention ici. On ne s'intéressera qu'aux temps qui ont un *fonctionnement* dialogique, c'est-à-dire

1. Cf. ici même l'article introductif de J. Bres et S. Mellet.

2. Nous appelons *locuteur* l'instance qui actualise l'énoncé dans sa dimension de *dire* (correspondant à l'acte locutoire) ; et *énonciateur*, l'instance à partir de laquelle l'énoncé est actualisé dans ses dimensions modale et déictique notamment, à savoir inscrit comme acte de langage à partir d'un *ego, hic et nunc* (Bres et Verine 2002).

qui participent activement à la production du dialogisme ; et, autre restriction, on ne prendra en compte ici que le mode indicatif[3].

(ii) La mise en relation des temps verbaux avec la problématique de l'hétérogénéité énonciative a déjà été abordée pour certaines formes : le *conditionnel*, dans les cadres de la polyphonie (Korzen et Nølke 1990 et 2001, Abouda 1997 et 2001, Haillet 1992, 2002, 2008, Donaire 1998, Vuillaume 2001, Kronning 2002) ; ou dans ceux du dialogisme (Bres 2009 a, b et c) ; l'*imparfait* (Donaire 2006 pour l'approche polyphonique ; Mellet 2000b, pour l'approche dialogique). Nous avons nous-même, dans notre équipe de recherche, décrit comme dialogiques certains emplois de l'imparfait (Bres 2003a, 2005 ; Patard et Vermeulen 2009) et du futur (Barceló 2006, Barceló et Bres 2006). Restait à traiter la question du dialogisme des temps verbaux, non plus au cas par cas des formes ou des emplois, mais d'une façon globale, et dans le cadre d'un mode, où les temps sont structurés en système : ce que nous allons faire ici pour les formes de l'indicatif.

(iii) En appui sur les travaux de narratologie de Genette 1972, on différencie la problématique du point de vue (*qui voit ?*) de celle de l'énonciation (*qui parle/pense ?*). On traitera ici du rapport des temps verbaux non avec le point de vue (Sthioul 1998 ; Nølke et Olsen 2003, Bres 2003b), mais avec l'énonciation.

Ce cadrage accompli, on avancera l'hypothèse suivante : seul, parmi les temps de l'indicatif, le conditionnel est dialogique *en langue* ; certaines autres formes – l'imparfait, le futur, l'imparfait prospectif, voire le présent – ont des emplois dialogiques *en discours* ; un dernier enfin – le passé simple – est rebelle à la médiation énonciative, ces différences de fonctionnement s'expliquant par la structure temporelle et/ou aspectuelle de chacun de ces temps. L'analyse sera conduite sur les formes simples, mais il est évident qu'elle vaut, *mutatis mutandis*, pour chacune des formes composées correspondantes – conditionnel passé, plus-que-parfait, futur antérieur, passé antérieur – qui à l'occasion seront sollicitées.

Avant même de passer à l'étude de chacun de ces temps dans son rapport à la problématique dialogique, rappelons la description aspectuo-temporelle que nous en faisons (Barceló et Bres 2006) : chaque forme de l'indicatif inscrit un point de saisie du procès qu'elle actualise dans une des trois époques du *temps externe* (PASSÉ[4], PRÉSENT, FUTUR) par son instruction temporelle ; et représente le *temps interne*[5] dudit procès par ses instructions aspectuelles, selon les paramètres (issus de la psychomécanique) de la *tension* et de l'*incidence* :

- la tension permet de distinguer les formes *simples* (soit [+ tension]), qui représentent le temps interne dans l'espace qui va de sa borne initiale à sa borne terminale ; des formes *composées* (soit [+ extension]), qui le saisissent à partir ou au-delà de sa borne terminale.

---

3. Je ne traiterai p. ex. pas du subjonctif, qui peut participer à la production de l'hétérogénéité énonciative, comme l'ont montré, dans les cadres de l'approche polyphonique, Nølke (1985) ou Donaire (2001).

4. Les époques sont indiquées en majuscules pour éviter toute confusion avec les temps verbaux.

5. J'emprunte à Comrie 1985 les notions de *temps externe* et de *temps interne*, qui semblent dérivées des notions psychomécaniques de *temps expliqué/temps impliqué* (Guillaume 1933/1969).

- l'incidence permet de distinguer (i) les formes qui représentent le temps interne en seul accomplissement, de sa borne initiale à sa borne finale (≈ *global*, passé simple), ou à partir de sa borne finale (passé antérieur), (soit [+ incidence]) ; (ii) les formes qui représentent le temps interne en conversion de l'accomplissement en accompli, en un point situé au-delà de sa borne initiale et en-deçà de sa borne terminale (≈ *cursif*, *sécant*, imparfait), ou au-delà de sa borne terminale (plus-que-parfait), (soit [- incidence]) ; et (iii) les formes qui sont neutres vis-à-vis de cette catégorie (présent, futur, conditionnel), (soit [± incidence]) :

		Instruction(s) temporelle(s)	Instructions aspectuelles
passé simple	il plut	[+ PASSÉ]	[+ tension], [+ incidence]
imparfait	il pleuvait	[+ PASSÉ]	[+ tension], [- incidence]
futur	il pleuvra	[+ PRÉSENT][6], [+ ultériorité]	[+ tension], [± incidence]
conditionnel	il pleuvrait	[+ PASSÉ], [+ ultériorité],	[+ tension], [± incidence]

On passe de la langue au discours par l'opération cognitive de l'*actualisation* au cours de laquelle les instructions de la valeur en langue du temps verbal, sans transformation aucune, entrent en interaction avec les différentes *valeurs* des différents morphèmes du cotexte, et avec le contexte – on parlera de co(n)texte lorsque entrent en jeu les deux paramètres – pour produire, résultativement, tel ou tel *effet de sens* observable en discours.

2. CONDITIONNEL ET STRUCTURE ÉNONCIATIVE DIALOGIQUE EN LANGUE

Morphologiquement, le conditionnel est formé de deux affixes : *-r* qui procède de l'infinitif, et *– ai(s)* de l'imparfait. L'affixe *– ai(s)* situe dans le PASSÉ non le procès correspondant à l'événement (P), mais un point R à partir duquel est calculé ledit procès ; l'affixe *-r* situe le procès P en ultériorité par rapport à R. Comparativement, le futur situe au moment t_0 de l'énonciation un point R à partir duquel est situé en ultériorité le procès. On dira que le conditionnel est un ultérieur du PASSÉ, comme le futur est un ultérieur du PRÉSENT. Ce parallélisme morphologique recouvre une différence énonciative d'importance :

- Avec le futur, du fait que R se situe à t_0, l'ultériorité a pour origine le locuteur-énonciateur E_1. C'est à partir de cette instance que le FUTUR apparaît comme le monde du possible, ou des possibles si l'on considère, à la suite des logiques du temps, que cette époque est *ramifiée*, à la différence des époques du PASSÉ et du PRÉSENT qui sont *unilinéaires* (Gardies 1975, Martin 1981, Vuillaume 2001, Bres 2009a).
- Rien de tel avec le conditionnel du fait de l'antériorité de R par rapport à t_0. Le locuteur-énonciateur E_1 positionne R dans le PASSÉ. L'ultériorité, pour se

6. On peut aussi concevoir que le futur donne l'instruction temporelle [+ neutre], [+ ultériorité], si le présent se voit analysé comme forme atemporelle, cf. infra 3.4.

construire comme monde(s) possible(s) à partir de ce point, demande un autre énonciateur, e_1, qui ne saurait être E_1, situé à t_0. C'est donc de la structure temporelle du conditionnel en tant qu'ultérieur du passé que procède le dédoublement énonciatif définitoire du dialogisme : R est passé pour E_1 ; P est ultérieur pour e_1. Ce fonctionnement énonciatif spécifique du conditionnel, qui dérive de son fonctionnement temporel, lisible dans sa morphologie, relève du niveau de la langue, et - c'est là le second élément de cette hypothèse - est à la base de tous ses emplois en discours.

Reconduisons pour sa simplicité l'analyse traditionnelle qui distingue les emplois *temporels* des emplois *modaux*. Les emplois temporels, les premiers à apparaître diachroniquement, laissent lire ouvertement cette structure dialogique. Le conditionnel y apparaît en discours rapporté indirect, forme dialogique prototypique (Bres et Verine 2002) :

(2) Léonce l'autre fois elle m'a dit qu'elle ***viendrait*** me voir mais quand je sais pas (conversation)

La médiation énonciative que nous posons au principe du conditionnel s'explicite par un acte de parole rapporté attribué à un actant, « Léonce » en (2), correspondant à l'énonciateur e_1. La subordination syntaxique signale la subordination énonciative : le locuteur-énonciateur E_1 rapporte la parole (ou la pensée) d'un autre énonciateur e_1 ; cette énonciation enchâssée est antérieure pour E_1, le procès de son contenu est ultérieur pour e_1.

Les occurrences en discours indirect libre, qui effacent l'évidence du phénomène du dédoublement énonciatif dans la mesure où l'acte énonciatif pas plus que son actant ne sont explicités, confirment la médiation énonciative :

(3) j'ai regardé dans la glace la femme que ce soir Lewis allait prendre dans ses bras. Il ***décoifferait*** ces cheveux, j'***arracherais*** sous ses baisers la blouse taillée dans un huipil indien. (Beauvoir de, *Les Mandarins*)

Décoifferait et *arracherais*, bien que hors subordination syntaxique, ne peuvent s'interpréter que dans le cadre de la subordination énonciative. C'est à partir de la pensée de l'actant *je* (e_1), qui se regarde au miroir, que les deux procès *décoiffer* et *arracher* sont conçus comme ultérieurs : pour la narratrice (E_1) qui raconte en narration rétrospective, ils relèvent du PASSÉ.

La structure dialogique du conditionnel se voit confirmée par son fonctionnement à la fois déictique et anaphorique : l'instruction [+ PASSÉ] se calcule déictiquement par rapport à E_1 ; l'instruction [+ ultériorité] se calcule anaphoriquement par rapport à e_1. Ce qui rend compte du fait, noté par tous les linguistes, que le procès au conditionnel peut relever pour E_1, en fonction du co(n)texte, aussi bien de l'antériorité, de la simultanéité que de la postériorité :

(2') Léonce l'autre fois elle m'a dit qu'elle ***viendrait*** me voir ***jeudi dernier/ aujourd'hui/jeudi prochain***

Ajoutons enfin, pour ce qui est des emplois temporels, le tour dit *historique, narratif* ou *objectif* (Nilsson-Ehle 1943), déjà relevé par Damourette et Pichon (1911-1936 : § 1842), dans lequel le conditionnel peut être remplacé par un temps du passé (passé simple, passé composé, etc.) :

(4) Le massif du Sancy était déjà un peu trop haut pour nos grimpeurs. Le triomphe à Super-Besse, 1289 mètres d'altitude, ne ***serait*** pas (/*fut* pas, *a* pas *été*) pour eux. (*Le Monde*, 12 juillet 2008, compte rendu de l'étape du 11 juillet, dans laquelle les Français ont terminé loin des premières places)

Apparemment aucune énonciation d'une subjectivité intercalaire pour rendre compte du conditionnel, dans ce que les narratologues analyseraient comme une prolepse : dans ce tour, qui semble apparaître tardivement (fin XIXe siècle), E_1 dispose une instance énonciative fictive e_1, figure tout à la fois du narrateur et du narrataire placée dans le cours du temps raconté, qui, à partir du dernier point référentiel (le plus souvent le dernier procès), envisage la suite en la mettant en perspective ultérieure (Bres 2009a). Le dédoublement énonciatif, purement scriptural ici, disparaît si le procès est actualisé non au conditionnel mais au passé simple ou à l'imparfait *narratif* :

(5) Cinq ans plus tard, l'ancien vicaire de Campagne ***était nommé*** curé desservant d'une petite paroisse, au hameau de Lumbres (Bernanos, *Journal d'un curé de campagne*)

Dans les emplois temporels, le conditionnel peut être remplacé par l'imparfait prospectif (Haillet 2002). Ce que nous vérifions seulement sur (3) :

(3) j'ai regardé dans la glace la femme que ce soir Lewis allait prendre[7] dans ses bras. Il ***décoifferait*** (/***allait décoiffer***) ces cheveux, j'***arracherais*** (/***allais arracher***) sous ses baisers la blouse taillée dans un huipil indien.

Pour bien faire apparaître la spécificité énonciative du conditionnel, comparons cette forme en tant qu'*ultérieur* du PASSÉ au plus-que-parfait, dans son fonctionnement d'*antérieur* du PASSÉ :

(6) Un soldat se trouvait allongé sur le canapé où le capitaine Beaudoin ***avait dormi*** pendant quelques heures, *la veille*. (Zola, *La Débâcle*)

(6′) Un soldat se trouvait allongé sur le canapé où le capitaine Beaudoin ***dormirait*** pendant quelques heures, *le lendemain*.

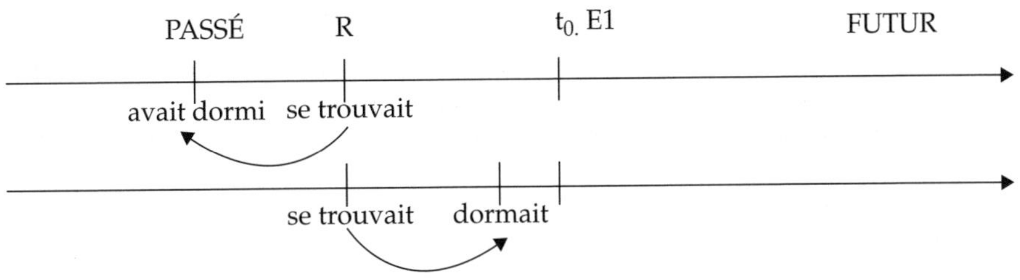

Dans les deux cas, E_1, situé en t_0, pose un point R dans le PASSÉ (correspondant à *se trouvait allongé*) à partir duquel le procès *dormir* est vu soit en *antériorité* (plus-que-parfait), soit en *ultériorité* (conditionnel). Il semble y avoir

7. Cet imparfait prospectif peut être remplacé par un conditionnel : « que ce soir Lewis ***prendrait*** dans ses bras », cf. *infra* 3.3.

symétrie parfaite entre les deux mouvements. Pourquoi alors disposer un énonciateur e_1 pour le conditionnel (6′), et ne pas le faire pour le plus-que-parfait (6) ? C'est que, dans le cas de l'antériorité, le procès *dormir* au plus-que-parfait relève du PASSE, qu'on le considère depuis t_0 ou depuis R : aucune nécessité de doubler E_1 d'un e_1 ; alors que dans le cas de l'ultériorité, *dormir* relève du PASSÉ[8] pour E_1, situé en t_0 ; il ne peut être un ultérieur que pour un autre énonciateur, e_1, situé en R.

L'hypothèse dialogique passe-t-elle aussi facilement l'épreuve des emplois « modaux » du conditionnel ? Les grammaires regroupent dans cet ensemble les tours dans lesquels le conditionnel ne peut être remplacé par l'imparfait prospectif. Soit les conditionnels dits d'hypothèse (7), de citation (8), d'interrogation et d'exclamation (9), ludique (10), de rêverie (11)… liste non exhaustive !

(7) Nous ***serions réduites*** à la dernière misère, ni moi ni ta fille ne te ***ferions*** un seul reproche. (Balzac, *César Birotteau*)

(8) D'après, il *vendrait* toutes ses vignes et *prendrait* sa retraite (conversation, novembre 2008)

(9) Quoi ! je vous *reverrais* là ? Quoi ! vous vous *placeriez* là, près de moi ? Quoi ! nous *retrouverions* ces longues heures de pures délices ! (Constance de Salm, *Vingt-quatre heures de la vie d'une femme sensible*)

(10) Elles avaient jeté la poupée à terre, et Eponine, qui était l'aînée, emmaillotait le petit chat, malgré ses miaulements et ses contorsions […] - Vois-tu ma sœur, cette poupée est plus amusante que l'autre. Jouons avec. Ce ***serait*** ma petite fille. Je ***serais*** une dame. Je ***viendrais*** te voir et tu la ***regarderais***. (Hugo, *Les Misérables*, cité par Damourette et Pichon § 1846)

(11) Un couple dans le salon d'un hôtel. La femme décrit à son mari la scène qu'elle imagine
– Je ***regarderais*** les tennis et tu ***viendrais*** près. Je n'***entendrais*** rien. Et tu ***serais*** près tout à coup. Tu ***regarderais*** aussi. (Duras, *Détruire, dit-elle*)

Chacun de ces emplois nécessite une étude particulière, ce qui ne peut même pas être esquissé dans le cadre de cet article[9]. Je m'attacherai seulement à expliciter ce que ces tours, par delà leur hétérogénéité, ont en commun.

Partons d'un constat : le conditionnel – qui, par lui-même, dans les emplois temporels, ne positionne pas la référence du procès par rapport à t_0 (*supra* (2′) – dans les emplois modaux la donne à comprendre comme simultanée ou ultérieure à t_0 (conditionnel présent), mais pas comme antérieure. Soit, en explicitant ces trois relations temporelles par des circonstants :

(7′) Nous ***serions réduites*** à la dernière misère ***aujourd'hui, un jour, *récemment,*** ni moi ni ta fille ne te ***ferions*** un seul reproche.

Seul le conditionnel passé peut actualiser le procès dans l'époque passée :

(7″) Nous ***aurions récemment été réduites*** à la dernière misère, ni moi ni ta fille ne t'***aurions*** *fait* un seul reproche.

8. On a là un conditionnel *objectif*.

9. Cf. pour l'emploi *de citation*, Bres 2009c.

Alors que nous l'avons vu, en emploi temporel, le conditionnel présent peut parfaitement inscrire le procès, si le co(n)texte le lui demande, dans l'époque passée (2'), ce qui est même la seule solution pour l'emploi *objectif* (4).

Je propose l'hypothèse explicative suivante : en emploi temporel, l'énonciation enchâssée de e_1 est *posée* (explicitement en discours indirect, implicitement en discours indirect libre). En emploi *modal*, elle est simplement *présupposée*. La structure d'enchâssement énonciatif dialogique s'y trouve allégée : l'énonciateur e_1, comme son acte d'énonciation, ne sont plus présents explicitement ou implicitement, mais le fonctionnement du conditionnel, lié à cette structure, consiste toujours en un dédoublement énonciatif, à savoir la présupposition d'un énonciateur e_1, situé dans le PASSÉ de E_1, à partir duquel le procès est vu en ultériorité. La présence de cette énonciation antérieure est perceptible dans l'emploi de rumeur (8) qui repose sur la présupposition d'un acte de parole antérieur, dont la mention de l'actant peut d'ailleurs être explicitée (*selon, d'après x*), ou simplement esquissée par *d'après*, dans l'oral familier, comme en (8). Elle ne l'est plus, dans les autres emplois *modaux*, que dans l'effet de dissociation énonciative qu'elle produit en discours. Le discours a exploité diachroniquement les possibilités que la structure linguistique lui offrait. Cet allègement a des conséquences temporelles : le calcul anaphorique de la référence du procès à partir de l'énonciateur e_1 est quelque peu imprécis et incertain, il a besoin d'un complément qui l'ancre dans le temps, ce qui se fait *déictiquement* par défaut, à partir de l'énonciation de E_1 en t_0 qui stabilise ledit calcul : le procès réfèrera à t_0 ou au delà, au FUTUR, lorsqu'il est actualisé à la forme simple du conditionnel ; seule la forme composée, du fait de son aspect extensif, pourra référer à l'en deçà de t_0, à savoir le PASSÉ.

Le conditionnel est donc une forme temporelle dialogique en langue : son emploi présuppose toujours un dédoublement énonciatif E_1/e_1, définitoire du dialogisme. Les potentialités de sa structure énonciative, qui procède directement de sa structure temporelle, se sont vues exploitées par les pratiques discursives au cours des siècles et ont donné naissance à ce que les grammaires appellent les emplois *modaux*. Cette hypothèse, qui devrait être appuyée par des études diachroniques, trouve un début de validation dans la comparaison des langues romanes : elles ont exploité la même structure en langue, explicite dans les emplois temporels, de façon à la fois similaire et différenciée. L'espagnol p. ex. a développé un emploi *modal* de *conjecture* dans le PASSÉ[10] :

(12) Cuando lo conocí, ***tendría*** 10 años ('quand je l'ai connu, il *aurait/devait avoir 10 ans')

que ne connaissent pas (encore ?) ni le français, ni le catalan ni l'occitan, qui doivent passer par l'auxiliaire *devoir* pour signifier cet effet de sens.

10. Communication en séminaire de S. Sarrazin.

3. AUTRES TEMPS ET *EMPLOIS* DIALOGIQUES EN DISCOURS

Différents temps de l'indicatif, sans disposer d'une structure temporelle qui, à l'instar de celle du conditionnel, demande un dédoublement énonciatif, ce qui implique son dialogisme en langue, ont des *emplois* dialogiques. Alors même que dans la majorité de leurs usages ils ne mettent en place que le locuteur-énonciateur E_1, dans quelques tours, en interaction avec le co(n)texte, ils sont les supports d'une médiation énonciative, à savoir que le procès qu'ils actualisent trouve son origine énonciative dans une autre instance, e_1. Nous verrons que cette potentialité dialogique procède de leur instruction temporelle ou de leur instruction aspectuelle. Entrent dans cet ensemble le futur, l'imparfait, l'imparfait prospectif, et éventuellement le présent, selon l'analyse temporelle qui est faite de cette forme.

3.1. Futur : potentialité dialogique et instruction temporelle

Comme le conditionnel, le futur dispose bien de deux instructions temporelles ([+ PRÉSENT], [+ ultériorité]), mais à la différence de ce qui se passe avec ce temps, elles sont prises en charge par un seul et même énonciateur. Le futur, en tant qu'ultérieur du PRÉSENT[11], situe habituellement le procès dans l'avenir à partir du seul locuteur-énonciateur E_1 :

(13) Dans dix ans, que ***restera***-t-il de vous, de cette entente, de cette joie qui nie la fatigue ? (Butor, *La Modification*)

Le procès *rester* est inscrit dans le FUTUR (explicité par le circonstant *dans dix ans*) à partir de l'acte énonciatif, situé en t_0, par lequel le narrateur (E_1) s'adresse au personnage narrataire. En discours rapporté direct, le futur se calcule à partir de e_1, sans pour autant être dialogique :

(14) Elle rougit en lui tendant ce qui devait être un livre. Où cela nous ***mènera***-t-il ? dit-il. (A. Ferney, *La Conversation amoureuse*)

Le procès *mener* est de l'ordre du FUTUR pour le seul e_1 (correspondant à l'actant *il*). C'est l'énoncé dans son ensemble qui est dialogique du fait du discours rapporté direct. La différence apparaît clairement avec le conditionnel, qu'exigerait le discours indirect :

(14') il lui demanda où cela les ***mènerait***

Le conditionnel est dialogique en ce qu'il pose deux énonciateurs : E_1 pour qui le point R est de l'ordre du PASSÉ, et e_1 pour qui le procès est de l'ordre de l'ultérieur.

Il n'en va cependant pas toujours ainsi. Les linguistes ont répertorié depuis longtemps les cas où le futur inscrit le procès, d'un point de vue référentiel, non dans le FUTUR mais dans le PASSÉ ou dans le PRÉSENT, ce qui se vérifie par le fait que ce temps peut y être glosé approximativement soit par une forme du

11. On peut aussi concevoir le futur comme ultérieur d'un point non situé dans le temps, cf. note 6.

PASSÉ, soit par le présent : futur *historique* (ou *narratif*) (15), *conjectural* (16), *de bilan* (17), *de mitigation* (18), etc.

(15) le Français s'est fait rattraper par trois coureurs à 4 km de la ligne. Il ***finira*** 12e. (*Le Monde*, 18 juillet 2008)

(16) *Une vieille dame dans son jardin converse avec son fils :*
– tu vois cette grosse pierre là eh bé ce ***sera*** cette vieille garce d'en face qui l'***aura jetée*** c'est pas possible autrement

(17) *Mme Arnoux à Frédéric, dans l'avant-dernier chapitre de* L'Education sentimentale
Elle soupira ; et après un long silence :
– N'importe, nous nous ***serons*** bien ***aimés***. (Flaubert, *L'Education sentimentale*)

(18) *Dans une papeterie, un client demande un article qui n'est pas exposé, la vendeuse va voir dans la réserve, et revient :*
– désolée on en ***aura*** plus…

Ces emplois ont tous été abondamment analysés[12]. Décrivons leur fonctionnement commun. Le co(n)texte interdit l'interprétation selon laquelle le procès serait inscrit dans le FUTUR à partir de E_1 (ou de e_1 en discours direct), ce qui se manifeste par le fait que ces énoncés refusent un circonstant d'ultériorité déictique (comme p. ex. « dans dix ans », dans l'emploi non dialogique (13)) et n'acceptent qu'un circonstant d'ultériorité anaphorique (15'), ou récusent tout circonstant de ce type (16') :

(15') le Français s'est fait rattraper par trois coureurs à 4 km de la ligne. Il ***finira*** 12e ****dans 10 minutes/dix minutes plus tard.***

(16') - ce ***sera*** cette vieille garce d'en face qui l'aura jetée ****dans 10 minutes/*dix minutes plus tard***

Le futur demande de construire, en conformité avec l'instruction temporelle donnée par la valeur en langue, un autre énonciateur e_1 situé en fonction du co(n)texte (i) soit dans le PASSÉ (ex.15), (ii) soit dans le FUTUR (16-18).

(i) futur *historique* (15). Dans un compte rendu de l'étape du Tour de France de la veille – co(n)texte qui interdit l'interprétation du procès *finira* comme ultérieur à E_1 et oblige à le situer dans le PASSÉ – le futur demande de disposer un autre énonciateur e_1, correspondant comme dans le cas du conditionnel *historique* (*supra* (4)) à la projection du narrateur et du narrataire dans le cours du temps raconté, pour qui le procès *finir* est de l'ordre de l'ultérieur. La différence entre conditionnel et futur dans ce type de tour tient à ce que, avec le conditionnel, les deux instances E_1 et e_1 sont présentes : c'est à partir de E_1 qu'est positionnée dans le passé (*–ai(s)*) l'instance e_1 à partir de laquelle le procès est vu comme ultérieur (*–r*) ; avec le futur, E_1 se voit effacé au profit de e_1 : c'est seulement le co (n) texte qui pose que E_1 n'est pas la « bonne » instance énonciative, et qu'il faut placer, dans le passé, un autre énonciateur. Ce qui vérifie notre hypothèse selon laquelle le conditionnel est dialogique en langue, alors que le futur ne l'est que dans certains emplois en discours. Notons que dans ce

12. Cf. entre autres : Damourette et Pichon § 1822, Yvon 1953, Binnick 1991, Schrott 1977, Dendale 2001, Borillo 2005, Barceló 2006 , Wilmet 1997/2003.

type d'emploi, les deux temps sont substituables l'un à l'autre. Il arrive même parfois qu'ils alternent :

(19) Quelle leçon pour ce prêtre tourmenté que la découverte de ce juste ignoré de tous et de lui-même [...]
Hélas ! pour une part, cette leçon ***serait*** vaine. La paix qu'il ne ***connaîtra*** jamais, ce prêtre est nommé pour la dispenser aux autres. (Bernanos, *Sous le soleil de Satan*)

Le narrateur, pour réaliser un saut proleptique à partir d'un point dans le passé, use d'abord du conditionnel (*serait*), puis du futur (*connaîtra*).

(ii) Les emplois *conjectural, expansif, de mitigation*, etc., par delà la différence des sens produits en interaction avec le co(n)texte, reposent sur un socle identique : E_1 place dans l'avenir le dire d'un énonciateur e_1. Le futur actualise non le procès, mais son énonciation (sous-entendue) par e_1. Le procès lui-même est situé, par rapport à E_1, dans le PASSÉ (futur antérieur) ou dans le PRÉSENT (futur simple). Pointons seulement un emploi qui, à la différence de ceux illustrés en (15-18), a, semble-t-il, échappé à la sagacité des chercheurs, fussent-ils aussi bons collectionneurs que Damourette et Pichon, et que je nommerai volontiers futur *énonciatif* :

(20) Mais n'est-il pas plus simple que j'aille à Paris ? Ma mère pourra trouver un prétexte pour m'y envoyer : ce ***sera*** un oncle qui me demande, une tante en train de mourir, une dame qui me ***voudra*** du bien. (Balzac, La *Vieille fille*)

(21) Chut ! Voici mes enfants, je les vois qui traversent la cour. Je n'***aurai*** jamais rien ***su*** par vous, je vous en donne ma parole d'honneur, car je ne veux pas que vous perdiez la confiance du baron !... (Balzac, *La Cousine Bette*)

Comme dans les cas précédents, le futur positionne par rapport à E_1 non le procès mais le dire de ce procès par e_1, mais sans que cela produise dans ce type d'occurrence, en interaction avec le co(n)texte, un surplus de sens, le procès *x* au futur pouvant être simplement glosé par « *dire* (au futur) que *x* » (au présent, si initialement futur simple ; au passé composé, si futur antérieur) :

(20') ce ***sera*** un oncle ≈ elle ***dira*** que c'***est*** un oncle

(21') je n'***aurai*** jamais rien ***su*** par vous ≈ je ***dirai*** que je n'***ai*** jamais rien ***su*** par vous

À la différence du conditionnel, la structure temporelle du futur en langue ne demande pas de dédoublement énonciatif : l'ultériorité se construit habituellement par rapport au seul E_1 (ou au seul e_1 en discours direct (libre)). Mais cette instruction peut être mise à profit par le co(n)texte pour que le futur actualise non le procès, mais l'acte énonciatif implicite d'un autre énonciateur e_1, antérieur (15) ou ultérieur (16-18, 20-21) à E_1[13].

3.2. L'imparfait : potentialité dialogique et instruction aspectuelle

À la différence de la structure temporelle du conditionnel qui comporte deux instructions [+PASSÉ], [+ ultériorité] qui ne peuvent être prises en charge

13. Le futur antérieur dans son emploi, certes rare, d'antérieur du futur pose de très intéressants problèmes énonciatifs qui ne peuvent être développés dans cet article.

par un seul et même énonciateur, l'imparfait ne dispose que de l'instruction [+PASSÉ] : pas de dédoublement énonciatif en langue donc[14]. Prototypiquement, en discours, l'imparfait place dans le PASSÉ[15] de E_1 un point de saisie du temps interne situé, du fait de ses instructions aspectuelles, au delà de la borne initiale du procès et en deçà de sa borne terminale :

(22) Il ***était*** depuis trois mois à Lille quand il ***reçut***, un matin, la visite d'une jeune femme, la soeur de son ancienne maîtresse. (Maupassant, *Une Passion*)

L'imparfait dispose dans le PASSÉ de E_1 (correspondant textuellement au narrateur) un point postérieur à la borne initiale du temps interne du procès *être* (distance entre la borne initiale et le point de saisie ici mesurée par le circonstant *depuis trois mois*), et antérieur à sa borne finale. Du coup, la partie de temps interne au delà de ce point de saisie n'est pas assertée par E_1, et peut, en fonction du co(n)texte, se réaliser comme ne pas se réaliser jusqu'à son terme[16]. C'est cette partie de temps interne non assertée, tenant à l'instruction [- incidence] qui, dans certains co(n)textes, autorisera le développement d'un fonctionnement dialogique de l'imparfait. Cette hypothèse explicative se vérifie *a contrario* de ce que le passé simple qui, de par son instruction [+ incidence], représente le procès globalement, de sa borne initiale à sa borne finale, ne permet pas de dédoublement énonciatif, pas plus que le passé composé qui, de par son instruction [+ extension], saisit le procès à partir de sa borne terminale : qui la présuppose donc atteinte.

Quels sont donc les emplois dialogiques de l'imparfait ? Tout d'abord ceux que l'on peut regrouper sous l'appellation d'imparfaits « des dires » (Guillaume 191 : 120), à savoir ceux que l'on trouve en discours rapporté indirect (23) et indirect libre (24) :

(23) Mme Pailleron a dit que Pascal ***était*** un petit homme. (Aragon, *Les Voyageurs de l'impériale*)

(24) La femme de Gouy, leur fermier, vint gémir chez eux. Son homme ***était*** malade depuis quinze jours, et M. Vaucorbeil le ***négligeait***. (Flaubert, *Bouvard et Pécuchet*)

L'imparfait est dialogique en ce que, explicitement (23) ou implicitement (24), l'énonciation du narrateur est doublée de celle d'un actant. Pour le dire en termes bakhtiniens, on entend là deux *voix*, celle du narrateur et celle du personnage, ce qui n'était pas le cas de l'imparfait en (22). La médiation énonciative est parfois plus subtile :

(25) – et Bertrand il est là pour quelques jours ?

---

14. La place me manque pour discuter la thèse de ceux qui posent l'imparfait comme dialogique (Mellet 2000) ou polyphonique (Donaire 2006) en langue. Signalons juste un argument : si l'imparfait était dialogique en langue, l'ambiguïté de certains énoncés à ce temps (cf. *infra* (26)) – discours du seul narrateur ou discours indirect libre – n'existerait pas.

15. Les critiques formulées par Damourette et Pichon, et reprises ensuite par différents auteurs, à l'encontre de la conception de l'imparfait comme temps du passé, pour intéressantes qu'elles soient, peuvent faire elles-mêmes l'objet de critiques, p. ex. Barceló et Bres 2006.

16. Cf. le paradoxe imperfectif, Dowty 1986

– écoute il ***partait*** demain et puis changement de programme maintenant il reste jusqu'à la fin de la semaine (conversation)

L'imparfait actualise un procès qui réfère à un moment non pas antérieur mais ultérieur à t_0, comme l'explicite *demain*. L'apparent oxymore temporel entre un temps du PASSÉ et un adverbe du FUTUR se défait de ce que l'instruction [+PASSÉ] de l'imparfait s'applique au point à partir duquel est saisi non l'événement (*partir*) mais son énonciation implicitée. Ce qui correspond, en explicitation de l'acte de parole présupposé, approximativement à :

(25') (il avait dit qu') il ***partait*** (/*partirait*) demain

Le passé composé (et il en serait de même pour le passé simple si nous étions en énonciation historique) ne permet pas la dialogisation, ce qui rend l'énoncé inacceptable :

(25'') écoute il ****est parti demain*** et puis changement de programme il reste (…)

Avec le passé composé, ce qui est obligatoirement actualisé, c'est l'acte de *partir* lui-même et non son énonciation par un énonciateur différent de E_1 : l'incapacité dialogique du passé composé tient à ce qu'il saisit le temps interne du procès à partir de sa borne terminale (et de l'extérieur, à la différence du passé simple), de par son instruction [+ extension] ; la potentialité dialogique de l'imparfait qui se voit exploitée dans certains co(n)textes repose sur son instruction [- incidence] par laquelle il saisit le temps interne avant l'atteinte de sa borne finale.

Dans ces imparfaits des dires, on a affaire à une subordination énonciative (relayée, en discours indirect, par la subordination syntaxique) : le procès y est sous la dépendance d'une parole ou d'une pensée différente de celle de E_1 ; il ne peut s'inscrire sur la ligne du temps en incidence – c'est le verbe introducteur qui peut occuper cette place – et de ce fait se doit d'être actualisé à une forme non incidente : imparfait (ou plus-que-parfait). Cette explication nous semble rendre compte de l'usage quasi obligé de ces deux temps verbaux dans ce type de cotexte, comme des fortes restrictions qui pèsent sur l'emploi des formes incidentes, passé simple et passé antérieur, en discours indirect (Landeweerd et Vet 1996, De Mulder 2003), et de leur impossibilité en discours indirect libre (Hirsch 1980, Vuillaume 1998).

Afin d'illustrer la différence entre le dialogisme en langue du conditionnel et les potentialités dialogiques de l'imparfait en discours, on analysera l'extrait suivant :

(26) *Le narrateur raconte en première personne et en narration rétrospective ses relations avec trois actants, Raoul, l'Etranger et l'Historien*
(Raoul) accusait l'Etranger d'être un vieil homme sans manières à qui ses voyages n'avaient rien enseigné s'il ne comprenait rien à l'amitié et à la politesse (A). […] Mais l'Etranger n'***avait*** pas besoin d'amis, et il ne ***crèverait*** pas ici. Il ***se préparait*** de nouveau à partir ! (B) (Trouillot, *L'Amour avant que j'oublie*)

L'énoncé A présente un plus-que-parfait (*avaient enseigné*) et un imparfait (*comprenait*), sous médiation énonciative explicite (*accusait*, discours indirect).

Qu'en est-il du conditionnel (*crèverait*) et des deux imparfaits (*avait, se préparait*) de B ? L'interprétation la plus accessible est que la séquence B est du discours indirect libre (rapportant la parole de l'Etranger), donc que les temps sont ici également sous médiation énonciative. Les faits sont plus complexes :

– pour ce qui est de la proposition au conditionnel (« il ne *crèverait* pas ici »), le dédoublement énonciatif est *obligatoire*. Le cotexte étroit pose une ambiguïté : l'ultériorité peut trouver son origine énonciative soit *subjectivement* (e_1 correspond à *l'Etranger*), soit *objectivement* (e_1 correspond à l'instance du narrateur et du narrataire placés dans le cours du récit, qui envisage la suite comme possible ultérieur, alors que le narrateur, en tant que E_1, sait très bien que cela s'est effectivement passé). Cette ambiguïté est levée par le cotexte large : antérieurement, il a été dit que l'Etranger est bien mort « ici » : seule la lecture *subjective* est possible, l'énonciateur e_1 ne peut donc correspondre qu'à cet actant.

– les imparfaits *avait* et *se préparait* présentent un dédoublement énonciatif *facultatif* : certes, on aura tendance à les lire dialogiquement du fait du cotexte (coordination de la proposition « l'Etranger n'avait pas besoin d'amis » à un énoncé dialogique du fait du conditionnel (« *et* il ne *crèverait* pas ici ») ; usage du mot *crever* qui semble relever du sociolecte populaire de l'Etranger ; point d'exclamation clôturant (B)). Mais rien n'empêche d'en faire une lecture monologique : *était* et *se préparait* peuvent n'avoir pour origine énonciative que le seul narrateur E_1, l'ensemble de B faisant alterner librement unicité (imparfait) et dédoublement (conditionnel) énonciatifs, discours du narrateur et discours indirect libre.

Au-delà des imparfaits *des dires*, relèvent d'un fonctionnement dialogique les emplois *hypocoristique* (27), *préludique* (28), *hypothétique* (29), *contrefactuel* (30), (31) :

(27) *une vieille dame à son chien qui aboie sur sa terrasse :*

il **était** en colère mon Mickey ? allez tais-toi tais-toi qu'y a le Monsieur qui travaille à côté

(28) *Au jeu de l'école, Marie (4 ans) joue le rôle de l'élève et sa mère, celui de la maîtresse*

E. – tu me tu ***m'emmenais*** (/*emmènerais*) à la directrice (corpus A. Patard)

(29) Si elle me ***connaissait*** un amoureux, elle se moquerait de moi… !… (Balzac, *La Cousine Bette*)

(30) Pons comprit alors à quel saint dévouement, à quelle puissance d'amitié cette résurrection était due. « **Sans toi,** je ***mourais*** (/serais mort) ! » dit-il en se sentant le visage doucement baigné par les larmes du bon Allemand, qui riait et qui pleurait tout à la fois. (Balzac, *Le Cousin Pons*)

(31) – Ne te repens-tu pas ? dit le jeune homme.
– De quoi ?
– De m'avoir aimé, de m'avoir cherché, de m'avoir suivi ?
– Tu serais mort, si je n'étais venue. Tu ***mourais*** (/serais mort). (Gobineau, *Les Amants de Kandahar*)

Sans reprendre ici des analyses antérieures (Bres 2003a, 2006 et 2009d), on remarquera que l'imparfait apparaît parfois dans le même type d'emploi que le conditionnel présent (tour préludique (27), cf *supra* (10)), ou que le conditionnel passé (tours contrefactuels (30), (31)), formes par lesquelles il est remplaçable. Cette équivalence approximative, manifeste en (31) qui reformule le conditionnel *serais mort* par l'imparfait *mourais* (« Tu serais mort, si je n'étais venue. Tu *mourais.* »), est rendue possible par le fonctionnement dialogique de ce temps. La valeur ajoutée stylistique de l'imparfait procède de la différence entre temps dialogique en langue (conditionnel) et temps à fonctionnement dialogique en discours (imparfait). Prenons seulement le tour contrefactuel, et la dramatisation qu'apporte, selon les grammaires, l'imparfait dans cet emploi. En (31), le conditionnel *serais mort* dispose dans le passé un énonciateur e_1 pour lequel le procès *mourir* était une branche du possible alors même que simultanément, par l'aspect extensif (conditionnel passé), ledit procès est dit relever de l'irréel du passé pour E_1. La contrefactualité, du fait du dédoublement énonciatif en langue du conditionnel, est explicite. Rien de tel avec l'imparfait où elle est inférée du cotexte : *mourais* présente le procès dans son cours passé à partir, semble-t-il, de E_1 ; c'est seulement l'impossibilité factuelle dudit procès dans ce cotexte qui oblige à positionner un autre énonciateur e1, pour lequel *mourir* puisse s'énoncer cursivement. Le conditionnel dialogique signale d'emblée la contrefactualité par le dédoublement énonciatif qui l'habite, l'imparfait demande de construire cette valeur cotextuellement. Petit frisson de l'imparfait contrefactuel qui permet au locuteur-énonciateur E_1, l'espace d'un instant, celui du dire lui-même, de jouer à (se) faire peur : comme si le procès *mourir* s'énonçait à partir de lui et non à partir d'un autre énonciateur e_1...

L'imparfait, comme le futur, ne présente que des emplois dialogiques en discours. Mais alors que le dialogisme se construit en co(n)texte sur la seule instruction temporelle du futur, il met en outre à contribution, dans le cas de l'imparfait, l'instruction aspectuelle [- incidence] : la partie non assertée de temps interne, l'espace entre point de saisie situé dans le PASSÉ et borne terminale, peut, sous la pression du co(n)texte, permettre le développement d'un espacement énonciatif entre E_1 et e_1.

3.3. Imparfait prospectif (*allait* + V. infinitif)

L'imparfait prospectif, construit sur la grammaticalisation du verbe de mouvement *aller*, a, entre autres emplois en discours (Bres 2008), celui d'un ultérieur du passé, ce qui se vérifie de son possible remplacement par le conditionnel présent dans ce type d'occurrence :

(5) j'ai regardé dans la glace la femme que ce soir Lewis ***allait prendre*** (*/prendrait*) dans ses bras. (Beauvoir de, *Les Mandarins*)

Dans cet emploi, en discours rapporté (5) comme *historique* (32), il développe un fonctionnement dialogique :

(32) Après un délicieux album orchestral pour Capitol en 1964, Blossom Dearie ***allait signer*** (*/signerait*) une dernière fois pour une major, le label anglais Fontana. Et en 1973, la fausse ingénue se révèle militante intraitable [...] (*Jazzman*, mars 2009)

Le locuteur-énonciateur E_1 positionne dans le passé un autre énonciateur e_1 – en (5), l'actant *je* qui se regarde dans le miroir ; en (32), l'instance fictive du narrateur-narrataire – situé dans le PASSÉ, à partir duquel le procès peut être envisagé comme à venir, alors que pour E_1 il est ici, de par le co(n)texte, de l'ordre du PASSÉ.

3.4. Et le présent et le présent prospectif (*va* + V. infinitif) ?

Sur la question du présent, trois grandes options explicatives (Bres 1999, Mellet 2000a) sont en présence, qui développent les hypothèses contraires de la déicticité (le présent explicite t_0), de l'actualité (le présent correspond à un repère de l'actualité qui peut être aussi bien t_0 que tout autre lieu du temps), ou de la non-temporalité de cette forme (le présent ne situe pas le procès dans le temps). Chacune d'elles rend compte de façon satisfaisante de certains faits de discours, et bute sur d'autres. Si l'on adopte les solutions du présent *actuel* ou du présent *non temporel*, la question du dialogisme de ce temps ne se pose pas. Elle se pose, en revanche, dans les cadres de l'hypothèse du présent déictique, où le dédoublement énonciatif permet de renouveler les explications de la problématique éculée de l'usage du présent en narration rétrospective, en alternance avec les temps du PASSÉ :

(33) J'***entre*** dans la garde-robe où je ***trouvai*** la petite lampe de nuit ; je me ***déshabille*** [...]
Ici Jacques ***fit*** halte à son récit, et ***donne*** une nouvelle atteinte à sa gourde. (Diderot, *Jacques le Fataliste*)

(34) [...] Les espoirs nés de la fin de l'occupation ***ont été*** vite ***déçus***.
La victoire du Hamas aux élections législatives du 25 janvier 2006 ***va accentuer*** l'embargo. Dès le 19 février, Israël ***impose*** des sanctions économiques à l'Autorité palestinienne. La situation ***se dégrade***. (...) C'est en raison de ces représailles que le Hezbollah ***effectue*** le 12 juillet une opération commando à la frontière nord, qui ***sera*** le point de départ de la deuxième guerre du Liban.

Par la suite, le siège de Gaza ne ***fera*** que se renforcer. Dans un rapport du mois de décembre 2006, l'Office de coordination pour les affaires humanitaires de l'ONU ***constate*** que le terminal de Rafah ne fonctionne plus qu'à 14 % de ses capacités. (*Le Monde*, 6 janvier 2009)

En (33), le présent joue à saute-moutons avec le passé simple ; en (34), après un passé composé (*ont été déçus*) qui marque les événements narrés comme passés (2006) par rapport à l'acte narratif (2009), le récit se poursuit par un présent prospectif (*va accentuer*), des présents (*se dégrade, effectue*), un futur *historique* (*sera*). Traditionnellement, le présent s'y voit expliqué en termes de transfert métaphorique : ce temps permettrait de présenter des événements passés comme s'ils se passaient à t_0 ; et ce, à des fins de dramatisation. Esquissons rapidement la façon dont l'approche dialogique peut offrir une solution élégante : si le présent correspond à l'énonciation de E_1 en t_0, les occurrences de ce temps en (33) et (34) ne peuvent se calculer à partir de cet énonciateur et présupposent donc un autre énonciateur e_1, situé cotextuellement dans le passé de

E_1, à partir duquel les procès s'énoncent comme simultanés (présent) ou comme ultérieurs (présent prospectif, futur).

Précisons que pour l'imparfait prospectif comme pour le présent et le présent prospectif, le dédoublement énonciatif procède de l'instruction temporelle de ces formes.

CONCLUSION

Nous avons développé l'idée que, dans le mode indicatif, le conditionnel est dialogique en langue, alors que le futur et l'imparfait (et secondairement l'imparfait prospectif, ainsi que le présent et le présent prospectif suivant la définition du présent que l'on adopte) ont des emplois dialogiques en discours : le conditionnel est un *marqueur* de dialogisme, les autres formes étudiées sont des *signaux*. Revenons à la morphologie pour signaler la grande cohérence du système : c'est l'association des deux désinences – *r* et – *ai(s)*, que l'on trouve séparément dans le futur et l'imparfait où elles permettent seulement des fonctionnements dialogiques[17], qui construit le dialogisme en langue du conditionnel. Le futur comme l'imparfait s'énoncent habituellement à partir du seul locuteur-énonciateur E_1 ; ils ne deviennent les supports d'un fonctionnement dialogique que lorsque le co(n)texte impose le dédoublement énonciatif. C'est la conjonction des deux désinences de ces temps dans la morphologie du conditionnel qui, faisant de cette forme un ultérieur du PASSÉ, oblige à doubler l'énonciateur E_1 d'un énonciateur e_1, situé dans le PASSÉ, pour qui le procès est ultérieur.

Soulignons pour finir deux points : l'explication proposée du dialogisme des temps verbaux n'a fait appel qu'aux deux paramètres du temps et de l'aspect par lesquels, dans l'approche aspectuo-temporelle, ils se voient définis. Il semble donc que, au moins pour ce qui est du mode indicatif, le dialogisme vienne se greffer sur des éléments de la langue qui au départ n'avaient pas cette destination. Le dialogisme[18], certainement parce qu'il est un *principe* comme le voulait Bakhtine, fait flèche de tout bois (ou presque).

Si les différents tours dialogiques ont été illustrés par des exemples, on ne s'est pas vraiment attardé à expliciter comment l'effet de sens spécifique de chacun d'eux était produit. Faisons l'hypothèse que c'est à partir de leur instruction temporelle (jointe à l'instruction aspectuelle dans le cas de l'imparfait)

17. Ne poussons cependant pas trop loin la symétrie entre futur et imparfait : le dialogisme pour se développer sur ces temps exploite une instruction temporelle pour le premier, une instruction aspectuelle (jointe à l'instruction temporelle) pour le second. Ce qui rend compte de ce que le passé simple, temps du PASSE comme l'imparfait, mais différent de lui aspectuellement, n'a pas d'emploi dialogique.

18. L'analyse des temps verbaux que nous avons développée dans les cadres du dialogisme croise, sur certains points, les études menées dans d'autres cadres théoriques : celui de la pertinence (Sthioul 1998), des espaces mentaux (Fauconnier 1984), de l'opposition *de re / de dicto* (Martin 1987), rencontre à laquelle un prochain travail sera consacré.

qu'il se développe : il est sans doute significatif que le futur puisse produire le sens de *bilan* (17), mais pas les temps du PASSÉ ; que les temps du passé puissent produire l'effet de sens *ludique* (10), (28), mais pas le futur, etc. Signalons seulement ce qu'ont en commun forme et emplois dialogiques verbo-temporels : le dédoublement énonciatif prend appui sur une différence temporelle. Les deux énonciateurs E_1 et e_1, s'ils peuvent être coréférentiels, ne sauraient appartenir au même moment : e_1 est forcément antérieur (conditionnel, imparfait, présent, futur dans l'emploi *historique*) ou ultérieur (futur) à E_1, ce qui vérifie notre propos : le dialogisme sur les temps verbaux utilise pour se produire un ingrédient – la temporalité – au principe de ces morphèmes.

Références bibliographiques

ABOUDA L., 1997, Recherches sur la syntaxe et la sémantique du conditionnel en français moderne, thèse de doctorat, Paris VII

ABOUDA L., 2001, « Les emplois journalistique, polémique et atténuatif du conditionnel. Un traitement unitaire », *in* Dendale P. et Tasmowski L. (éds), *Le conditionnel en français*, Université de Metz : *Recherches linguistiques* 25, 277-294.

BARCELÓ G. J., 2006, « Le futur des langues romanes et la modalité : monosémie et dialogisme », *Cahiers de praxématique* 47, 177-190.

BARCELÓ G. J. et BRES J., 2006, *Les temps de l'indicatif*, Paris : Ophrys.

BINNICK R. I., 1991, *Time and the verb*, New York : Oxford University Press.

BORILLO A., 2005, « Parmi les valeurs énonciatives du futur, le futur conjectural », *in* Lambert F. et Nølke H. (éd.), *La syntaxe au cœur de la grammaire*, Rennes : Presses universitaires de Rennes, 35-44.

BRES J.,1999, « Textualité narrative orale, genres du discours et temps verbal », *in* J.-M. Barbéris (éd), *Le français parlé : variétés et discours*, Heidelberg déc.1997, Montpellier III : Praxiling, 107-133.

BRES J, 2003a, « Mais oui, il était un joli temps du passé comme les autres, mon joli petit hypocoristique... », *Langue française* 138, 111-125.

BRES J, 2003b, « Temps verbal, aspect et point de vue : de la langue au discours », *Cahiers de praxématique* 41, 55-84.

BRES J, 2005, « L'imparfait : l'un et le multiple », *in* Labeau E. et P. Larrivée, *Nouveaux développements sur l'imparfait, Cahiers Chronos* 14, 1-32.

BRES J, 2006, *« Encore un peu, et l'imparfait était un mode... ». L'imparfait et la valeur modale de* contrefactualité », *Cahiers de praxématique* 46, 149-176.

BRES J, 2008, « De la production de l'effet de sens grammatical d'imminence-ultériorité : pourquoi peut-on dire *le train allait partir*, mais non *le train *alla partir* ? », *Actes du premier Congrès mondial de linguistique française*, http://www.ilf-cnrs.fr/

BRES J., 2009a, « Alors comme ça le conditionnel *serait* polyphonique... », Colloque *La question polyphonique*, Metz-Luxembourg, 8-10 septembre 2008, à paraître.

BRES J., 2009b, « Le conditionnel n'*existerait* pas, il *faudrait* l'inventer », *VIIè congrès international de linguistique française*, Oviedo 24-26 septembre 2008, à paraître.

BRES J., 2009c, « *Robert aurait pris sa retraite et passerait du bon temps*... Du conditionnel *dit* journalistique », *in* Maury-Rouan Cl. (éd.), *Regards sur le discours, Mélanges Robert Vion*, Aix-en-Provence, Presses de l'université de Provence, sous presse.

BRES J, 2009d, « *Sans l'imparfait, les vendanges tardives ne rentraient pas dans la jupe rhénane*... Sur l'imparfait contrefactuel, pour avancer », à paraître.

BRES J. et VERINE B., 2002, « Le bruissement des *voix* dans le discours : dialogisme et discours rapporté », *Faits de langue* 19, 159-170.

COMRIE B., 1985, *Tense*, Cambridge : CUP.

DAMOURETTE J. et PICHON E., 1911-1936, *Des mots à la pensée*, Paris : d'Artrey.

DE MULDER W. 2003, « Imparfait et "point de vue" : à la recherche d'une théorie "cognitive" », *in* Guéron J. et Tasmowski L., (éds) *Temps et point de vue*, Université Paris X-Nanterre, 81-102.

DENDALE P., 2001, « Le futur conjectural *versus devoir* épistémique : différences de valeur et de restrictions d'emploi », *Le Français Moderne*, LXIX, 1, 1-20.

DENDALE P. et TASMOWSKI L. (éds), 2001, *Le conditionnel en français*, Université de Metz : *Recherches linguistiques* 25,

DONAIRE M.-L., 1998, « La mise en scène du conditionnel, ou quand le locuteur reste en coulisses », *Le Français Moderne* 66, 2 : 204-227.

DONAIRE M.-L., 2001, *Subjuntivo y polifonía (español, francés)*, Madrid : Arecife.

DONAIRE M.-L., 2006, « Imparfait anaphorique, imparfait polyphonique ? », *in* Riegel M., Schnedecker C., Swiggers P. et Tamba I. (éd.), *Aux carrefours du sens*, Leuven : Peeters, 353-366.

DOWTY D., 1986, "The effects of Aspectual Class on the Temporal Structure of Discourse : Semantics or Pragmatics", *Linguistics and Philosophy* 9.1, 37-62.

FAUCONNIER G., 1984, *Espaces mentaux*, Paris : Minuit.

GARDIES J.-L., 1975, *La logique du temps*, Paris : PUF.

GENETTE G., 1972, *Figures III*, Paris : Editions du Seuil.

GUILLAUME G., 1933/1969, « Immanence et transcendance dans la catégorie du verbe », in *Langage et science du langage*, Paris : Nizet, Québec : Presses de l'université Laval, 46-58.

GUILLAUME G., 1971, *Leçons de linguistique 1948-1949*, Presses de l'Université Laval.

HAILLET P., 1992, *Emplois 'journalistiques' du conditionnel en français contemporain. Essai de linguistique descriptive*, thèse de doctorat, Université de Toronto..

HAILLET P., 2002, *Le conditionnel en français. Une approche polyphonique*, Paris : Ophrys.

HAILLET P., 2008, *Pour une linguistique des représentations discursives*, Bruxelles : De Boeck.

HIRSCH M., 1980, « La question du style indirect libre », *in* Joly A. (éd.), *La psychomécanique et les théories de l'énonciation*, Lille : Presses universitaires de Lille, 91-103.

KORZEN H. et NØLKE H., 1990, « Projet pour une théorie des emplois du conditionnel », *in* Halmøy O., Halvorsen A., Lorentzen L. (eds), Actes du IIè congrès des romanistes scandinaves, Université de Trondheim, 273-300.

KORZEN H. et NØLKE H., 2001, « Le conditionnel : niveaux de modalisation », *in* Dendale P. et Tasmowski L. (éds), *Le conditionnel en français*, Université de Metz : *Recherches linguistiques* 25, 125-146.

KRONNING H., 2002, « Le conditionnel « journalistique » : médiation et modalisation épistémiques », *Romansk forum* 16, 2, 561-575, http://www.digbib.uio.no/roman/page21.html

LANDEWEERD R. et VET C., 1996, "Tense in (free) Indirect Discource in French", *in* Janssen T. et W. van der Wurff (éd.), *Reported speech : forms and functions of the verb*, Amsterdam : John Benjamins, 141-162.

MARTIN R., 1981, « Le futur linguistique : temps linéaire ou temps ramifié ? (à propos du futur et du conditionnel en français) », *Langages* 64, 81-92.

MARTIN R., 1987, *Langage et croyance. Les univers de croyance dans la théorie sémantique*, Bruxelles : Mardaga.

MELLET S., 2000a, « Le présent », *Travaux de linguistique* 40, 97-111.

MELLET S., 2000b, « À propos de deux marquers de bivocalité », *Chronos* 5, 91-106.

NØLKE H., 1985, « Le subjonctif : fragments d'une théorie énonciative », *Langages* 80, 55-70.

NØLKE H. et OLSEN M., 2003, « Le passé simple subjectivé », *Langue française* 138, 75-85.

PATARD A. et VERMEULEN C., 2008, « Essai de représentation de la phrase hypothétique [Si P (IMP), Q (COND)] », *Cahiers Chronos*, sous presse.

NILSSON-EHLE H., 1943, « Le conditionnel "futur du passé "et la périphrase *devait* + infinitif », *Studia neophilologica* 16, 50-88.

REICHENBACH H., 1947/1966, *Elements of symbolic logic*, New York, Free Press.

SCHROTT A., 1977, *Futurität in Französichen der Gegenwart. Semantik und Pragmatik der Tempora der Zukunft*, Tübingen, Gunter Narr.

STHIOUL B., 1998, « Temps verbaux et points de vue », *in* Moeschler J. et *al.* (éd.), *Le temps des événements*, Paris : Kimé, 197-220.

VUILLAUME M., 1998, « Le discours indirect libre et le passé simple », *in* Vogeleer S., Borillo A., Vetters C. et Vuillaume M., (éd.), *Temps et discours*, Louvain-la-Neuve : Peeters, 191-201.

VUILLAUME M., 2001, « L'expression du futur du passé en français et en allemand », *in* Dendale P. et Tasmowski L. (éds), *Le conditionnel en français*, Université de Metz : *Recherches linguistiques* 25, 105-124.

WILMET M., 1997/2003, *Grammaire critique du français*, Bruxelles : Duculot.

YVON H., 1953, « Indicatif futur antérieur ou suppositif probable d'aspect composé ? », *Le Français Moderne*, 21, 169-177.

Jean-Marc Sarale
Praxiling, UMR 5267, Montpellier III

Potentialités dialogiques du déterminant possessif

Dans le vaste champ des études linguistiques portant sur les déterminants du nom, le déterminant possessif est moins fréquemment abordé que l'article ou le démonstratif. Nous disposons cependant de travaux éclairants, notamment Leeman (2004), Godard (1986), Baron, Herslund & Sørensen (2001), Heine (2006), ainsi que de l'abondante monographie de Heinz (2003). Il semble pourtant qu'une voie a été relativement peu explorée, celle de l'analyse des potentialités dialogiques du déterminant possessif, en relation avec la théorie de l'actualisation nominale[1].

En appui sur la théorie de l'actualisation en psychomécanique (Guillaume 1919, 1964), R. Lafont (Lafont et Gardès-Madray 1976, Lafont 1978) pose qu'il existe, parallèlement à la *chronogénèse* en tant qu'actualisation de l'image-temps sur le verbe, une *topogénèse* qui consiste en l'actualisation de l'image-espace sur le nom. Les outils de cette topogénèse sont le nombre et les déterminants : les actualisateurs du nom permettent de faire passer le nom de sa représentation virtuelle jusqu'à la représentation pleinement construite d'une image de réalité, c'est-à-dire de signifier « un degré de validité du message à l'égard du réel »[2].

Le déterminant possessif est l'outil d'une actualisation complète qui amène l'objet à sa référenciation précise par l'existence du sujet, que celui-ci s'inscrive en personne ou en non-personne (« mon/son arbre »). Mais qu'advient-il quand l'actualisation nominale subit la médiation du discours d'autrui, quand elle s'accomplit en intégrant la voix d'un autre énonciateur, en faisant écho à celle-ci ? Dans quelle mesure l'outil de l'actualisation qu'est le possessif peut-il entrer comme ingrédient dans la production d'un effet de sens dialogique ?

1. Notons cependant que Gary-Prieur (1994) aborde la question en termes de points de vue et de perspectives, en se limitant au nom propre et au possessif.

2. Lafont, 1978, p. 212.

Telle est la question qui guide cette recherche. On examinera d'abord les comportements syntaxiques du déterminant possessif dans divers syntagmes nominaux qui offrent un effet de sens dialogique, en distinguant les cas du nom propre modifié, étudié notamment par Jonasson (1994), et du nom commun. Puis on formulera quelques hypothèses explicatives des faits discursifs observés, en considérant le déterminant possessif comme un *signal* textuel, non comme un *marqueur* dialogique en langue[3] ; et on envisagera ses interactions avec les cotextes, en cherchant à préciser la nature des échos énonciatifs que celles-ci produisent.

Le corpus d'étude mêle l'écrit et l'oral : citations littéraires ou de presse écrite, relevées au fil des lectures, d'une part ; énoncés tirés de l'oral médiatique, d'enquêtes sociolinguistiques ou de l'oral quotidien, d'autre part.

I. DESCRIPTION DES SYNTAGMES NOMINAUX POSSESSIFS DIALOGIQUES

I.I. Le syntagme déterminant possessif + nom propre (dp + Npr)

Le déterminant possessif (dp) se réalise en discours selon différents effets de sens, où dominent largement la possession, la parenté, la méronomie, etc. Il peut aussi, quoique moins fréquemment, construire des syntagmes nominaux à effet de sens dialogique.

Cela s'observe en premier lieu avec le nom propre, comme en (1) :

(1) *Le baron Hulot cherche à faire de Mme Marneffe sa maîtresse – les caractères gras sont de nous :*
Déjà le baron avait mille fois juré que, depuis vingt-cinq ans, tout était fini entre madame Hulot et lui. – On la dit si belle, répliquait Mme Marneffe, je veux des preuves. – Vous en aurez, dit le baron, heureux de ce vouloir par lequel ***sa Valérie*** se compromettait. – Et comment ? Il faudrait ne jamais me quitter, avait répondu Valérie. Hector avait alors été forcé de révéler ses projets en exécution rue Vanneau pour démontrer à ***sa Valérie*** qu'il songeait à lui donner cette moitié de la vie qui appartient à une femme légitime, en supposant que le jour et la nuit partagent également l'existence des gens civilisés. (Balzac, *La Cousine Bette*, classiques de poche, le livre de poche, 134).

Dans ce cotexte, l'analyse distinguera des énoncés enchâssants [E], dont le locuteur-énonciateur est le narrateur du roman, en interaction avec l'allocutaire-énonciataire, le lecteur ; et des énoncés enchâssés [e], représentant la conversation de Valérie Marneffe et du baron Hulot, ainsi que le discours intérieur du baron. Soit l'énoncé [E] :

(2) – Vous en aurez, dit le baron, heureux de ce vouloir par lequel ***sa Valérie*** se compromettait.

[E] rapporte d'une part un énoncé enchâssé [e], discours cité, attribué à Hulot et reconstruit sous la forme entièrement actualisée [*vous en aurez*], dont la

3. Voir notes 4 et 16 de l'article introductif de ce numéro.

syntaxe du discours direct rend compte, et que nous laisserons de côté. D'autre part, [E] fait écho, dans le discours citant, à un autre énoncé enchâssé [ε], énoncé dont le SN *sa Valérie* manifeste une trace et qui représente le discours intérieur imputé à Hulot. Comment décrire cette relation d'enchâssement énonciatif entre [E] et [ε] ?

Comme l'expose J. Bres (2007) : « Dans le cadre énonciatif de [E], l'actualisation déictique et modale, assumée par l'énonciateur E_1 », qui est ici le narrateur du roman, « ne s'applique pas à un *dictum* simple, mais à un élément présenté comme ayant déjà un statut énonciatif ». Le *modus* de [E] – assertion débrayée, évaluation de l'état affectif du baron (*heureux de…*) – s'applique à un *dictum* ayant déjà fait l'objet des opérations d'actualisation par un autre énonciateur, e_1, en l'occurrence Hulot. « Cet énoncé [ε] est présupposé par l'énoncé [E] : il n'a pas d'autre réalité, ici, que celle qui lui est accordée par [E] ». L'énoncé [ε] a pour seule trace le SN *sa Valérie*, qui impute à Hulot l'appellatif *Valérie* ou *ma Valérie* : son actualisation par e_1 n'est pas récupérable, étant recouverte par celle qu'assume E_1, seule observable dans cette occurrence discursive.

L'effet de sens dialogique est à la fois manifeste et opaque. D'une part, le syntagme (dp + Npr) *signale* un dédoublement énonciatif que le Npr employé seul n'est pas susceptible de signifier, comme le montre la comparaison de (2) avec (2') :

(2') Vous en aurez, dit le baron, heureux de ce vouloir par lequel ***Valérie*** se compromettait.

En (2), [E] fait écho à la voix intérieure prêtée à Hulot, il représente la façon dont son désir nomme Mme Marneffe et se l'approprie[4]. Cet écho est absent de (2').

Mais d'autre part, ce SN (dp + Npr) est l'unique indice d'un discours qui reste opaque. Tout ce qu'on peut en dire, c'est que cette nomination se distingue – en cotexte élargi – des usages du nom marital, *Mme Marneffe*, et du prénom *Valérie*.

1.1.1. Indépendance du syntagme dp + Npr par rapport au discours rapporté

Un semblable effet de sens dialogique se produit également en (3) :

(3) Hector avait alors été forcé de révéler ses projets en exécution rue Vanneau pour démontrer à ***sa Valérie*** qu'il songeait à lui donner cette moitié de la vie qui appartient à une femme légitime, en supposant que le jour et la nuit partagent également l'existence des gens civilisés. (Balzac, *La Cousine Bette*, 134)

Le SN *sa Valérie* fait encore écho à la voix de Hulot, l'intimité que présuppose l'usage du prénom est médiatisée par la parole ou la pensée que le narrateur impute au baron. Placé en marge du discours indirect (DI) dépendant du V recteur *démontrer*, le SN peut s'interpréter comme trace énonciative d'une

4. Le cotexte cité montre qu'une interprétation possessive du SN ne peut être attribuée au seul narrateur E_1, à ce point du récit : Hulot n'a pas encore consommé sa relation avec Mme Marneffe.

apostrophe intégrée à l'énoncé enchâssé du DI – [*Valérie, je songe à vous donner cette moitié de la vie...*]. Mais ce n'est qu'une reconstruction parmi d'autres. Si le SN dp + Npr dialogique peut cumuler l'acte locutoire de production du prénom et l'acte illocutoire d'apostrophe, il peut tout aussi bien les dissocier, car le modus de l'énoncé enchâssé est irrécupérable.

En tout cas, l'imputation à Hulot du prénom – comme énoncé en monologue intérieur ou comme apostrophe allocutive – provient de ce que l'actualisation possessive instaure une personne comme repère énonciatif pour situer le déterminé, et fait donc potentiellement de cette personne (identifiée à Hulot) un repère énonciatif. Ce point sera précisé en 2.1.

Il est à noter que les syntagmes dp + Npr, lorsqu'ils sont dialogiques, n'apparaissent pas qu'à l'écrit et ne voisinent pas forcément avec des formes de discours rapporté, DD comme en (2), DI comme en (3).

1.1.2. Association du syntagme dp + Npr à la reprise en écho

L'exemple suivant, d'origine orale, élargit les conditions d'apparition du phénomène (4) :

(4) *En visitant l'exposition Van Gogh – Monticelli (Marseille, automne 2008). Un visiteur parle à un autre des liens de Monticelli avec l'école de Barbizon :*
A – Monticelli il a été à Barbizon je crois il a vu Théodore Rousseau et les autres peintres de Barbizon il s'est mis à la peinture de plein air quoi
B – eh bé je le connais même pas ***ton Théodore Rousseau***

Dans cette interaction, l'actualisation possessive du Npr s'applique non à la dénomination, mais à la nomination accomplie par A. Le SN *ton Théodore Rousseau* est dialogique ; il est associé à une reprise en écho du Npr, le déterminant possessif exprimant une imputation énonciative (*ton = dont tu parles*). B enregistre l'existence de l'être identifié par A ainsi que sa dénomination, tout en assertant sa méconnaissance du référent culturel. Ce type d'association est assez fréquent.

1.1.3. Dialogisme du syntagme dp + Npr à la première personne

Les exemples cités montrent que l'effet de sens dialogique peut se produire à la P2 (cf. (4) : *ton Théodore Rousseau*) et à la P3 (cf. (2) et (3) : *sa Valérie*). Par extension, il en va de même pour les P5 et P6 (*votre Théodore Rousseau, leur Valérie*). Mais les syntagmes dp + Npr peuvent-ils être dialogiques à toutes les personnes, et notamment aux P1 et P4 ? Ecartons tout d'abord les SN de P1 en fonction d'apostrophe (*mon + Npr* ou *mon + adj. + Npr*). Ils ne sont pas dialogiques, car l'apostrophe construit le système allocutif (énonciateur – énonciataire) : *mon* indexe la P1 sur l'énonciateur principal, le Npr désignant l'énonciataire ; le dp ne peut donc pas désigner un énonciateur enchâssé.

Mais l'effet de sens dialogique du SN *mon + Npr* est possible lorsque E_1 utilise le Npr en usage et en mention, pour référer à un objet de discours précédemment constitué par lui-même : e_1 est coréférent à E_1 mais temporellement distinct ; il s'agit d'autodialogisme. Ce phénomène apparaît dans des conflits énonciatifs portant sur l'identification ou la qualification de personnes ou de lieux (5) :

(5) *Conversation sur le lieu de travail (le Npr a été changé) :*
attends ***mon Rousseau*** il est économiste/il s'intéresse au Japon pas à la Chine/c'est pas le même c'est pas celui dont tu parles

Cela ne se rencontre pas seulement à l'oral, mais aussi dans le discours écrit (6) :

(6) *L'écrivain Catherine Clément témoigne de la curiosité de F. Mitterrand pour les amours de Nehru et de lady Mountbatten, qu'elle avait évoquées dans un de ses romans :*
Dans son émerveillement de lecteur qui découvrait, dans le fil de l'Histoire, un amour qui joua un rôle certain dans la Partition entre l'Inde et le Pakistan, il y avait quelque chose de naïf que je lui ai vu à d'autres occasions. Naïf, François Mitterrand ? Le chœur éclate de rire, le chœur ne me croit pas. La doxa veut qu'il ait été florentin, machiavélique, retors et toutes ces sortes de choses, à chaque seconde de sa vie. Tel n'était pas ***mon Mitterrand à moi***. Et ce jour où il se montra si curieux d'une histoire d'amour entre ennemis jurés, il avait la candeur d'un lecteur de romans. http://www.mitterrand.org/Infiniment-curieux-vrai-lecteur-de.html (18/1/2006)

Ici, l'opposition énonciative est explicite, entre le *chœur*, la *doxa* d'une part, et *mon Mitterrand à moi* d'autre part, forme renforcée par le SP *à moi* : l'effet contrastif nous semble autoriser une interprétation autodialogique (E_1 *: maintenant, j'évoque mes souvenirs de Mitterand/e1 : dans le passé, à l'occasion d'une conversation avec lui, je me suis dit : « Mitterand est parfois un lecteur naïf »*).

Il n'y a donc aucun obstacle à l'emploi dialogique du SN de P1 et, *a fortiori*, de P4, dès lors que l'énonciateur E_1 réfère, en usage et en mention[5], au SN en tant qu'objet de discours repéré par rapport à une énonciation antérieure.

1.1.4. Variantes élargies du syntagme dp + Npr dialogique

Jusqu'ici présenté sous sa forme canonique dp + Npr, le SN dialogique à Npr peut s'élargir par l'adjonction d'un N appellatif ou d'un N de parenté (7), ou par celle d'un adjectif évaluatif ou hypocoristique (8) :

(7) En ceci, Crevel croyait avoir dépassé ***son bonhomme Birotteau*** de cent coudées. (Balzac, *La Cousine Bette*, 154).

(8) Elle [Valérie Marneffe] gardait son luxe pour ses robes de chambre, pour sa tenue à la maison. Elle faisait ainsi le sacrifice de ses vanités de Parisienne à ***son Hector chéri***. (Balzac, *La Cousine Bette*, 190)

5. Le SN *mon Mitterrand à moi* n'est pas seulement pris en mention, mais aussi en usage. Il s'agit ici de l'emploi modifié du nom propre qui fait apparaître une modalisation ou un fractionnement de son référent, sous la construction *le + Npr + Complément* (ex. *le Rousseau des Confessions… le Rousseau des discours*, cf. Leroy, 2004, p.72). La complémentation est nécessaire pour préciser quelle facette du référent est désignée. Or, intégrée dans l'emploi du possessif (**le Mitterrand de moi* vs *le Mitterrand de la doxa*) et redoublée par la redondance du SP *à moi*, cette complémentation instaure une personne comme repère énonciatif et construit la référenciation sous un prisme dialogique.

Ces variantes syntaxiques interagissent cotextuellement avec le dialogisme du syntagme, qu'elles confirment. En effet, le N appellatif suppose un acte de nomination susceptible d'altérité énonciative, voire l'enchâssement énonciatif d'un acte d'interpellation. Et d'autre part, un adjectif subjectif peut donner consistance à un écho interdiscursif.

Le SN *dp + Npr* peut donc présenter un effet de sens dialogique, mais il s'en faut de loin que ce soit toujours le cas. Il faut en excepter les SN en fonction d'apostrophe (cf. 1.1.3) ainsi que la plupart des emplois modifiés du Npr qui produisent une métonymie ou une métaphore. En effet, dans la métonymie, le Npr exige toujours un déterminant (*un Matisse, un Bordeaux*) et implique une catégorisation implicite canonique (*œuvre* pour un Npr anthroponymique ou *produit* pour un Npr toponymique) : syntaxiquement, le SN *dp + Npr* ne s'oppose plus au Npr seul, mais au Npr actualisé par d'autres types de déterminants, et il est plus difficile au possessif d'imputer la nomination à un énonciateur enchâssé (*c'est un bon musée : j'aime beaucoup leur Matisse*) ; sémantiquement, la catégorisation induite oriente la référence vers un objet, et la relation personnelle inhérente au possessif vers le possesseur de cet objet. D'autre part, dans les métaphores du Npr (ex. *ce siècle aussi aura son Einstein*) où le possessif pointe la relation du Npr phore (*Einstein*) avec le thème (*l'Einstein du* XXI*e siècle*), ce possessif ne renvoie pas à la personne d'un énonciateur potentiel, ce qui interdit tout effet de sens dialogique[6].

1.2. Le syntagme déterminant possessif + nom commun (dp + Nc)

Lorsque le déterminant possessif actualise un Npr, c'est l'opposition *dp + Npr* vs *Npr* qui permet de tester l'effet de sens dialogique. Lorsqu'il actualise un nom commun (Nc), c'est l'opposition *dp + Nc* vs *article + Nc* qui permet de distinguer un énoncé dialogique d'un énoncé qui ne l'est pas, ou qui l'est moins.

1.2.1. Traitement nominal d'une séquence linguistique

Comme les autres déterminants du nom, le déterminant possessif peut actualiser un SN, un phrasème, ou un fragment d'énoncé déjà actualisés. Il transforme alors ce segment en îlot textuel (9) :

(9) *Récit recueilli dans le cadre de l'interview sociolinguistique d'une gardienne des toilettes SNCF :*

A67 – si je vous disais ce qu'on m'a dit moi ma pauvre

B68 – j'aimerais bien

A69 – ah un jour y a un monsieur/« un franc » « moi je paye pas un franc »/ alors je lui dis/« écoutez monsieur soyez raisonnable/c'est ma paie j'ai rien d'autre pour vivre »/« nononon moi j'ai pas cent »/alors il quand même il se retourne/il me dit « les voilà ***vos un franc*** »/et il me les jette/comme on jette un : un un chien/des fois on lui donne on lui jette pas le bout de pain/ on lui donne à ::: la gueule hein (mmB)

6. Toutefois, il n'est pas impossible que des Npr métonymiques ou métaphoriques fassent l'objet d'un effet de sens dialogique auquel participe le dp (*leur Einstein du* XXI*e siècle n'a pas encore domestiqué la fusion nucléaire*).

L'actualisation par le possessif (*vos un franc*) d'une séquence nominale ou verbale déjà actualisée (« un franc ») vaut imputation de parole et signale le statut dialogique de cette séquence. Dans le discours cité, prêté par la gardienne des toilettes à l'usager, celui-ci l'impute à son énonciataire, la gardienne. Le déterminant possessif produit donc une imputation énonciative plus individualisante que l'article défini, comme le montre la comparaison de (9) avec (9') :

(9') [...] il me dit « les voilà ***les un franc*** » et il me les jette [...]

Le SN *les un franc* est aussi un îlot textuel, mais à la différence de *vos un franc*, l'identification de l'énonciateur enchâssé e_1 reste implicite.

1.2.2. Dialogisme et complémentation inhérente au SN possessif

À ce premier trait relatif au processus d'actualisation nominale s'en ajoute un second, propre au fait que le syntagme dp + Nc équivaut à un complément du nom avec la préposition *de*. Il arrive en effet que cette complémentation inhérente au SN ne s'explique que par le dialogisme du déterminant possessif (10) :

(10) *Bette suit son protégé, jeune sculpteur polonais dont elle est amoureuse et dont elle vient d'apprendre les fiançailles... :*
En effet, au moment où elle longeait le parapet du quai Voltaire en dévorant la rivière, et marchant en idée sur l'autre rive, elle reconnut l'artiste dès qu'il déboucha par le guichet des Tuileries pour gagner le pont Royal. Elle rejoignit là ***son infidèle*** et put le suivre sans être vue par lui, car les amoureux se retournent rarement. (Balzac, *La Cousine Bette*, p. 150)

Dans la mesure où l'adjectif *infidèle* se construit avec la préposition *à*, le syntagme *son infidèle* semblerait irrégulier si le déterminant portait sur l'être affecté par l'infidélité (*infidèle à Bette*). Il faut donc considérer que, par son déterminant et sa fonction de COD, *l'infidèle* fonctionne comme nom. L'actualisation possessive (*son infidèle = ? l'infidèle de Bette*) instaure la personne de Bette comme repère énonciatif pour situer la catégorisation nominale, que E_1, le narrateur, attribue au discours intérieur de la cousine Bette, contrairement à ce qu'il ferait en (10')[7] :

(10') [...] elle reconnut l'artiste dès qu'il déboucha par le guichet des Tuileries pour gagner le pont Royal. Elle rejoignit là ***l'infidèle*** et put le suivre sans être vue par lui, car les amoureux se retournent rarement.

La relation de personne impliquée dans le SN *son infidèle* correspond donc à une imputation énonciative, que l'on peut gloser par *l'infidèle (selon le discours) de Bette, celui qu'elle nomme « l'infidèle »*[8].

7. Encore faut-il signaler l'ironie balzacienne : le N *l'infidèle* évoque intertextuellement une exclamation tragique, fort éloignée de l'idiolecte prêté par le narrateur à la cousine Bette. Par un feuilletage énonciatif à trois voix, le narrateur impute, « pour de bon », à la cousine Bette l'expression d'une déception amoureuse (*pathos*), mais dans le registre lexical et avec le caractère énonciatif que lui donnerait une héroïne tragique – *ethos* complètement étranger à celui de Bette, et qui lui est attribué « pour rire ».

8. Jonasson (2007a et 2001b) analyse un exemple semblable de SN possessif à nom commun relationnel également extrait de Balzac (*La Peau de chagrin*), en termes d'empathie et de perspective.

1.2.3. Dialogisme et nombre du SN

La spécificité des constructions dialogiques du déterminant possessif peut aussi affecter le nombre du SN (11) :

(11) Contre !
Je vous construirai une ville sans plan et sans ciment
Un édifice que vous ne détruirez pas,
Et qu'une espèce d'évidence éclatante
Soutiendra et gonflera, qui viendra vous braire au nez,
Et au nez gelé de ***tous vos Parthénons, vos arts arabes, et de vos Mings.***
(Henri Michaux, « Contre ! », *La nuit remue*)

Dans cette occurrence, qui coordonne Npr et Nc, les SN au pluriel échappent à l'interprétation référentielle possessive. Ils ne dénotent pas la multiplicité des référents – cela est clair pour *vos Parthénons*. Ils ne relèvent pas non plus exactement de l'emploi modifié du Npr, appelé construction emphatique (12) :

(12) Les Parthénons, les Colisées ne valent pas la gare de Perpignan.

M.-N. Gary-Prieur (2001) apparente cet emploi modifié à la construction exemplaire du Npr, qui, selon S. Leroy (2004), « donne à voir le référent du Npr comme un échantillon représentatif d'un type » – en l'occurrence, un type architectural, stylistique ou historique (12') :

(12') Un Parthénon, un Colisée ne vaut pas la gare de Perpignan.

Ici entre en jeu la différence entre ce qu'exprime l'article défini de (12) – la singularité acquise, non des objets mais des types *Parthénon* et *Colisée*, singularité qui garantit la représentativité de l'échantillon – et d'autre part l'ancrage personnel exprimé par le possessif en (11) – ancrage dont l'effet est que la réalité de la chose énoncée (*vos Parthénons*, etc.) se fonde dans la parole qui l'énonce. Le pluriel des SN de Michaux ne saisit pas les référents comme des échantillons représentatifs, il désigne plutôt des référenciations en discours, attribuées à un énonciateur enchâssé e_1 (= *vous*), et chargées par e_1 de valeurs positives. En raison du caractère personnel du possessif, le pluriel est celui de la pluralité des énonciateurs e_1 ou bien d'une itération énonciative : *vous dites/vous répétez : « le Parthénon, l'art arabe, le Ming (l'art Ming) »*. Ces multiples nominations enchâssées sont imputées à un discours esthétisant et « cultivé » que l'énonciateur E_1 ne partage pas.

1.3. Fonctions syntaxiques des SN possessifs dialogiques

Pour terminer cette description du comportement syntaxique des SN à effet de sens dialogique, on remarquera que ce tour offre une grande souplesse d'emploi, puisqu'il semble susceptible d'occuper toutes les fonctions dans la phrase :

- sujet en (2), objet en (3), complément du nom en (11), complément circonstanciel, notamment régi par la préposition *avec* (13) :

(13) *Le narrateur s'est vanté de prophétiser l'avenir, comme Nostradamus :*

Je pourrais vous amuser encore, enfin essayer, avec **mes « Nostradamus »**, l'armée jaune à Brest, l'armée noire gare Montparnasse, la capitulation de Saint-Denis… (Céline, *Rigodon*, Folio p. 48).

– régime d'un présentatif (14) :

(14) *M. Rivet à la cousine Bette :*
Votre quartier fait frémir. On vous y aurait assassinée un jour ou l'autre… Eh bien ! voilà **votre Monsieur Crevel** nommé chef de bataillon de sa légion, j'espère que c'est nous qui lui fournirons sa grosse épaulette. (Balzac, *La Cousine Bette*, 149).

– ou encore apposition, en détachement à droite, selon un exemple analysé ici-même dans l'article de A. Nowakowska (15) :

(15) À ses amis, il disait en souriant : « C'est vrai, je suis polygame, mais un polygame fidèle » sans qu'on sache trop s'il se considérait comme fidèle à lui-même ou à sa femme.
Quant à Nathalie, sans doute pensait-elle qu'en fermant les yeux elle le garderait toujours, ***son Julien.*** (J. Pontalis, *Elles* p. 16)

À la suite de cette analyse des caractéristiques des SN possessifs entrant dans la production contextuelle d'un effet de sens dialogique, on proposera quelques explications de ce phénomène discursif.

2. HYPOTHÈSES EXPLICATIVES

2.1. Marque de la personne et imputation énonciative

Comme on l'a montré précédemment, pour qu'un emploi du possessif s'accompagne de la production et/ou de la perception d'un effet de sens dialogique, il faut que l'énoncé [E] suppose ou représente une énonciation enchâssée [e], à laquelle il fait écho, en la subordonnant et en la « phagocytant ». Cela demande une représentation, explicite ou implicite, d'un énonciateur enchâssé, c'est-à-dire d'une « personne », au sens où ce terme désigne tout être susceptible de prendre la parole, que cette « personne » coïncide avec l'une des instances du cadre énonciatif de [E] (locuteur ou allocutaire), ou non (3e personne).

Or, le déterminant possessif implique le marquage d'une personne, et cet ancrage personnel peut s'orienter vers l'imputation énonciative – cela est particulièrement net dans la reprise en écho où le possessif est utilisé pour réactualiser un Npr (cf. 4, *ton Théodore Rousseau*) et dans les usages auto-dialogiques du possessif de P1 (cf. 6, *mon Mitterrand à moi*). Comme on l'a vu en 1.2., cette imputation énonciative relève davantage d'un fonctionnement textuel que d'un sémantisme fixé en langue. En effet, ce fonctionnement du possessif est indissociable de l'agencement du discours. Quoique secondaire et peu manifeste, il présente quelques particularités (complémentation, nombre du nom) qui le rendent « visible ». Et il s'inscrit dans la fonction générale du déterminant, qui est d'actualiser le nom, c'est-à-dire de l'associer à un objet doté d'une place dans l'espace. Seulement, cette position s'opère quelquefois dans un espace énonciatif, le nom étant actualisé comme objet de discours. L'actualisation possessive peut – sans que ce soit une nécessité – fonder la référence de la chose énoncée dans une parole qui l'énonce ou est présumée l'énoncer.

Le possessif est donc, dans certains contextes discursifs, un outil d'imputation énonciative... mais pas seulement. Il est aussi un « disjoncteur » de prise en charge énonciative. En effet, la comparaison avec l'article défini (cf. (10) *son infidèle* vs *l'infidèle*) tend à montrer que le possessif permet à l'énonciateur E_1 de pointer un énonciateur enchâssé e_1, de lui imputer un élément énonciatif [e] et – simultanément – de mettre à distance cet élément attribué à e_1. Dans l'emploi dialogique du possessif, la valeur d'appartenance fait que [e] est « étranger » à E_1, dans la mesure justement où la validité du N, trace énonciative de [e], « appartient » à e_1. Cette « disjonction » de prise en charge énonciative est plus ou moins sensible selon les cotextes. Ainsi les potentialités dialogiques du possessif permettent-elles à E_1 de construire de l'extérieur à son discours, tout en faisant écho à cet autre discursif. Cela différencie d'ailleurs le dialogisme du possessif et celui de l'article défini (cf. la comparaison de (9) avec (9'), où *vos un franc* vs *les un franc* caractérise le refus de prise en charge du montant convenu par l'usager des toilettes – du moins dans le cadre de l'énoncé rapporté configuré par la gardienne).

Il faut revenir sur le fait qu'ainsi défini, le fonctionnement dialogique du possessif n'a rien de nécessaire : il n'est pas inscrit dans la valeur du morphème en langue ; celle-ci le rend tout au plus possible. Pour s'accomplir, ce fonctionnement potentiel doit être « catalysé » par le cotexte, avec lequel il entretient des interactions qui confirment l'orientation dialogique de l'énoncé, en jouant avec les programmes sémantiques dominants du possessif en langue (relation à la personne, appropriation, intégration à un tout, etc.) en un réglage de sens cotextuel exprimant une imputation énonciative, une forme d'appropriation en parole. Le possessif n'est donc pas un *marqueur* dialogique, dont la valeur en langue suffirait à fonder, en elle-même, un décrochage énonciatif en discours. Il n'est pas non plus un simple « témoin », subissant des phénomènes dialogiques causés par d'autres marqueurs, et les « reflétant » dans un effet de sens superficiel. Il a une réelle efficience dialogique qu'ont mise en évidence les oppositions entre *Npr* et *dp + Npr* et entre *article + Nc* et *dp + Nc*. Nous le considérons comme un *signal* dialogique, dont l'efficience est tributaire des interactions avec le cotexte. Il faut maintenant envisager les interactions de ce signal dialogique avec les éléments cotextuels susceptibles de l'activer.

2.2. Interactions du SN possessif dialogique avec son cotexte

Pour que le SN signale un effet de sens dialogique, l'apport nécessaire du cotexte est un « cocktail » de traits syntaxiques et sémantiques confirmant les potentialités d'imputation énonciative du possessif. Dans ce « cocktail » entrent notamment, sans prétendre à l'exhaustivité :

- l'interaction avec un adverbe énonciatif ou un connecteur argumentatif (cf. (4) : *je le connais **même** pas ton Théodore Rousseau*),
- la présence d'un adjectif épithète, indice de subjectivité (cf. (8) *son Hector **chéri*** ; (15) *son Julien **chéri***),

- la présence d'un V ou d'un N signifiant un acte de langage,
- la présence d'un complément du nom ou du groupe verbal explicitant l'une des coordonnées de l'énonciation enchâssée,
- divers marqueurs de dialogisme tels que la négation, la dislocation, la reprise-écho ou l'auto-reprise.
- les guillemets et autres procédés typographiques marqueurs d'autonymie

En voici quelques exemples :

• **cotexte d'un indice adjectival de subjectivité**

(16) Elle avait accumulé ses rentes et ses bénéfices mensuels en les capitalisant et les grossissant de gains énormes dus à la générosité avec laquelle Crevel faisait participer le capital de **sa petite duchesse** au bonheur de ses opérations financières. (Balzac, *La Cousine Bette*, p. 202)

Le cotexte élargi et la connaissance des canons du roman réaliste ne permettent pas d'attribuer l'hypocoristique *petite* au narrateur balzacien. Cet indice de subjectivité entre donc en interaction avec le possessif, signal potentiel d'un énoncé enchâssé, et avec le caractère contrefactuel du titre *duchesse* pour référer à Mme Marneffe. Le choix d'un autre nom, modifiant ce dernier paramètre, et la suppression de l'adjectif font disparaître l'effet de sens dialogique (16a) :

(16a) [...] la générosité avec laquelle Crevel faisait participer le capital de **sa maîtresse** au bonheur de ses opérations financières.

Mais on peut remarquer que l'interaction du possessif et d'un adjectif hypocoristique suffirait à rétablir un écho énonciatif :

(16b) [...] la générosité avec laquelle Crevel faisait participer le capital de **sa chère maîtresse** au bonheur de ses opérations financières.

• **cotexte qui inclut un V ou un N signifiant un acte de discours**

(17) Le président **tient sa rupture**...
Nicolas Sarkozy est un homme qui tient ses promesses. Il n'a qu'une parole. Et dans son difficile sacerdoce présidentiel, son peuple, dévoué et solidaire, est prêt à l'aider. Il avait promis la rupture, son pays s'est empressé de lui offrir. [...] (*suit un développement sur le succès d'une journée de grève nationale, datant de la veille*) (Source : blog sur Internet, « post » daté du 20/10/2007)

En (17), c'est le cotexte ultérieur qui dissipe l'opacité du titre de ce « post » et confirme la production de sens dialogique du SN *sa rupture* : les N *promesses* et *parole*, le V *avait promis*, qui a pour cod le N *rupture*, réfèrent aux actes de discours dont le SN *sa rupture* constitue la trace énonciative enchâssée. De plus, la locution verbale *tient ses promesses* fournit la clé d'interprétation de la locution verbale du titre.

• **cotexte explicitant une coordonnée de l'énonciation enchâssée**

La référence à l'énonciation enchâssée est indirecte ; elle passe par l'inscription en cotexte de coordonnées temporelles ou personnelles, qui présupposent l'altérité énonciative dont le SN représente une trace. Le cotexte les intègre selon diverses formes syntaxiques (18) :

(18) Louise – Chaque fois que je trouve un bolet, c'est une russule.
Mathilde – Moi aussi, quand j'étais petite, **mes bolets** c'était des russules.
(Exemple de source orale, emprunté à Apothéloz et Reichler-Béguelin, 1995)

Ci-dessus, la subordonnée temporelle *quand j'étais petite* entre en interaction avec le possessif et « garantit » le dialogisme du SN *mes bolets*, en posant la désignation comme vraie pour Mathilde enfant à un moment T_{-1}, et non pour l'énonciatrice au moment T_0 de la parole. La suppression de la subordonnée rend l'énoncé pragmatiquement improbable et brouille l'effet de sens dialogique (18a) :

(18a) ? Mathilde – Moi, **mes bolets** c'était des russules.

À l'interprétation dialogique du possessif en (18), on pourrait objecter que ce déterminant signifie tout autant l'appropriation (*les champignons que je trouvais*) que l'imputation énonciative (*ce que j'appelais bolets*). Mais la cueillette – et donc l'appropriation – ne va pas sans une désignation comme *bolets*, désignation doublement mise à distance, dans le temps et dans l'erreur : cette nomination est donc bien dialogique. Comme l'écrivent Apothéloz et Reichler-Béguelin : « Cet exemple met en évidence le fait que les désignations ne se font jamais indépendamment d'une instance de prise en charge, et mettent crucialement en jeu des phénomènes de polyphonie »[9].

• **reprise en écho**

Mais le dialogisme de (18) naît aussi de l'interaction avec un autre ingrédient cotextuel du « cocktail » dialogique, la reprise interlocutive ou reprise-écho, comme le montre (18b), qui fait abstraction de la subordonnée temporelle et replace l'énoncé au présent :

(18b) Louise – Chaque fois que je trouve un bolet, c'est une russule.
Mathilde – Moi aussi, **mes bolets** c'est des russules.

La reprise-écho[10] est la reprise, par un énonciateur E_2, d'un N précédemment actualisé par un énonciateur E_1, mais avec une nouvelle actualisation – le possessif, en l'occurrence. Ci-dessus, Mathilde reprend en écho le SN *un bolet* énoncé par Louise, et le réactualise en l'imputant à un autre énonciateur, une Mathilde cueilleuse de champignons et inexperte.

La reprise-écho est un marqueur dialogique très fréquent dans le texte dialogal, elle participe notamment à la gestion des thèmes partagés par les interlocuteurs. Toutefois, elle n'est pas une trace dialogique exclusive, qui conduirait à nier le rôle de signal dialogique du possessif. C'est ce que montre (18c) :

(18c) Louise – Chaque fois que je trouve un bolet, c'est une russule.
Mathilde – Oui, **les bolets** sont difficiles à reconnaître.

9. Apothéloz et Reichler-Béguelin envisagent ici la polyphonie des désignations nominales, sans mentionner les potentialités dialogiques du déterminant possessif.

10. Terme emprunté à Barbéris 2005.

Ici, la reprise-écho permet à Mathilde de valider le thème proposé par Louise, sans imputation à une « autre Mathilde ». C'est une anaphore simple, sans écho dialogique. On considère donc que le rôle de signal dialogique du possessif en (18) est avéré, distinct de celui de la reprise-écho, mais qu'il entre en interaction avec elle dans la production de l'effet de sens dialogique de l'énoncé. C'est d'ailleurs manifeste dans le cas de la reprise-écho d'un Npr avec actualisation possessive, comme en (4) :

(4) A – Monticelli il a été à Barbizon je crois il a vu Théodore Rousseau et les autres peintres de Barbizon il s'est mis à la peinture de plein air quoi
B – eh bé je le connais même pas ***ton Théodore Rousseau***

• **auto-reprise**

De manière analogue, l'auto-reprise d'un N, en apposition ou sous forme de phrase nominale, peut aussi entrer en interaction avec le possessif, pour actualiser les potentialités dialogiques du SN (19) :

(19) À contrecœur il s'éloigna vers la sortie du réfectoire, contempla une dernière fois l'incendie, **son incendie**, puis fier du Noël qu'il s'était enfin donné, il s'enfonça dans la nuit. (Y. Queffélec, *Les noces barbares*, 248, cité par M. Heinz, 2003)

Du fait de la prédication seconde inhérente à l'apposition, cette forme d'auto-reprise donne à entendre une voix potentiellement différente du celle du narrateur E_1. Le SN *son incendie* conserve un sens agentif, mais l'actualisation possessive pointe aussi un énonciateur enchâssé e_1, en l'occurrence le personnage, à qui sont imputées la nomination et l'appropriation de l'incendie. Le contraste entre *le* et *son* est déterminant dans cet effet dialogique, qui superpose sens agentif et imputation dialogique (*son incendie = ce qu'il appelait : « mon incendie, l'incendie que j'ai causé »*) : rien n'empêche en effet que l'élément énonciatif enchâssé soit lui-même un SN possessif.

• **détachement en cotexte**

Un autre marqueur dialogique fréquemment associé à l'effet dialogique du possessif est la dislocation par détachement, notamment à droite, étudiée dans ce numéro par A. Nowakowska. Ci-dessous, la dislocation rend le dialogisme du SN possessif plus saillant (20) :

(20) *Les parents remettent aux enfants les étrennes de leurs grands-parents :*
La soeur (à son frère) : – Eh, Thierry, tu vas pouvoir te l'acheter, ***ton MP3*** !

L'énonciatrice représente le lecteur MP3 à travers le discours de son frère (*ton MP3 = le MP3 dont tu m'as parlé*). Il semble que la dislocation à droite (re) thématise l'objet de discours après le rhème, différenciant ainsi le rhème (achat d'un MP3), du thème postposé. Ainsi différencié, ce thème peut alors être imputé à un autre énonciateur… notamment celui que pointe l'instruction personnelle du possessif. À cet effet dialogique contribuent aussi le sémantisme, le temps et la modalisation du V *acheter*, qui virtualisent le sens possessif du SN *ton MP3*. Le dialogisme est affaibli ou anéanti lorsque disparaît la dislocation, et qu'un changement de verbe autorise de nouveau le sens possessif du SN (20a) :

(20a) Eh, Thierry, tu vas pouvoir remplacer ton MP3 !

Mais la conjonction de la dislocation et du déterminant possessif suffit à rétablir un écho énonciatif (20b) :

(20b) Eh, Thierry, tu vas pouvoir le remplacer, **ton MP3** !

• les guillemets et autres procédés typographiques marqueurs de modalisation autonymique

(21) 14 Juillet : Nicolas Sarkozy cultive **sa « rupture »**
Pour sa première fête nationale en tant que président de la République, Nicolas Sarkozy ne donne pas d'interview télévisée, mais organise un « concert populaire » géant au Champ-de-Mars. (*NouvelObs. com*, 15/07/2007)

Les guillemets marquent la modalisation autonymique et rendent l'effet dialogique plus saillant en (21), mais leur suppression ne le ferait pas disparaître entièrement. Une comparaison avec (17) milite en ce sens :

(17) Le président **tient sa rupture**... [...]

2.3. Nature de l'écho énonciatif dans un SN possessif dialogique

Des marqueurs dialogiques tels que la négation ou la construction clivée portent sur une prédication. Dans un énoncé dialogique [E (e)], l'actualisation et la modalité de [e] sont certes irrécupérables, mais le caractère prédicatif des marqueurs permet de reconstruire avec plus ou moins de précision une forme phrastique de [e]. Mais quand le déterminant possessif, signal dialogique, actualise un SN en le constituant en trace énonciative, [E] ne représente qu'un écho énonciatif plus indirect et on peut se demander quels éléments énonciatifs il permet de reconstruire.

Il nous semble que cet écho dialogique peut :

- imputer à l'énonciateur enchâssé e_1 le choix d'une dénomination – cf. *bolet* en (18) :

(18) [...] Mathilde : – Moi aussi, quand j'étais petite, **mes bolets** c'était des russules.

- imputer à e_1 un nom actualisé (9), cette actualisation pouvant d'ailleurs être possessive (19) :

(9) [...] alors il quand même il se retourne/il me dit « les voilà **vos un franc** » [...]

(19) À contrecœur il s'éloigna vers la sortie du réfectoire, contempla une dernière fois l'incendie, **son incendie**, puis [...] il s'enfonça dans la nuit.

- imputer à e_1 une appellation, voire une apostrophe ou un autre acte de langage (22) :

(22) Le grand et bel Hector se montra tout blanc un beau matin. Madame Marneffe prouva facilement à **son cher Hector** qu'elle avait cent fois vu la ligne blanche formée par la pousse des cheveux. (Balzac, *La Cousine Bette*, p. 195)

- imputer à e_1 un SN à nom déverbal, correspondant à la nominalisation d'un énoncé, éventuellement restitué en cotexte (23) :

(23) En finir avec ***son sauvetage d'Alstom***
Nicolas Sarkozy en a fait son pont d'Arcole. « *J'ai sauvé Alstom* ». Dans ses discours et livres (*Témoignages*), tout du long de la campagne électorale, lors de chacune de ses visites de sites industriels, le chef de l'Etat fait référence à cet épisode qui l'a vu en 2004, comme ministre de l'économie, faire accepter par Bruxelles un plan de recapitalisation de ce groupe. (Eric Le Boucher, *Le Monde*, 10-11 février 2008, p. 23)

La restitution en discours direct d'un énoncé actualisé est nécessaire pour expliciter le titre de cet article de presse, et superposer, au programme de sens « agentif » du SN (*son sauvetage d'Alstom = il a sauvé Alstom*), l'imputation énonciative du possessif. Ce type de SN comporte souvent un complément du nom « objectif », comme *d'Alstom* en (23). Il arrive aussi que le SN ne soit pas une nominalisation mais comporte un complément de nom qui conserve la trace d'un complément circonstanciel et permet de reconstruire un énoncé verbal – c'est le cas du SN autodialogique que les Guignols de l'info (Canal Plus) prêtaient en 1993 à leur marionnette de J. Chirac : *mon boulot de dans deux ans (= j'aurai un boulot dans deux ans).*

Pour résumer, le SN dialogique propose des effets discursifs très variés : modalisation autonymique (*mes bolets* – 19), « émaillage » interdiscursif et effets de parlure (*son cher Hector* – 7, *son bonhomme Birotteau* – 8), effets de monologue intérieur (*son incendie* – 19), îlots textuels (*vos un franc* – 9), résumé-étiquetage de discours (*son sauvetage d'Alstom* – 23).

2.4. Superposition du sens possessif en langue et du rôle de signal dialogique

Au fil des analyses, on a constaté que le sens en langue du déterminant possessif – son sens d'appropriation du déterminé – pouvait coexister avec son rôle cotextuel de signal dialogique. C'est le cas en (20) et (23) :

(20) La soeur (à son frère) : – Eh, Thierry, tu vas pouvoir te l'acheter, ***ton MP3*** !

(23) En finir avec ***son sauvetage d'Alstom***
Nicolas Sarkozy en a fait son pont d'Arcole. « *J'ai sauvé Alstom* ».

En (20), l'énonciatrice représente le lecteur MP3 à travers le discours de son frère (*ton MP3 = le MP3 dont tu m'as parlé*), tout en posant l'appartenance de l'objet à son (futur) propriétaire. Et en (23), le possessif conserve son sens d'appropriation, qui, combiné au nom déverbal *sauvetage*, produit en cotexte le sens « agentif » (*Nicolas Sarkozy a sauvé Alstom*), tout en jouant le rôle de signal dialogique, en interaction avec l'énoncé en discours direct libre : *J'ai sauvé Alstom*, et avec la locution verbale qu'il complémente, *en finir avec*[11].

La question est de savoir comment s'organise cette superposition du sens possessif et du rôle d'imputation énonciative. Pour y répondre, on va examiner

11. Locution verbale dont le sens n'est pas l'achèvement programmé d'un processus en cours (car le « sauvetage d'Alstom » date de 2004 et se trouve depuis longtemps achevé en février 2008, moment de l'énonciation journalistique), mais l'expression d'un agacement à l'écoute d'un propos ressassé ou d'un discours inutilement prolongé (*ne va-t-il pas en finir avec… ?*)

un conflit énonciatif, où le sens possessif et le rôle de signal dialogique, initialement superposés, font l'objet d'un désaccord entre les interlocuteurs puis d'une dissociation explicite. On espère ainsi montrer que le rôle de signal dialogique est un paramètre énonciatif « de surface », distinct du sens possessif en langue, qu'il ne fait pas toujours disparaître.

La scène est médiatique : dans *Le grand journal de Canal Plus* (numéro du 9/4/2009), le journaliste Jean-Michel Aphatie critique, en présence du ministre des affaires étrangères Bernard Kouchner, invité sur le plateau, la lettre de mission du président de la République à son ministre de l'immigration, Eric Besson – lettre qui fixe des objectifs chiffrés de reconduites à la frontière. Dans le cotexte antérieur, trop long pour une citation intégrale, ce que J-M. Aphatie met en question, c'est le chiffrage préalable à l'action de l'état, plus que la valeur numérique même : *c'est chiffré… cette particularité de donner des chiffres… puisqu'il a des chiffres… est-ce qu'y a besoin de mettre ces chiffres ?* Puis, lorsque B. Kouchner entreprend de répondre, le journaliste essaie à plusieurs reprises de l'interrompre, en réitérant la question : *pourquoi ces chiffres ?* Voici le passage qui nous intéresse (24) :

(24) B. Kouchner – […] je détestais cette cette idée de l'immigration choisie/ j'étais absolument contre et je suis contre/maintenant on a l'immigration concertée avec les pays africains/c'est un progrès considérable/tout n'est pas parfait/***vos chiffres*** en particulier évoquent des horreurs bien entendu/ (J-M. Aphatie en chevauchement : ***c'est pas les miens***) oui d'accord/***les chiffres que vous avez cités, pas vos chiffres*** / bon mais enfin écoutez vous en avez parlé tellement/on en a parlé tellement/qu'on finit par retenir que les chiffres/y a un problème humain vous l'avez dit/y a un problème économique/y a un problème d'immigration comment dirais-je/presque obligée n'est-ce pas/ (Canal Plus, *Le grand journal*, 9/4/2009).

La première occurrence du SN *vos chiffres* est dialogique : en effet, elle est la reprise-écho du SN *ces chiffres*, lui-même dialogique[12] ; elle opère une thématisation (*vos chiffres en particulier*), par laquelle B. Kouchner pose le thème proposé par son coénonciateur ; elle fait partie d'un mouvement de concession, ouvert par le thème partagé *vos chiffres* et clôturé par l'adverbe concessif *bien entendu*, qui porte sur le rhème *des horreurs*. L'interaction avec ces marqueurs dialogiques – reprise-écho, thématisation et concession – confirme le rôle de signal dialogique du possessif *vos*.

Or le SN *vos chiffres* cumule l'imputation énonciative (*les chiffres que vous avez cités*) et le sens possessif (*les chiffres dont vous êtes le responsable*). En se superposant au sens possessif, le signal dialogique envoyé par *vos* conserve une couche de dialogisme (B. Kouchner cite J-M. Aphatie), mais « écrase » la seconde couche (J.-M. Aphatie citant le président), et ce d'autant plus qu'il est un disjoncteur de prise en charge : *vos chiffres, ce n'est pas ce que je* (= B. Kouchner) *dis, ni même ce qu'on* (= le président) *dit, mais ce que vous seul dites*. Autrement dit, le sémantisme du déterminant possessif limite ses potentialités dialogiques à la bivocalité : le contenu énonciatif imputé à e_1 (J-M. Aphatie) est assigné à e_1 et à

12. L'originalité de cet exemple, par rapport aux précédents, réside en effet dans sa trivocalité : B. Kouchner (E_1) cite J-M. Aphatie (e_1), citant lui-même N. Sarkozy (e_2).

nul autre. Et c'est ce qui permet ici l'amalgame entre imputation énonciative et imputation de responsabilité – un amalgame dont B. Kouchner profite pour se décharger, sur J.-M. Apathie, de la responsabilité que celui-ci cherchait à lui faire endosser.

C'est de cet amalgame que naît le conflit énonciatif. En effet, le journaliste ne se laisse pas berner : il impose la dissociation de l'imputation énonciative avec la responsabilité des chiffres. En déniant celle-ci (*c'est pas les miens*), c'est le sens possessif qu'il actualise, pas l'imputation énonciative. Le pronom possessif *les miens* n'est donc pas dialogique, pas plus que la seconde occurrence de *vos chiffres* dans la correction apportée par B. Kouchner (*oui d'accord…*).

Arrêtons-nous un peu sur cette correction qui oppose une périphrase N + relative, dégageant un pronom personnel sujet et un verbe de déclaration (*les chiffres que vous avez cités*), au SN possessif nié (*pas vos chiffres*). La périphrase rétablit, au prix d'un certain coût cognitif, le feuilletage énonciatif complet : E_1 (B. Kouchner), e_1 (*vous*), e_2 (l'origine énonciative présupposée par le verbe *citer*). C'est elle qui manifeste le dialogisme, non le SN possessif, auquel elle s'oppose.

Ainsi en cas de conflit discursif, le sens d'appropriation du déterminé – la valeur en langue – émane-t-il simplement du SN possessif, tandis que l'effet dialogique doit être explicité par une périphrase. Ce sens d'appropriation est celui qui résiste à la levée d'ambigüité et il apparaît comme cognitivement prioritaire, alors que l'imputation énonciative semble se produire « en surface » et disparaît de la seconde occurrence (*pas vos chiffres*). Le déterminant possessif signale seulement cette imputation, et seulement dans la première occurrence. Ce signal dialogique n'est certes pas une illusion ; il a sa propre « couleur », qui le différencie de l'article défini ou du démonstratif dialogiques. Mais il est peu stable – c'est lui qui doit être glosé en cas d'opacité – et il ne fonctionne qu'en interaction avec des marqueurs dialogiques présents en cotexte proche ou élargi.

On peut donc considérer que ce rôle de signal dialogique est un *paramètre énonciatif* cotextuel, potentiellement autorisé par le sens en langue du déterminant possessif. Ce signal dialogique se superpose au sens en langue, ou plus exactement à une de ses réalisations en discours (ex. la possession pour *ton MP3* en (20) et la responsabilité pour *vos chiffres* en (24), cas où cette superposition provoque un conflit énonciatif). La plupart du temps, le rôle de signal dialogique coexiste avec une actualisation discursive du sens possessif, qui reste perceptible[13].

13. Dans notre corpus, seul (4) semble présenter un signal dialogique sans actualisation discursive du sens possessif : A – Monticelli il a été à Barbizon je crois il a vu Théodore Rousseau et les autres peintres de Barbizon il s'est mis à la peinture de plein air quoi / B – eh bé je le connais même pas ***ton Théodore Rousseau***.
Mais cela ne tient-il pas à la distance historique avec les référents ? Si l'on rétablit de la contemporanéité, le signal dialogique peut de nouveau coexister avec la représentation d'un lien « possessif ». En (4') : A – Ce peintre il a été à Montpellier je crois il a vu Combas et les autres et il s'est mis à peindre comme eux quoi / B – eh bé je le connais même pas ***ton Combas*** /, B est susceptible d'activer simultanément le signal dialogique (*le Combas dont tu parles*) et le sens possessif de « connaissance personnelle » (*le Combas que tu connais personnellement*).

CONCLUSION

Au terme de cette réflexion, il est possible de formuler les propositions suivantes. Le déterminant possessif n'est pas un marqueur, mais un signal textuel de dialogisme. Sous la condition d'interactions diverses avec un « cocktail » d'éléments cotextuels, la relation à la personne qui lui est inhérente pointe un énonciateur enchâssé e_1 et produit une imputation énonciative : le possessif borne à gauche un SN représenté comme un élément d'énoncé imputé à e_1. Il est aussi, potentiellement, un disjoncteur de prise en charge : il spécifie que l'énoncé enchâssé [e] n'est pas assumé par l'énonciateur principal E_1.

Dans l'actualisation possessive, c'est la relation de complémentation du N avec une personne – au sens d'une instance susceptible d'assumer une parole – qui donne au déterminant la puissance d'un signal dialogique ; évidente pour les personnes interlocutives, cette relation est tributaire, à la personne délocutive, de renvois anaphoriques.

Les interactions cotextuelles qui activent ce signal dialogique peuvent être :

- sémantiques : indices lexicaux d'un acte de discours ;
- déictiques, aspectuelles ou modales, de façon à expliciter ou à présupposer les coordonnées temporelles ou la force illocutoire d'un acte de discours enchâssé ;
- syntactico-énonciatives : marqueurs de dialogisme comme le détachement, la négation, la reprise-écho.

La trace de l'énoncé enchâssé se réduit au SN possessif, avec ses éventuels compléments, ce qui rend son interprétation incertaine. Tantôt simple écho lexical d'une catégorisation ou d'une axiologie nominale, le SN possessif dialogique peut s'enrichir de traces de modalisation, ou se présenter comme la nominalisation d'un énoncé-phrase ou d'un rhème phrastique. Ce sont des traces dialogiques minimales, qui donnent lieu à des effets, assez variés, d'*émaillage discursif* ou de *résumé* et d'*échantillonnage de discours*.

En discours, il arrive que l'imputation énonciative coexiste avec des réglages sémantiques dominants du SN (propriété, agentivité, relation affective…). En ce cas, ces relations de personne à objet ne sont pas représentées comme données dans l'univers de référence, mais comme une appropriation revendiquée, médiée par un discours hétérogène. C'est pourquoi les SN dialogiques ne présentent pas de nette solution de continuité avec les SN possessifs ordinaires.

On ne peut guère parler de dialogisme du déterminant possessif, mais plutôt de ses potentialités dialogiques. Son statut de signal textuel mériterait d'être comparé à celui d'autres déterminants du N, notamment le démonstratif, dont les potentialités d'expression du point de vue ont été discutées à charge et à décharge[14], et l'article défini. Ces déterminants présentent des

14. Sans prétendre à l'exhaustivité, citons les travaux d'Apotheloz et Reichler-Béguelin (1999) sur le rôle du démonstratif dans l'anaphore indirecte, de Gary-Prieur (1998) et Bordas (2001) sur certaines constructions à relatives, et les mises au point critiques de Kleiber (2003) et Kleiber et Vuillaume (à paraître).

potentialités dialogiques similaires à celles du possessif – l'actualisation nominale peut en effet passer par la coénonciation. Cela fera l'objet de recherches ultérieures.

Références bibliographiques

APOTHÉLOZ D. & REICHLER-BÉGUELIN M.-J., 1995, « Construction de la référence et stratégies de désignation », TRANEL (Travaux neuchâtelois de linguistique) 23, 227-271.

APOTHELOZ D. et REICHLER-BEGUELIN M-J., 1999, « Interpretations and functions of demonstratives Nps in indirect anaphora », *Journal of Pragmatics* 31, 363-397.

BARBÉRIS J.-M., 2005, « Le processus dialogique dans les phénomènes de reprise en écho », in Bres, J. *et al.* (éds), *Dialogisme et polyphonie – approches linguistiques*, De Boeck-Duculot, 157-172.

BARON I., HERSLUND M. & SØRENSEN F. (éd.), 2001, *Dimensions of possession*, Typological Studies in Language 47, Amsterdam, John Benjamins.

BORDAS E., 2001, « Un stylème dix-neuviémiste. Le déterminant discontinu *un de ces... qui...* », *L'information Grammaticale*, 90, 32-43.

BRES J., 2007, « Sous la surface textuelle, la profondeur énonciative. Les formes du dialogisme de l'énoncé », *in* R. Therkelsen, N. Møller Andersen et H. Nølke (éds.), *Sproglog Polyfoni*, Aarhus Universitetsforlag, 37-54.

BRES J. et NOWAKOWSKA A., 2008, « *J'exagère ?...* Du dialogisme interlocutif », *in* M. Birkelund, M.-B. Mosagaard Hansen et C. Norén (éds), *L'énonciation dans tous ses états*, Bruxelles : Peter Lang, 1-27.

GARY-PRIEUR M.-N., 1994, *Grammaire du nom propre*, Paris, PUF.

GARY-PRIEUR M.-N., 1998, « La dimension cataphorique du démonstratif. Étude de constructions à relative », *Langue française* 120, 44-51.

GARY-PRIEUR M.-N., 2001, *L'individu pluriel. Les noms propres et le nombre*, Paris, CNRS-Editions.

GODARD D., 1986, « Les déterminants possessifs et les compléments de nom », *Langue française*, 72, 102-122.

GUILLAUME G., 1919/1975, *Le problème de l'article et sa solution dans la langue française*, Paris : Nizet ; Québec : Presses de l'Université Laval.

GUILLAUME G., 964/1969, *Langage et sciences du langage*, Paris : Nizet ; Québec : Presses de l'Université Laval.

JONASSON K., 1994, *Le nom propre – constructions et interprétations*, Bruxelles : Duculot.

JONASSON K., 2001a, « Syntagmes nominaux, référence et empathie », *in* Amiot, D. *et al.* (éds), *Le syntagme nominal : syntaxe et sémantique*, Arras : Artois Presses Université, 129-140.

JONASSON K., 2001b, « Naming conventions, focalization and point of view in Balzac's *La Peau de chagrin* », *in* Kenesei I. & Harnish R.M. (éds) *Perspectives on Semantics, Pragmatics and Discourse, A Festschrift for Ferenc Kiefer*, Amsterdam/Philadelphia : John Benjamin, 257-271.

HEINE B., 2006,. *Possession : cognitive sources, forces and grammaticalization*, Cambridge Studies in Language 83, Cambridge University Press.

HEINZ M., 2004, *Le possessif en français – aspects sémantiques et pragmatiques*, De Boeck-Duculot, Bruxelles.

KLEIBER G., 2003, « Adjectifs démonstratifs et point de vue », *Cahiers de praxématique*, 41, 33-54.

KLEIBER G., et VUILLAUME M., à paraître, « Dans la jungle du discours rapporté, les empathiques lianes du démonstratif ».

LAFONT R., 1978, *Le travail et la langue*, Nouvelle bibliothèque scientifique, Flammarion

LAFONT R., & GARDÈS-MADRAY F., 1976/1996, *Introduction à l'analyse textuelle*, Presses Universitaires de l'Université Montpellier III

LEEMAN D., 2004, *Les déterminants du nom en français : syntaxe et sémantique*, coll. Linguistique nouvelle, P.U.F.

LEROY S., 2004, *Le nom propre en français*, Ophrys.

Geneviève SALVAN
BCL, Université Nice Sophia-Antipolis, CNRS, MSH de Nice

Le dialogisme dans les relatives disjointes

INTRODUCTION : AUTONOMIE ÉNONCIATIVE ET POTENTIALITÉ DIALOGIQUE DES RELATIVES

L'autonomie énonciative des relatives détachées[1] a été maintes fois soulignée et mise au compte de leur statut d'assertion indépendante. Comme le montre Haillet (1998 : 217-218) à propos des appositives, ni la négation de l'énoncé enchâssant ni sa mise en interrogation n'affectent l'assertion latérale posée par la relative, comme l'illustre l'exemple suivant :

(1) Jésus vint racheter le genre humain, et triompher du diable, ***qui nous tente encore***. (Voltaire, *Dictionnaire philosophique*, article « Ange », Paris, Garnier-Flammarion, 2008, p. 40)
→ Jésus ne vint pas triompher du diable, qui nous tente encore.
→ Jésus vint-il triompher du diable, qui nous tente encore ?

La relative appositive pose une assertion indépendante de l'énoncé enchâssant, et installe dans la phrase un dédoublement énonciatif, qui fait entendre deux instances : « La première est à l'origine de l'énoncé enchâssant la subordonnée relative, la seconde est la source de l'assertion "latérale" enchâssée » (Haillet 1998 : 235). La relative s'accommode de l'insertion de marqueurs dialogiques explicitant la source énonciative lorsque celle-ci diffère de l'énonciateur principal :

(1') Jésus vint racheter le genre humain, et triompher du diable, ***qui dit-on/selon X nous tente encore***.

En l'absence de marqueur d'altérité, l'assertion est rapportée à l'énonciateur principal (E_1), ou à une instance collective qui l'inclut : « dans les deux cas,

1. Qu'elles soient explicatives, appositives, enchaînantes ou disjointes, ces relatives sont des constructions détachées du prédicat premier (pour l'opposition détachées *vs* intégrées, voir Kleiber 1987 ; intégrées *vs* non intégrées dans une perspective macro syntaxique, voir Gapany 2004 : 77).

l'assertion latérale posée dans la relative appositive est prise en charge par l'énonciateur principal » (Haillet 1998 : 235). L'hétérogénéité énonciative dans la relative est « masquée » du fait que la relative « dilue l'assertion de e_1 dans l'enchâssement qu'en opère E_1 » (Bres 1998 : 204 et 205) et l'assertion de la relative est régulièrement imputée à un énonciateur e_1 coréférant à E_1.

En revanche, l'introduction d'un marqueur d'altérité, comme le conditionnel d'altérité énonciative qu'étudie Haillet, rapporte l'assertion à une source distincte de l'énonciateur principal : le dialogisme interdiscursif (reprise d'un dire antérieur d'un tiers), que la relative prévoit en creux, est explicité par le marqueur.

Les relatives disjointes de leur antécédent partagent avec les appositives plusieurs propriétés syntaxiques et énonciatives, notamment le détachement et la capacité à installer dans la phrase un dédoublement énonciatif. Deux caractéristiques les en distinguent cependant : l'éloignement de l'antécédent, séparé du relatif par le groupe verbal, et leur position en fin de phrase (disjonction et extraposition). Elles peuvent être détachées ou non par une virgule :

(2) Trois morts surgirent de l'ombre, ***dont j'entendis les noms pour la première fois : Robert, Hannah, Simon***. (Philippe Grimbert, *Un secret*, Grasset, 2004, Le Livre de poche, p. 75)

(3) Car aucun guerrier ne foula jamais ma terre ni n'approcha de ma cabane ; car le monde est vaste ***où se meuvent les guerriers***. (Pierre Magnan, *Le mystère de Séraphin Monge*, p. 317)

Nous défendrons l'idée que les relatives disjointes ne sont pas seulement des variantes positionnelles des relatives appositives et que la disjonction de la relative est un phénomène syntaxique et discursif qui peut recevoir une explication en termes de dialogisation, d'abord parce qu'elle met en jeu des opérations reconnues comme dialogiques : détachement, rhématisation, ensuite parce que l'autonomie énonciative spécifique de ces relatives – en constante négociation avec leur dépendance syntaxique – exploite le potentiel dialogique de leur extraposition. Ce faisant, nous confronterons ces relatives disjointes avec des structures proches et tenterons de faire le départ, sur la base de cette valeur dialogique, entre la relative disjointe et la coordination dont on la rapproche souvent, sur la base de cette valeur dialogique.

I. LES RELATIVES DISJOINTES : CARACTÉRISTIQUES SYNTAXIQUES ET CORPUS D'ÉTUDE

La disjonction de l'antécédent est « marquée » en français moderne, la proximité de l'antécédent et du pronom relatif étant la règle, contrairement à ce qui était permis dans la syntaxe classique. Béguelin *et al.* (2000 : 307) appellent « enchaînantes » ces relatives et donnent les exemples suivants :

(4) IBM Suisse a pris l'affaire très au sérieux, ***qui a prévenu par lettre tous ses clients***. (Presse)

(5) Familles en balade et sportifs chevronnés sont désormais comblés, ***qui peuvent profiter du grand air et de la nature***. (Presse)

Béguelin souligne d'emblée la valeur expressive de telles relatives, ainsi que leur parenté avec les indépendantes : « ces relatives-là, parfois très proches de simples coordinations, produisent à l'écrit un effet de style relativement soutenu » (*id.*). L'effet stylistique est clairement mis au compte de l'écrit littéraire chez Wagner et Pinchon (1962 : 571), qui acceptent l'éloignement du relatif par rapport à l'antécédent comme une « entorse littéraire » à l'usage[2] : « l'usage veut que la proposition relative suive directement l'antécédent du relatif », mais « dans la langue écrite littéraire la relative peut [toutefois] être séparée de son antécédent par un terme ou un groupe : *Alors une vague vint la chercher, qui s'était toujours tenue à quelque distance du village dans une visible réserve.* (J. Supervielle) ».

Le phénomène est certes fréquent dans l'écrit littéraire, même contemporain :

(6) Alors cet autre bruit s'élève, ***que d'abord on n'entendait pas tellement il est sourd, d'en dessous, intérieur*** [...] (Ramuz, *Passage du poète*)

(7) Barthélemy n'a eu ensuite qu'à s'écarter un peu pour le laisser passer, ***qui a dit*** : « Au revoir quand même, et on verra bien. » (Ramuz, *La Grande peur*)

(8) Monsieur Malbrunot l'enchanta, ***qui n'avait pas, le brave homme, l'ombre d'un melon d'eau, pas un soupçon de cuisse d'albâtre***. (R. Fallet, *Le Beaujolais nouveau est arrivé*)

(9) Là-dessus, le Glaude bâilla, ***qui n'avait pas, malgré les racontars, pour habitude de siffler des canons en pleine nuit***. (R. Fallet, *La Soupe aux choux*)

(10) Bonnot s'ennuyait, ***qui avait des ennuis***. (*ibid.*)

(11) Au bourg, ils se rendirent à la poste, où le receveur s'ébahit, ***qu'ils connaissaient de longue date***. (*ibid.*)[3]

sans être pour autant exclu des autres types d'écrit, écrit journalistique comme on l'a vu avec les exemples 1 et 2, mais aussi écrit scientifique (en 12), essai (exemples 13 et 14) :

(12) Le bilan n'est pas pour autant ***négatif qui traduit sous une forme souvent imagée, toujours concrète, ce qui est de l'ordre de la spéculation***. (Christiane Mervaud)[4]

(13) L'enjeu est crucial dans un monde traversé de tensions et de conflits, dont certains touchent précisément aux conséquences du développement technologique. L'opinion souvent se crispe, les citoyens parfois s'entre-déchirent. Des crises éclatent, ***qui inquiètent***. (Étienne Klein)[5]

(14) Il arrive, expliqua-t-il, qu'une nouvelle expérience, ou une nouvelle théorie, soit présentée, ***qui suggère, sans toutefois l'établir totalement,***

2. « Entorse » parfois traitée en termes de figure. Ainsi, P. Bacry (1992 : 286) cite une relative disjointe à l'appui de sa définition de l'hyperbate : *Quelques braves gens mourraient, dont c'était le métier* (M. Yourcenar).

3. Je remercie Catherine Rouayrenc qui m'a signalé ces exemples.

4. « Philosophie et écriture brève : le *Dictionnaire philosophique portatif* », *Revue internationale de philosophie*, volume 48, 1994, p. 70.

5. *Galilée et les Indiens. Allons-nous liquider la science ?*, Flammarion, 2008, p. 13.

> ***l'existence d'un phénomène insoupçonné,*** lequel est accepté, magnifié, étendu dans ses conséquences, alors que sa base demeure en fait incertaine. (Étienne Klein)[6]

Nous avons choisi un corpus littéraire resserré pour mener ce travail, composé d'un ensemble de romans de Jean Rouaud, de Jean Echenoz et de Pierre Magnan, dont les écritures partagent un goût retrouvé pour la syntaxe classique[7]. Différentes observations peuvent être faites sur ce corpus constitué de quarante exemples :

- du point de vue typographique, l'absence et la présence de pause par la virgule sont également représentées (18 exemples avec virgule, 22 sans virgule) ;
- du point de vue syntaxique, l'antécédent du relatif est le sujet dans 32 exemples, l'objet dans 4 exemples et remplit une autre fonction dans 4 exemples (circonstant ou agent d'une construction absolue)[8] ; les relatives sont majoritairement introduites par *qui* mais pas exclusivement (6 exemples de *que*, 1 de *dont*, 1 de *où*), ce qui atteste la productivité du tour ; la relative est souvent (27 exemples sur 40) en très nette supériorité volumétrique par rapport au groupe formé par l'antécédent et le prédicat verbal.

2. SYNTAXE ÉNONCIATIVE DES RELATIVES DISJOINTES

La disjonction cumule une subordination syntaxique et un retard discursif. Le retard de la relative sur la chaîne discursive lui donne un rôle énonciatif particulier : l'assertion posée par la relative est le résultat d'un acte d'énonciation autonome[9], comme dans le cas d'une relative appositive, mais cette assertion est posée en appui sur l'assertion précédente et la « reconfigure ». Nous le montrerons en examinant successivement la relation sémantique de la relative avec son antécédent et le rôle énonciatif de la relative par rapport à l'assertion principale.

2.1. Disjonction et structuration de l'information

Les relatives disjointes, du fait de leur détachement – peu marqué par une virgule dans notre corpus, rappelons-le –, reçoivent dans la plupart des cas

6. *Ibid.*, p. 65.

7. Pour Jean Rouaud (13 exemples), il s'agit de : *Les Champs d'honneur* (1990), *Des Hommes illustres* (1993), *Le Monde à peu près* (1996), *Pour vos cadeaux* (1998), *Sur la scène comme au ciel* (1999), tous publiés chez Minuit ; pour Pierre Magnan (21 exemples) : *La Maison assassinée* (1985), *Le Mystère de Séraphin Monge* (1990), *La Folie Forcalquier* (1995), *Un Grison d'Arcadie* (1999) publiés chez Denoël ; pour Jean Echenoz (6 exemples) : *Courir* (2008), Minuit.

8. Nous avons évidemment exclu les relatives compléments d'un verbe de perception ou d'un présentatif (dites parfois « prédicatives » ou « attributives ») parce qu'elles ne sont pas autonomes par rapport au prédicat principal : *Je la sentais qui suivait sur mes traits les ombres et les clartés fugitives que les reflets des flammes de l'alambic y faisaient jouer.* (P. Magnan, *Un Grison d'Arcadie*, p. 79)

9. Elle a le statut de « clause autonome » dans l'analyse macro-syntaxique (Béguelin 2000 : 310 ; Gapany 2004 : 76).

une lecture explicative[10], ce que confirme, entre autres, la possibilité de leur suppression :

(15) Sa cigarette n'est consumée qu'à moitié ***qui pend à ses lèvres***, mais considérant la situation, il lui vient à l'idée sans plus attendre de l'écraser. (J. Rouaud, *Les Champs d'honneur*, p. 53)

(16) On dégagea l'angle avant du plateau et le lourd dentier fut placé là en soutènement, ***qui prévenait de sa masse les affaissements à la base.*** (*ibid.*, p. 91)

Or, il est des cas où la relative disjointe précise un référent énigmatique sans elle. Malgré son apparition retardée et l'intercalation du verbe principal, la relative permet de réévaluer le référent de l'antécédent comme laissé en suspens en son absence[11]. En diachronie d'ailleurs, l'éloignement du relatif pouvait affecter toutes les relatives, quel que soit leur statut sémantique[12]. L'exemple 17 va nous permettre d'illustrer ce fait :

(17) Malgré sa vision tronquée par les œillères, Cinabre contemplait cependant assez d'espace pour en renâcler sourdement.
Je lui promis et longuement que ce soir à Sèderon, la belle avoine l'attendrait ***dont mon hôtesse aurait soin de le pourvoir avant de me faire fête.*** (P. Magnan, *La Folie Forcalquier*, p. 168)

La suppression de la relative, certes possible, conduit à une lecture générique de l'antécédent *la belle avoine*, lecture impossible avec le partitif, sans doute plus attendu dans ce contexte : « de la belle avoine l'attendrait ». La relative disjointe amène le lecteur à réinterpréter le référent de l'antécédent soit en lecture explicative (on retrouve alors le sens générique de l'article défini et une valeur d'épithète de nature pour *belle*), soit en lecture déterminative (le cheval aura l'avoine que l'hôtesse prépare à chacune des venues du narrateur, qui a

10. À moins que ce ne soit leur statut d'explicative qui leur permette le détachement… ce que nous ne pensons pas.

11. M. Wilmet (1997 : 194 et suivantes) notait déjà que si les prédicatives (*i.e.* explicatives) n'exigent pas la nécessité d'une pause, « à l'inverse une pause peut ne pas détruire la valeur déterminative », comme dans « les cas d'antécédent commun (*l'homme qui lutte, qui aime, qui rit…*), les cas de retard discursif (*le professeur a puni l'élève… qui a triché hier*), les cas d'intercalation d'un verbe, représentatifs d'une syntaxe classique qui n'a pas tranché la question de la conjonction du relatif avec son antécédent (*Viens, tu fais ton devoir, et le fils dégénère / Qui survit un moment à l'honneur de son père, Cid*, II, 2). » Où l'on retrouve nos relatives disjointes… Dans ce cas, s'ajoute au retard discursif un suspens référentiel plus ou moins important, dont la résolution s'effectue dans un second temps.

12. G. Gougenheim dans sa *Grammaire de la langue française du* XVI*e siècle* (Paris, Picard, 1973 : 96) rappelle que le phénomène est courant : « le pronom relatif peut être fort éloigné de l'antécédent : *Son chapeau estoit de soye noire, auquel estoit attachée une riche enseigne* (Marguerite de Navarre, *Heptaméron*, 24 ; éd. M. François, p. 195) ; *Le jeune filz s'appelloit Fouquet, de l'age de seize à dix-sept ans, qui estoit bien affaicté et faisoit tousjours quelque chatonnie* (Bonaventure des Periers, nouvelle 10, p. 38). M. Huchon (*Le français de la Renaissance*, Paris, PUF, 1988 : 109) souligne quant à elle que des trois fonctions du relatif (représentant de l'antécédent, rôle syntaxique dans la proposition qu'il introduit, ligature), c'est le rôle de ligature donc d'enchaînement qui est privilégié, à l'imitation du latin. Anne Sancier (*Introduction à la langue du* XVII*e siècle*, Paris, Nathan, 1993 : 124) rappelle enfin que Vaugelas condamnera le tour lorsqu'il fait naître l'ambiguïté, comme dans l'exemple suivant : « Il me faut aussi un cheval pour monter son valet, qui me coûtera bien trente pistoles » (*Les Fourberies de Scapin*, II, V).

pris soin de préciser auparavant ce qu'avaient de régulières ces retrouvailles amoureuses).

Les exemples 18 et 19 accentuent la part de la relative dans l'identification référentielle de l'antécédent, dont le référent, malgré l'article défini, reste sinon énigmatique :

(18) Il y avait le lendemain à Oraison un comice agricole où j'avais chance de décrocher ma vingtième médaille pour une bouillie contre le piétin du mouton dont j'étais l'inventeur. Je renonçai à cette fête et à ma recette avec un soupir. J'attelai de bonne heure car la route était longue ***que je me proposais de parcourir***. (*ibid.*, p. 208)

(19) Séraphin regardait avancer lentement le corbillard qui surplombait la foule, car le chemin est raide ***qui conduit du moulin à l'église et au cimetière de Lurs***. (P. Magnan, *La Maison assassinée*, p. 273)

En 18, la relative remédie à un défaut d'information sur *la route* que le lecteur avait néanmoins commencé à combler malgré l'absence d'indication, en restituant les étapes manquantes : le narrateur vient de parler d'un bandit pourchassé, le lecteur en déduit que le renoncement au comice d'Oraison et le choix d'une autre destination sont en lien avec le bandit, que le narrateur veut aller prévenir. En 19, la suppression de la relative produit un énoncé bizarre, et ce d'autant plus que le verbe est au présent et introduit une rupture énonciative. L'identification du référent est parachevée par la relative dont le retard a créé un suspens référentiel (« de quel chemin parle-t-il ? ») : elle oblige le lecteur à recalculer un référent qu'il avait dû provisionner par défaut (par exemple « le chemin qu'emprunte le corbillard »).

La tension ressentie à la lecture naît de la divergence entre deux phénomènes anti-orientés, l'étroitesse du lien sémantique de la relative à son antécédent et le retard sur la chaîne discursive de cette dernière. La comparaison avec les énoncés 18'et 19'respectant un ordre des mots (plus) attendu :

(18') J'attelai de bonne heure car la route ***que je me proposais de parcourir*** était longue.

(19') Séraphin regardait avancer lentement le corbillard qui surplombait la foule, car le chemin ***qui conduit du moulin à l'église et au cimetière de Lurs*** est raide.

montre que les relatives se retrouvant de fait (ré) intégrées au SN redeviennent déterminatives et perdent leur autonomie énonciative[13]. Le discours est lissé, délivre les informations linéairement, tandis que la relative disjointe les hiérarchise et impose au lecteur un mode de connaissance échelonné du référent, et non « en saisie immédiate ».

Une autre différence entre 18, 19 et 18', 19' est perceptible, qui a son importance : le changement rythmique par allongement de l'apodose. Cet aspect proprement prosodique de la relative disjointe ne rentre pas précisément dans

13. L'analyse en relative explicative semble bien moins naturelle : *j'attelai de bonne heure car la route, que je me proposais de parcourir, était longue ; Séraphin regardait avancer lentement le corbillard qui surplombait la foule, car le chemin, qui conduit du moulin à l'église et au cimetière de Lurs, est raide.*

notre propos, mais il est suffisamment prégnant pour l'évoquer même rapidement. À la cadence mineure en 18'et 19'correspond la cadence majeure en 18 et 19 qui s'accompagne d'un décrochement intonatif fort : la protase courte *car le chemin est raide* et l'apodose longue *qui conduit du moulin à l'église et au cimetière de Lurs* sont alors nettement distinguées par des intonations montante et descendante. L'effet rythmique produit par les relatives disjointes est remarquable et l'analyse stylistique parlerait de « phrase à traîne » : l'acmé de la phrase apparaissant très vite (à *raide*), l'apodose est amplifiée au détriment de la protase, et la phrase retarde le moment de sa résolution. Ces relatives sont également remarquables par la solution qu'elles apportent à l'exigence de séquence progressive (disposition dans la phrase de masses volumétriques croissantes). Elles permettent au locuteur de « gérer » une expansion nominale très longue par rapport à un prédicat court. Il nous semble même que c'est ce rôle rythmique qui est premier dans bien des exemples que nous avons relevés dans l'écrit non littéraire (voir les exemples 12 et 14). Le choix de la disjonction relève alors souvent de ce compromis « volumétrique » à effectuer, comme c'est encore le cas dans ces deux exemples saisis au fil de nos lectures : « (...) les « corbeaux » le savent bien *qui au lieu d'écrire leurs lettres de menace ou de dénonciation à la main, découpent des caractères imprimés pour garder leur anonymat* »[14] ; « (...) l'écriture se fait chorégraphie *qui entraîne les phrases dans une sorte de danse autour du sens*, une danse qui finit par se transformer en transe[15] ».

Pour revenir à la structure informationnelle des énoncés avec relative disjointe, le retard de la relative en 18 et 19 crée une interrogation sur l'antécédent à laquelle elle répond. La relative est alors bien une assertion autonome, mais une assertion retardée d'autant plus efficace du point de vue pragmatique qu'elle impose à l'interlocuteur de revenir sur du « déjà – malgré tout – identifié », c'est-à-dire sur un antécédent déjà engagé dans une prédication. Non seulement elle produit un coup de force énonciatif qui oblige à revenir dans un avant du discours, mais encore elle épaissit la relation prédicative. La relative porterait donc moins sur l'antécédent seul que sur une première prédication, ce que nous voudrions maintenant examiner.

2.2. Promotion du prédicat second et réorientation énonciative

Les relatives disjointes, du fait de leur détachement, relèvent de la prédication seconde, extérieure au SN et surajoutée à l'énoncé. La rhématisation que subissent les relatives disjointes, à l'instar des appositives, leur donne le statut d'apport informatif second de l'énoncé :

(20) *Seul l'uniforme avait changé* ***qui transportait les spectateurs plus de trois siècles en arrière, au temps des chats de Richelieu.*** (J. Rouaud, *Des Hommes illustres*, p. 123)

---

14. Bres et Nowakowska (à paraître).

15. M. Benjelloun « Structure de la phrase et élaboration du sens dans un texte du *déluge* de J.M.G. Le Clézio », in *La phrase littéraire*, 2008, Academia-Bruylant, R. Bourkhis et M. Benjelloun dir., p. 151.

(21) Mais le bras fatiguait à retenir ces masses métalliques hautes de deux mètres cinquante, le sang refluait de la main levée, et fréquemment, comme on visait les mortaises pratiquées dans l'énorme poutre linteau, une parcelle de rouille tombait ***qui se logeait dans l'œil***. (J. Rouaud, *Les Champs d'honneur*, p. 94)

La même rhématisation s'observerait avec l'intercalation de la relative entre le sujet et le verbe comme en 20′, ou avec l'ordre GV + GNS rétablissant la conjonction entre l'antécédent et le pronom relatif comme en 21′ :

(20′) Seul l'uniforme, ***qui transportait les spectateurs plus de trois siècles en arrière, au temps des chats de Richelieu***, avait changé.

(21′) (…) et fréquemment, comme on visait les mortaises pratiquées dans l'énorme poutre linteau, tombait une parcelle de rouille (,) ***qui se logeait dans l'œil***.

À la rhématisation commune aux relatives détachées, s'ajoute par la disjonction un effet de rallonge : l'apport informatif de la relative disjointe se réalise plutôt comme *report*. En 20 et 21, la relative prolonge une phrase qui a les caractéristiques d'un énoncé complet tant syntaxiquement que sémantiquement[16]. Elle se rapproche en cela des divers types d'ajout phrastique abondamment observés et commentés[17], que la rhétorique appelle « hyperbates ». En 20′et 21′, la relative expanse un constituant, tandis qu'en 20 et 21, elle expanse la phrase. Par l'extraposition qu'elle subit, la relative exprime un prédicat second sur un antécédent *déjà lesté d'un prédicat premier*.

Prenant acte de cette première prédication, la relative est parfois difficile à déplacer dans la phrase, ce qui est le cas en 21 parce que la blessure de l'œil ne peut précéder la chute de la parcelle de rouille, en 22 qui exploite l'opposition entre passé simple et imparfait, et en 23 à cause de la détermination partitive de l'antécédent :

(22) Tout un groupe l'attendait ***qui l'escorta de sa voiture au magasin***. (J. Rouaud, *Des Hommes illustres*, p. 16) [18]

---

16. La suppression de la relative en (21) reconfigurerait le rythme de la phrase en une cadence mineure (et un effet de chute, que n'a donc pas choisi l'auteur, malgré le sens de la phrase…).

17. Voir Authier-Revuz 2002, Combettes 2007, Bonhomme 2009.

18. On reconnaît dans cette subordonnée une relative « narrative » de premier plan au passé simple qui s'oppose à une principale d'arrière plan à l'imparfait (Combettes 1992 : 126-127). Cette relative, selon Combettes, peut être transformée en indépendante sans perdre sa fonction de premier plan (126), la principale sert alors de « cadre » à la relative (135). Combettes note également qu'une ponctuation peut détacher principale et subordonnée et souligner la fonction de premier plan de cette dernière, la relative permettant un changement thématique « à moindres frais » : *Un carnet relié en cuir de Russie se trouvait là ; que prit Julius et qu'il ouvrit*. (Gide, *Les caves du Vatican*, cité p. 127). Dans l'approche macro-syntaxique de Gapany (2004 : 85), ces relatives qui jouent un rôle dans la progression textuelle sont appelées « relatives de liaison » (*ibid.*) : elles « se situent "au même niveau" que la clause à laquelle elles sont adjointes. » (*Id.*) Dans l'économie textuelle, « les propriétés syntaxiques des RDL, dont la relation avec la clause adjacente se réduit à sa plus simple expression, sont exploitées pour produire et souligner tout à la fois une rupture énonciative qui, accompagnée d'un changement de thème, "scande" la progression du texte. » (86).

(23) J'errais indécis parmi les rayons, feignant d'hésiter sur un titre à choisir parmi les invites chatoyantes des couvertures. Du monde entrait et sortait ***qui augmentait mon trouble***. (P. Magnan, *Un Grison d'Arcadie*, p. 149-150)

La relative porte moins sur l'antécédent seul que sur l'antécédent déjà engagé dans une relation prédicative : c'est l'entité *groupe attendant* qui escorte le père du narrateur en 22, c'est *l'affluence alternative du monde* qui augmente le trouble du narrateur en 23. On peut comparer 22 et 23 à 22′ et 23′ modifiés :

(22′) Tout un groupe l'attendait, ***et l'escorta de sa voiture au magasin***.

(23′) J'errais indécis parmi les rayons, feignant d'hésiter sur un titre à choisir parmi les invites chatoyantes des couvertures. Du monde entrait et sortait, ***et augmentait mon trouble***.

En 22′, l'énoncé présente des procès successifs là où en 22 une intentionnalité était perceptible ; en 23′, c'est la présence du monde qui augmente le trouble du narrateur, alors qu'une paraphrase de 23 ferait apparaître l'expression d'une consécution : « Du monde entrait et sortait et, ce faisant, augmentait mon trouble ».

L'éloignement de la relative, tempéré par sa dépendance syntaxique et le lien anaphorique même faible du relatif[19], pose ainsi *l'assertion de la relative en appui sur l'assertion précédente*. C'est ce qui justifie que cette structure ne puisse être totalement assimilée à une variante de la coordination. Certes, le rôle d'enchaînement discursif[20] du relatif (Béguelin 2000 : 307) déporte la structure phrastique de la stricte hypotaxe vers la parataxe et H. Bonnard y reconnaît même le traditionnel « relatif de liaison »[21]. Mais alors que la coordination maintient à égalité deux énonciations autonomes, la relative disjointe, tout en se posant comme énonciation autonome, s'articule plus étroitement à l'assertion précédente par le biais de son lien syntaxique avec l'antécédent, déjà modifié par le prédicat principal. Elle construit une représentation complexe hiérarchisée et en général énonciativement orientée là où la coordination opère un cumul informatif. En effet, à la hiérarchisation informationnelle de l'énoncé envisagée plus haut, la relative ajoute une (ré)orientation énonciative

19. Le relatif, rappelle M. Charolles (2007 : 194-195), n'a pas la même valeur anaphorique ni les mêmes pouvoirs référentiels que le pronom personnel de troisième personne : même dans les emplois les moins intégrés comme dans la relative disjointe, le relatif « a besoin de s'accrocher à un antécédent (...) qu'il recrute par proximité. (...) Le pronom relatif est une forme liée mémoriellement, il ne réactualise pas, ne réinitialise pas, le référent de son antécédent comme le fait le pronom [personnel] ». M. Charolles conclut que « à proprement parler, le relatif ne réfère pas, il se contente de maintenir son antécédent dans la mémoire des auditeurs/lecteurs ».

20. Cette valeur d'enchaînement est on le sait prépondérante au xvie siècle comme le rappelle M. Huchon (voir note 12) et subsume ses rôles anaphorique et syntaxique.

21. « Le relatif n'est pas forcément neutre, on trouve dans la même fonction [de relatif de liaison] *qui*, *que* représentant des noms : *Un Cosaque survint, qui prit l'enfant en croupe*. (Hugo) » et « qui peut être glosé "et il". » (2001 : 212). Si la coordination est effectivement une glose possible dans l'exemple de Hugo, c'est parce qu'elle trouve dans la succession de deux procès au passé simple un relais favorable (voir ci-dessus la relative narrative).

du contenu préalablement asserté, pour exprimer une intentionnalité comme en 22, une consécution comme en 21 et 23, ou une restriction comme en 24 :

(24) Nous étions une communauté de gens secrets qui aimaient bien savoir mais non pas informer. Et nous étions tous pareils. Ce qui explique pourquoi le billet de Lucinde pouvait demeurer anodin au fond de mon béret jusqu'à ma mort s'il le fallait. Par ce secret j'avais barre sur tous, ***que je perdrais sitôt qu'il serait connu.*** (P. Magnan, *Un Grison d'Arcadie*, p. 116)

Enfin, certaines relatives disjointes, qui ne sont pas des relatives narratives (voir note 18), s'accommodent mal de la glose en *et il*, comme les exemples 17, 18, 19 et 20 et les suivants :

(25) Il fait semblant d'hésiter cinq minutes mais, comme on l'y encourage, il postule, il est aussitôt admis. L'armée l'avait repéré depuis un moment, ***qui raffole des athlètes et lui ouvre grand les bras.*** (J. Echenoz, *Courir*, p. 32)

(26) Même les médecins s'en mêlent, ***qui l'ont condamné depuis longtemps sous le prétexte qu'il court en dépit du bon sens.*** Ils hochent la tête en pronostiquant que, depuis deux ans, ils s'attendent à le voir expirer à chaque instant. (*ibid.*, p. 56)

(27) Émile démarre comme d'habitude avec sa force mécanique, sa régularité de robot, mais cette fois de façon plus tranquille qu'à Berlin cependant qu'Heino est parti sauvagement, prenant très vite quatre-vingts mètres d'avance. Émile semble s'en désintéresser, ***qui sait très bien ce qu'il veut faire et qui attend le signal.*** (*ibid.*, p. 60)

(28) Car crime, cet effondrement brutal d'un homme de quarante et un ans, car il y avait bien un corps étendu sur le sol de linoléum gris de la salle de bains, car notre petite tante Marie, en Miss Marple mystique, arrivée peu après, son chapelet à la main, ne s'y trompa pas, ***qui connaissait le coupable.*** (J. Rouaud, *Pour vos cadeaux*, p. 64)

Le contenu de la relative disjointe est donc promu dans la phrase au rang d'élément rhématisé, mais reporté en bout de chaîne phrastique. Ce rhème second étant retardé, la relative porte sur son antécédent comme ayant déjà fait l'objet d'une prédication. L'exemple (13) que nous rappelons :

(13) Des crises éclatent, qui inquiètent.

nous permet d'illustrer ce fait : ce ne sont pas seulement les crises qui inquiètent, mais les crises quand/du fait/en ceci qu'elles éclatent. Alors que l'énonciation indépendante des relatives appositives rappelée dans la première partie était mise en évidence par la décomposition suivante[22] :

(13') Des crises, qui inquiètent, éclatent.
→ Des crises éclatent.
→ Des crises inquiètent.

Les énoncés avec relatives disjointes se verront quant à eux décomposés plutôt ainsi :

---

22. Décomposition que rappelle P.P. Haillet, 1998 : 214.

(13) Des crises éclatent, qui inquiètent.
→ Des crises éclatent.
→ Des crises éclatant/l'éclatement des crises inquiète (nt).

La relative disjointe oblige l'interlocuteur à récupérer ce qui a déjà été dit de l'antécédent, pour le réintégrer dans une seconde prédication. La récupération est parfois explicitée par une continuité isotopique comme en 16, en 29 et 30[23] :

(16) On dégagea l'angle avant du plateau et le lourd dentier fut placé là en soutènement, ***qui prévenait de sa masse les affaissements à la base.*** (J. Rouaud, *Les Champs d'honneur*, p. 91)

(29) Certains ont un sort plus enviable, ***qui, souverainement indifférents, se prélassent sur la margelle d'un puits ou se livrent sur le rebord d'une fenêtre à une interminable toilette.*** (J. Rouaud, *Des Hommes illustres*, p. 32)

(30) Le procès-verbal du maire n'avait en rien refroidi son ardeur, au contraire : il s'efforçait d'uriner plusieurs fois par jour et la colère lui revenait à chaque miction nouvelle, ***qu'il exprimait par des imprécations et des injures.*** (Pierre Magnan, *La Naine*, p. 87)

Le prédicat de l'assertion principale, en 16, *placé en soutènement*, est rappelé par le prédicat *prévenir de sa masse* ; en 29, *avoir un sort plus enviable* est explicité par *se prélassent, interminable toilette* ; en 30, le retour de la colère est prolongé par *imprécations, injures*, tous rappels qui montrent que les relatives se construisent en prenant en charge le prédicat principal préalablement associé à son antécédent.

Si les paraphrases précédentes sont acceptables, on peut conclure que la relative opère une réévaluation de l'assertion principale par promotion du prédicat second, ce qui la distingue de l'énonciation parenthétique de la relative appositive (Kleiber 1987), qu'elle suive l'antécédent ou qu'elle soit anticipée comme dans l'exemple suivant[24] :

(31) [Les curistes] pouvaient voir de là-haut, ***qui accrochait sur des tessons les lueurs des grands feux***, le vase à géraniums renversé et la terre noire autour qui maculait les fleurs rouges et qui jurait avec le blanc du pavillon. (P. Magnan, *La Folie Forcalquier*, p. 352)

La position finale de la relative disjointe lui confère un rôle discursif d'hyperbate plus que de parenthèse : l'énonciation « hyperbatique » de la relative disjointe se saisit sur l'axe syntagmatique du discours, contrairement à l'énonciation parenthétique de l'appositive de nature paradigmatique (d'où son point d'insertion variable). Son rôle d'enchaînement énonciatif est alors

23. Voir aussi la continuité isotopique dans l'exemple cité plus haut (p. 65) : *l'écriture se fait chorégraphie qui entraîne les phrases dans une sorte de danse autour du sens, une danse qui finit par se transformer en transe.*

24. Gapany (2004 : 74) parle de « relatives mobiles » et constate que « l'ordre des mots appliqué dans ce type de structures suggère que la relative doit être analysée sur le modèle des insertions parenthétiques, dont le placement à l'intérieur d'une séquence discursive est assez peu contraint ».

très net dans la mesure où elle ne juxtapose ni n'empile les énonciations mais les articule, la seconde venant gloser, expliciter, renforcer, justifier ou amender la première. C'est la prise en compte du déjà asserté et la réorientation énonciative qu'elle en effectue qui nous semblent être au cœur du dialogisme de ces relatives.

3. LE DIALOGISME DANS LES RELATIVES DISJOINTES

La relative disjointe porte sur du préalablement asserté et son énonciation s'effectue en appui sur l'énoncé précédent, pour construire progressivement un objet de discours (exemples 17, 18 et 19) ou pour réorienter ce qui vient d'être posé (exemples 22, 23 et 24). Le détachement à droite de la relative fragmente la phrase, donne à la relative son autonomie et accentue l'hétérogénéité énonciative.

C'est donc sur un énoncé déjà actualisé que porte la relative, ce qui n'est pas sans rappeler ce que disent Bres & Nowakowska (2006 : 29) de l'énoncé dialogique : « dans l'énoncé monologique l'actualisation déictique et modale porte sur un *dictum*, dans l'énoncé dialogique, cette opération s'effectue non sur un *dictum*, mais sur (ce qui est présenté comme) un énoncé déjà actualisé. (...) L'énoncé dialogique présente donc une dualité énonciative hiérarchisée ». Bien entendu, la relative ne reprend/cite/rapporte pas l'énoncé précédent mais dans la dynamique de la phrase, elle le rappelle et dialogue avec lui, ce que ne fait pas la relative appositive.

L.-F. Céline, dans les quelques phrases en exergue au *Voyage au bout de la nuit*, fournit une relative disjointe assez exemplaire :

(32) C'est un roman, rien qu'une histoire fictive. Littré le dit, ***qui ne se trompe jamais***.

L'assertion posée par la relative porte sur une prédication déjà réalisée : son énonciation est non seulement indépendante mais aussi rétroactive, et procède à une validation, problématique ici, de l'assertion principale. La phrase fait entendre deux discours qui entrent en interaction sur le même objet : *Littré le dit*[25] et *Littré disant* – c'est-à-dire cité comme garant, comme *auctoritas* – *ne se trompe jamais* et deux voix, que signale l'intonation descendante d'une telle relative. L'éloignement de la relative permet de dire en deux mouvements énonciatifs successifs deux assertions sur l'objet, le relatif maintenant un lien. Le décrochage énonciatif dont le relatif est l'indice affecte ici :

- le même énonciateur à deux stades différents de son énonciation, soit en commentaire sur son propre discours (autodialogisme), soit en travail sur la compréhension-réponse de l'allocutaire (dialogisme interlocutif). En effet, l'énonciateur, convoquant l'autorité de Littré (*Littré le dit*), anticipe sur l'opinion avantageuse généralement partagée, la convoque même si c'est pour s'en moquer.

25. Le pronom *le* est anaphorique de l'énoncé « un roman est une histoire fictive ».

– des énonciateurs différents, parce que la relative fait entendre ici dialogiquement un autre énonciateur (dialogisme interdiscursif) : un énonciateur enchâssé e_1, disons conformiste, distinct de l'énonciateur enchâssant, que l'on savait anti-conformiste, et auquel ce dernier impute ironiquement l'assertion de la relative. L'ironie est d'autant plus vive que l'énonciateur E_1 peut prendre en charge l'assertion posée par la relative mais en la rapportant au *on* de la doxa (actualisant en même temps : E_1 inclus dans e_1, mais E_1 distinct de e_1).

Si le dédoublement énonciatif est identique à celui d'une relative apposée à l'antécédent (*Littré, qui ne se trompe jamais, le dit*), l'effet discursif n'est en revanche pas le même : l'énonciation de la relative disjointe s'exhibe comme greffée sur un énoncé déjà proféré et réorienté (ici pour appuyer l'effet ironique).

Les trois dimensions du dialogisme sont intéressées en discours par ces relatives disjointes, selon le jeu des interactions contextuelles, que nous allons maintenant préciser en les séparant pour l'analyse, même si évidemment les énoncés peuvent actualiser en même temps plusieurs types de dialogisme.

3.1. Le dialogisme interlocutif dans les relatives disjointes

La relative disjointe apparaît nettement tournée vers le destinataire lorsqu'elle anticipe une question de sa part, prévient ses demandes d'éclaircissements, précise ou corrige par avance son interprétation. Reprenons l'exemple 18 :

(18) Il y avait le lendemain à Oraison un comice agricole où j'avais chance de décrocher ma vingtième médaille pour une bouillie contre le piétin du mouton dont j'étais l'inventeur. Je renonçai à cette fête et à ma recette avec un soupir. J'attelai de bonne heure car la route était longue ***que je me proposais de parcourir.***

L'antécédent *la route* était pleinement identifié dans l'esprit du narrateur-énonciateur, qui s'apercevant qu'il n'en a peut-être pas assez dit, complète à destination de son lecteur la référence. Cette relative peut alors être analysée en terme de dialogisme interlocutif sous sa forme responsive, qui anticipe sur un énoncé enchâssé [e], attribué à un énonciateur e_1 correspondant au lecteur (« de quelle longue route parlez-vous ? ») et répond par avance à cette question.

C'est ce dialogisme interlocutif qui nous paraît à l'œuvre de manière privilégiée, dans les relatives disjointes qui retravaillent le référent de l'antécédent. Ainsi dans l'exemple 19 :

(19) Séraphin regardait avancer lentement le corbillard qui surplombait la foule, car le chemin est raide ***qui conduit du moulin à l'église et au cimetière de Lurs.***

Au décrochage énonciatif opéré par l'explication au présent (*car le chemin est raide*) premier indice de dialogisme interlocutif anticipatif, s'ajoute un deuxième décrochage, venant répondre à un énoncé [e] absent, imputé au lecteur et anticipé par le narrateur : « de quel chemin raide parlez-vous ? ». La relative disjointe répond par anticipation à une question que le lecteur se pose sur le référent de l'antécédent. Le suspens informatif est créé par la disjonction, et résolu dialogiquement par la relative[26].

Parfois, sans anticiper nécessairement sur une question du lecteur, la relative peut jouer sur la représentation du fait raconté et prévenir une inférence que le lecteur pourrait tirer de la première assertion (en 33 « un cadavre sent bon ») :

(33) Sauf ma grand-mère sur son lit de mort (...), je n'avais jamais vu de cadavre. Celui-ci était propre et net, et même un léger parfum de lotion flottait autour de lui ***que commençait à dominer l'odeur fécale du corps inerte et sans défense contre la physiologie du décès.*** (P. Magnan, *Un grison d'Arcadie*, p. 17)

La relative accueille la voix d'un énonciateur qui ne remet pas en cause le point de vue énoncé dans la principale mais qui en limite la portée. L'énonciateur e_1 à l'origine de la relative peut être distinct du narrateur, ce qu'attestent les choix lexicaux techniques et soutenus de « odeur fécale », « physiologie du décès », hétérogènes par rapport à l'idiolecte du narrateur, ou se superposer à E_1 pour s'en distancier.

3.2. L'autodialogisme dans les relatives disjointes

Une autre dimension dialogique actualisée par ces relatives est celle du dialogisme intralocutif, ou autodialogisme, de l'énonciateur-narrateur en train de dialoguer avec sa propre énonciation : « le locuteur est son premier interlocuteur dans le processus d'autoréception : la production de sa parole se fait constamment en interaction avec ce qu'il a dit antérieurement, avec ce qu'il est en train de dire, et avec ce qu'il a à dire » (Bres 2005 : 53). L'énonciateur dialogue avec le discours qu'il a tenu pour le préciser, souvent pour renforcer ou justifier l'assertion principale (ici en 29 et 36), valider un choix lexical (« en otage » en 34), justifier un fait (en 35) :

(29) Certains ont un sort plus enviable, ***qui, souverainement indifférents, se prélassent sur la margelle d'un puits ou se livrent sur le rebord d'une fenêtre à une interminable toilette.*** *(ibid., p. 32)*

(34) Il y avait parmi eux des hommes qui aimaient les arbres. J'en ai vu un ou deux qui pleuraient presque. Ils nous laissaient le géologue en otage, ***qui ne reprendrait le car que le lendemain.*** (Pierre Magnan, *Le Mystère de Séraphin Monge*, 1990, folio policier, p. 54)

(35) Du coup certains s'enhardirent ***qui considéraient sous cet éclairage nouveau que la réputation du grand Joseph était somme toute surfaite.*** (J. Rouaud, *Des Hommes illustres*, p. 20)

(36) Quoique certains visiblement ne semblent pas rebutés, ***qui sortent du terrain plus sales qu'un vainqueur de Paris-Roubaix*** – les années pluvieuses, les seules qui comptent dans la légende de l'Enfer du Nord –,

26. En termes praxématiques, la relative est un lieu de « passage » d'une subjectivité *en idem* (qui suppose la non-disjonction du locuteur d'avec l'autre et donc l'absence de sa prise en compte) à une subjectivité *en ipse* (où la disjonction existe et impose l'élucidation du sens pour l'autre).

la couleur du maillot même plus discernable, au point qu'on se demande comment ils font en entrant dans les vestiaires coupés en deux (d'un côté les autochtones, de l'autre les visiteurs) pour ne pas se tromper de porte. (J. Rouaud, *Le Monde à peu près*, p. 16)

Dans ces exemples, l'énonciateur principal E_1 prend à son compte l'assertion de la relative et s'appuie sur elle pour renforcer l'assertion précédente, et même pour délivrer l'essentiel du propos (la principale se donnant presque pour anticipatrice : « je dis « sort plus enviable » parce que « se prélassent » ; « je dis « pas rebutés » parce que « sortent du terrain plus sales... »).

3.3. Le jeu des dimensions dialogiques

Les dimensions dialogiques sont parfois si intimement liées qu'il est difficile d'en faire le départ. Elles jouent à différents niveaux dans l'énoncé. Dans l'exemple 34, l'expression « en otage » apparaît dans un énoncé qu'on peut interpréter comme du discours indirect libre (DIL) faisant entendre la voix du narrateur et celle des experts venus examiner les glissements de terrains dans la forêt. Ce que réalise la relative, c'est un retour sur l'énonciation, sur une manière de dire hétérogène, pour l'expliciter et/ou la justifier. Même si on conteste la lecture en DIL, la relative revient sur du déjà dit et conduit à relire « en otage » comme une combinaison d'usage et de mention caractéristique de la modalisation autonymique. L'expression « en otage » en effet surprend dans la narration et se donne comme emprunt au discours d'un tiers. Si la phrase s'arrêtait là, elle serait achevée syntaxiquement, mais constituerait une assertion bizarre, au regard de ce que le lecteur sait et de la situation et du narrateur. Que fait alors la relative ? Elle est orientée dialogiquement vers l'amont de la phrase : elle pointe l'incongruité du choix lexical de « en otage » (dialogisme interdiscursif), elle en justifie parallèlement l'énonciation (dialogisme interlocutif) et dépasse finalement la dissonance qui pourrait se faire entendre (autodialogisme).

Le jeu dialogique peut également être mis en évidence par la confrontation de ces relatives disjointes avec les phrases non dépendantes juxtaposées ou coordonnées dont on les rapproche :

(35) Du coup certains s'enhardirent ***qui considéraient sous cet éclairage nouveau que la réputation du grand Joseph était somme toute surfaite***. (Jean Rouaud, *Des Hommes illustres*, p. 20)

(37) Mais pour grand-mère c'est du pareil au même, ***qui ne comprend pas qu'on n'ait pas encore dynamité le Massif central et coupé tout droit***. (Jean Rouaud, *Les Champs d'honneur*, p. 44)

(28) Car crime, cet effondrement brutal d'un homme de quarante et un ans, car il y avait bien un corps étendu sur le sol de linoléum gris de la salle de bains, car notre petite tante Marie, en Miss Marple mystique, arrivée peu après, son chapelet à la main, ne s'y trompa pas, ***qui connaissait le coupable***. (Jean Rouaud, *Pour vos cadeaux*, p. 64)

Les relatives paraissent en effet ici proches de simples assertions juxtaposées :

(35') Certains s'enhardirent, ***ils considéraient sous cet éclairage nouveau que la réputation du grand Joseph était somme tout surfaite***

(37′) Pour grand-mère c'est du pareil au même, ***elle ne comprend pas qu'on n'ait pas encore dynamité le Massif central***

(28′) (...) car notre petite tante Marie, en Miss Marple mystique, arrivée peu après, son chapelet à la main, ne s'y trompa pas, ***elle connaissait le coupable***.

Il nous semble néanmoins qu'il y a une différence énonciative entre ces structures : dans les exemples remaniés 35′, 37′ et 28′, les énoncés juxtaposés sont susceptibles d'une lecture en DIL, donc en dialogisme interdiscursif, lecture favorisée contextuellement par la rupture passé simple/imparfait en 35′et 28′, et le marqueur dialogique « pour grand-mère » en 37′. Dans les exemples originaux, la disjonction de la relative enrichit l'interprétation et reconfigure l'énonciation, en intégrant une dimension dialogique interlocutive responsive qui *prévient* une interrogation que pourrait formuler le lecteur (« pourquoi dites-vous cela ? ») et autodialogique (processus de validation par le narrateur de ce qu'il vient de dire). Le maintien d'une structure de dépendance syntaxique équivaut au maintien d'un contrôle énonciatif plus fort de E_1 et donc à un dialogisme contrôlé tout en étant exhibé.

La relative peut également exploiter le décrochage énonciatif entre discours et récit. Dans l'exemple 38, la principale en régime de discours, prise en charge par le narrateur, est suivie d'une relative en régime de récit. Celle-ci efface énonciativement le narrateur et fait émerger grâce à l'expression « entacher sa réputation » un dialogisme interdiscursif qui fait entendre un énonciateur e_1, le directeur de l'établissement :

(38) Dix enfants nouveau-nés succomberont, ***que le directeur de l'établissement préféra sacrifier plutôt que de risquer, en annonçant la terrible nouvelle, d'entacher sa réputation***. (J. Rouaud, *Pour vos cadeaux*, p. 80)

La valeur dialogique de la relative disjointe naît de son *interaction* avec l'assertion principale, soit qu'elle la confirme et la prenne en charge, soit qu'elle l'explicite ou la justifie, soit au contraire qu'elle en limite la portée. Il nous semble que c'est cette interaction entre énonciations qui distingue les relatives disjointes des explicatives qui se présentent comme des assertions indépendantes de – mais aussi relativement « indifférentes » à – l'assertion enchâssante.

CONCLUSION

Dans le champ dialogique de la subordination, les relatives disjointes jouent leur partie : relevant du dédoublement énonciatif déjà mis en évidence à propos des relatives appositives et partant, de toute relative détachée, elles ajoutent, du fait de leur position, une réorientation énonciative que les relatives appositives ne prévoyaient pas nécessairement. La notion de dialogisme et les avancées récentes qu'elle a connues (Bres et Nowakowska 2008) permet de mieux les décrire et d'appréhender leur spécificité énonciative dans l'exploitation subtile des trois dimensions dialogiques, interdiscursive, interlocutive et intralocutive.

Les relatives éloignées de leur antécédent témoignent du fait que l'ordre des mots n'est pas seulement soumis aux contraintes de dépendance et de clarté des rapports syntaxiques mais répond aussi à des déterminations énonciatives et cognitives. Au regard de la norme syntaxique, ces relatives se rapprochent du fonctionnement subversif des hyperbates qui « distord [ent] la grammaticalité normative de la phrase » et projettent « en avant sur l'ordre séquentiel de l'énoncé » un constituant[27]. Mais au regard de la dynamique énonciative, ces relatives témoignent du dialogue interne du discours, d'un dire en construction soumis à l'interaction permanente avec les discours autres et à l'ajustement intersubjectif[28].

Références bibliographiques

AUTHIER-REVUZ J. et LALA M.-C. (éds), 2002, *Les figures d'ajout. Phrase, texte, écriture*, Paris, PUPS.

BACRY P., 1992, *Les figures de style*, Paris, Belin.

BÉGUELIN M.-J. (dir.), 2000, *De la phrase aux énoncés : grammaire scolaire et descriptions linguistiques*, Bruxelles, De Boeck-Duculot.

BONHOMME M., 2005, *Pragmatique des figures du discours*, Paris, Honoré Champion.

BONHOMME M., 2009, « Entre grammaire et rhétorique. L'hyperbate comme extraposition problématique », *Les Linguistiques du détachement*, Actes du colloque international de Nancy (7-9 juin 2006), D. Apothéloz, B. Combettes, F. Neveu (éds), Bern, Peter Lang, 117-128.

BONNARD H., 2001, *Les trois logiques de la grammaire française*, Bruxelles, Duculot.

BRES J. 1998, « Entendre des voix : de quelques marqueurs dialogiques en français », *in* Bres J., Delamotte-Legrand R., Madray-Lesigne F., Siblot P. (éds), *L'autre en discours*, Montpellier III, Praxiling, 191-212.

BRES J., 2005, « Savoir de quoi on parle : dialogal, dialogique, polyphonique », *in* Bres *et al.*, p. 47-62.

BRES J., 2007, « Sous la surface textuelle, la profondeur énonciative. Les formes du dialogisme de l'énoncé », *in* R. Therkelsen, N. Møller Andersen et H. Nølke (éds), *Sproglog Polyfoni*, Aarhus Universitetsforlag, 37-54.

BRES J., NOWAKOWSKA A., 2006, « Dialogisme : du principe à la matérialité discursive », in *Le sens et ses voix. Dialogisme et polyphonie en langue et en discours*, *Recherches linguistiques* n° 28, Université Paul Verlaine, Metz, 21-48.

BRES J., NOWAKOWSKA A., 2008, « J'exagère !... Du dialogisme interlocutif », *in* M. Birkelund, M.-B. Mosagaard Hansen et C. Norén (éds), *L'énonciation dans tous ses états*, Bruxelles, Peter Lang, 1-27.

BRES J., HAILLET P., MELLET S., NØLKE H., ROSIER L. (éds), 2005, *Dialogisme et polyphonie : approches linguistiques*, Actes du colloque de Cerisy, Bruxelles, Duculot.

CHAROLLES M., 2007, « Comment évaluer les effets des relatives en *qui* sur les chaînes de référence ? », *Parcours de la phrase. Mélanges offerts à Pierre Le Goffic*, textes réunis par M. Charolles, N. Fournier, C. Fuchs et F. Lefeuvre, Paris, Ophrys, 193-212.

COMBETTES B., 1992, *L'Organisation du texte*, Metz, Université de Metz.

27. Bonhomme (2005 : 33). L'effet figural de l'hyperbate est selon Bonhomme de promouvoir une vision dissociative de l'énonciateur sur la réalité exprimée et une prise de position « emphatique » (Bonhomme : 41).

28. À cause du corpus que nous avons choisi, nous n'avons cessé de croiser au cours de notre étude des questions plus stylistiques liées à l'énonciation romanesque et à la construction de l'*ethos* du narrateur. Nous ne pouvions matériellement pas aborder cette question dans les limites « grammaticales et dialogiques » de ce numéro et projetons de le faire dans un article à venir.

COMBETTES B., 2007, « Les ajouts après le point : aspects syntaxiques et textuels », *Parcours de la phrase. Mélanges offerts à Pierre Le Goffic*, 119-131.

FUCHS C. (dir.), 1987, *Les types de relatives, Langages* 88, Paris.

GAPANY J., 2004, *Formes et fonctions des relatives en français*, Berne, Peter Lang.

HAILLET P. P., 1998, « Quand un énoncé en cache un autre : le conditionnel et les relatives appositives », in J. Bres *et al.* (éds) *L'autre en discours*, 213-238.

KLEIBER G., 1987, *« Relatives restrictives et relatives appositives » : une opposition introuvable ?*, Tübingen, Max Niemayer Verlag.

LE GOFFIC P., 1979, « Propositions relatives, identification et ambiguïté, ou : Pour en finir avec les deux types de relatives », *DRLAV* n° 21, Université de Paris VIII, Vincennes, 135-145.

WAGNER R. L. et PINCHON J., 1962, *Grammaire du français classique et moderne*, Paris, Hachette.

WILMET M., 1997, *Grammaire critique du français*, Paris, Hachette.

Aleksandra Nowakowska
Praxiling, UMR 5267- Montpellier III
aleksandra.nowakowska@univ-montp3.fr

Thématisation et dialogisme : le cas de la dislocation

I. PRÉSENTATION

Cette contribution se propose de revisiter un cas particulier d'opération de *thématisation*, la *dislocation*, à partir de la notion de *dialogisme* (cf. présentation du numéro). Le phénomène syntaxique de la dislocation, certes abondamment traité, pose toujours de nombreuses difficultés ; et il nous semble que l'approche dialogique est à même d'avancer quelques éléments de solution.

Dans un premier temps, seront présentées les notions de thème, thématisation, et détachement, dont la dislocation constitue une sous-catégorie. On développera ensuite, en appui sur un corpus écrit journalistique et littéraire, une approche dialogique de la dislocation, dans trois de ses formes : la dislocation d'un syntagme en tête ou en fin d'énoncé avec reprise ou anticipation pronominale (*Paul, je l'aime ; je l'aime, Paul*) ; la construction identificative présentant le détachement d'un syntagme, le plus souvent à gauche, avec reprise par le présentatif *c'est* (*Paul, c'est un homme formidable*) ; le tour où l'élément disloqué est un pronom tonique, tour appelé parfois *insistance pronominale* (*Paul, lui, sait parler aux femmes*).

L'analyse conduira à poser les questions suivantes : la dislocation, quelles que soient ses formes syntaxiques, a-t-elle toujours un fonctionnement dialogique, ce qui ferait de ce tour un *marqueur* dialogique en langue ? Ou bien ne produit-elle le sens dialogique que dans certaines occurrences en discours ? Quel est l'apport de l'approche dialogique à l'analyse de la dislocation ?

I.I. Thème, dialogisme, thématisation

La notion de *thème* – ou de *topique*, les deux termes étant souvent utilisés comme des synonymes, comme le signale par exemple Lambrecht (1994 :117) –, qui forme un couple conceptuel avec celle de *rhème* (ou de *propos*), est, sans doute, parmi les plus travaillées en linguistique, ce dont témoignent les nombreuses publications sur la question, au nombre desquelles Firbas (1992), Galmiche (1992), Schlobinsky & Schütze-Coburn (1992), Halliday (1994), Lambrecht (1994), Nølke (1993), Korzen & Nølke (1996), Guimier (1999), les numéros de revues *Langue Française* 78 (1988) et *Cahiers de praxématique* 30 (2003). Des avancées ont été proposées, mais non sans un flou terminologique et conceptuel que relèvent par exemple Prévost (1998) ou Combettes (1998).

Le thème peut être sommairement défini, du point de vue de la dynamique communicationnelle, comme l'élément connu et le moins informatif de l'énoncé, correspondant à « ce dont on parle », par opposition au rhème qui apporte l'information nouvelle, essentielle, « ce que l'on dit du thème ». L'énoncé affirmatif se déroule selon l'ordre préférentiel thème > rhème.

Dans les cadres de l'approche dialogique, on considère que thème et rhème sont tous deux potentiellement dialogiques, de façon fort différente : le rhème en ce que, « apportant du nouveau », il peut facilement devenir contrastif et donc faire entendre implicitement ou explicitement une autre *voix* à laquelle il s'oppose ; le thème, en ce que « rappelant du connu », il peut tout aussi facilement mentionner une autre voix avec laquelle il s'accorde, au moins partiellement. Dialogisme potentiel de l'accord partiel avec un autre énoncé pour le thème, du désaccord avec un autre énoncé pour le rhème : thème et rhème sont des lieux textuels qui peuvent être investis par les deux rapports dialogiques *et* dialogaux fondamentaux de tout discours, à savoir la convergence et la divergence.

Nous distinguerons le thème de la thématisation : celle-ci consiste en une opération de désignation explicite du thème dans l'énoncé, par différents procédés syntaxiques, dont la dislocation, et/ou prosodiques, comme la montée intonative sur l'élément détaché, suivie ou pas d'une rupture intonative (Lacheret-Dujour, Ploux et Victorri 1998, Morel 2003).

Il nous semble pertinent de mettre en relation thématisation et dialogisme[1]. Notre hypothèse est que la thématisation, en tant que marquage explicite du thème, développe la potentialité dialogique de celui-ci : l'élément thématisé constitue la reprise, explicite ou implicite, d'un élément du discours du locuteur, de l'allocutaire ou d'un tiers, discours avec lequel, en fonction de la rhématisation qui le prolonge, l'énoncé « dialogue » de différentes façons[2].

1.2. Détachement, dislocation et dialogisme

Le détachement a également suscité une forte production de publications, entre autres : Dupont (1985), Combettes (1998), *Cahiers de praxématique n° 40*, Lambrecht (1994 et 2001), Apothéloz, Combettes et Neveu (2009). Malgré le

1. Mise en relation qui, malgré les nombreux travaux sur la thématisation, n'a pas été, à notre connaissance, développée. L'article de Grobet (2000) intitulé « L'organisation informationnelle du discours dialogique : la thématisation comme phénomène d'ancrage » ne fait pas exception : l'adjectif *dialogique* renvoie de fait à l'interaction dialogale de la conversation.

2. Nous avons développé cette hypothèse sur le passif *in* Nowakowska 2004.

nombre et la qualité de ces travaux, cette notion pose toujours quelques problèmes tant pour sa définition et sa délimitation que pour l'interprétation de son fonctionnement. Nombreux sont les chercheurs qui traitent le détachement de façon très large, en s'appuyant sur différents types de critères : formels, sémantiques, discursifs ou prosodiques. C'est le cas p. ex. de Fradin (1988) qui distingue six types de détachement. Combettes (1998) de son côté intègre le détachement dans le vaste ensemble des constituants périphériques, qu'ils soient thématiques ou rhématiques. De la sorte, la notion de détachement est susceptible de référer à des structures linguistiques variées : appositives, disloquées, incises, etc. Le présent article ne traitera qu'un type de détachement, la *dislocation* (Blasco-Dulbecco (1999), Le Querler (2000)), définie comme construction syntaxique qui consiste à détacher (i) un groupe en tête ou en fin de phrase, et à le reprendre ou à l'annoncer par un pronom anaphorique ou cataphorique ; ou (ii) un pronom personnel, le plus souvent postposé au groupe qu'il anaphorise.

On fera l'hypothèse que la dislocation est une opération de thématisation, et en conséquence, en fonction de l'hypothèse explicitée *supra* en 1.1., un *marqueur* dialogique : un énoncé disloqué [E], procédant d'un locuteur-énonciateur $E_{1,}$ est en interaction dialogique, explicitement ou implicitement, avec un énoncé antérieur[e][3], procédant d'un autre énonciateur e_1 (correspondant au locuteur, et/ou à l'allocutaire, et/ou à un tiers)[4]. De ce *dialogue interne*, l'élément disloqué est le lieu et la trace ; son détachement, forme de non-intégration à la syntaxe purement intraphrastique, signe son fonctionnement interphrastique, qui met en rapport deux énoncés, au delà deux discours, et pointe son hétérogénéité énonciative. Cette mise en relation de deux énoncés constitue la *valeur en langue*, dialogique, de la dislocation. Elle produira en discours, en fonction du rhème qui l'accompagne, et plus largement en fonction du cotexte et du contexte, différents effets de sens : accord, concession, opposition, ironie, etc.

La place de l'élément détaché influe également sur la diversité des effets de sens. D'après Lambrecht (1994 :183), le détachement à gauche a souvent valeur contrastive, à la différence du détachement à droite, qui ne saurait réaliser cette fonction d'opposition :

> the left-detachment construction is often used to mark a shift in attention from one to another of two or more already active topic referents. This explains the frequent occurrence of PRONOMINAL NPs in detached positions (Me, I'm hungry, Moi, j'ai faim). Such detached lexical or pronominal NPs often have a « contrastive » function, in which case they may be referred to as CONTRASTIVE TOPIC NPs (…) As for the right-detachment construction (He lived in Africa, the wizard), it is also often used for already active or quasi-active referents, but it can never be used in a contrastive function.

3. La mise en relation dialogique de deux énoncés en laquelle consiste selon nous la dislocation ne saurait être rapprochée de l'analyse de la grammaire générative transformationnelle (p. ex. Moreau 1976), qui dérive l'énoncé disloqué d'une phrase de base logiquement antérieure (*mon père, c'est un ingénieur* < *mon père est un ingénieur*).

4. Pour les rapports dialogique/dialogal, cf. la présentation du numéro.

Nous aurons à expliquer cette différence dans le cadre de l'hypothèse dialogique.

Pour l'heure, précisons deux éléments :

- l'interaction dialogique de l'énoncé disloqué [E] avec un énoncé [e] peut être d'ordre *interdiscursif* : le discours, dans sa saisie d'un objet, rencontre les discours précédemment tenus sur ce même objet ; *interlocutif* : le discours est toujours adressé à un interlocuteur : il lui répond et ne cesse d'anticiper sur sa réponse ; et *intralocutif* (autodialogisme) : le discours dialogue avec lui-même, notamment avec sa propre production.
- l'énoncé [e], qui se voit mentionné par l'énoncé [E] par le biais de l'élément détaché, peut être effectif, explicite et parfaitement repérable ; ou totalement implicite, et parfois purement imaginé par E_1, notamment lorsque le locuteur, aussi paradoxal que cela puisse paraître, reprend un élément du discours qu'il prête à l'allocutaire, en réponse (imaginée) au propre discours qu'il est en train de tenir (dialogisme interlocutif *anticipatif*).

Nous étudierons dans un premier temps le fonctionnement dialogique de la dislocation à gauche ; nous conduirons ensuite le même type d'analyse sur la dislocation à droite. Nous terminerons notre étude en abordant, de façon prospective, l'*insistance pronominale*, tour dans lequel l'élément disloqué est un pronom disjoint.

2. LA DISLOCATION À GAUCHE

On distinguera le détachement d'un syntagme avec reprise par un pronom personnel (conjoint), et le tour dans lequel le syntagme détaché est repris par le pronom démonstratif *ce* (du présentatif *c'est* : X, c'est Z).

2.1. Un syntagme est disloqué à gauche et repris par un pronom personnel conjoint

On peut décrire ce tour comme composé d'un élément référentiel détaché en tête de phrase, suivi d'une proposition comportant un pronom clitique co-indexical (Blasco-Dulbecco 1999). L'élément disloqué, le plus souvent un SN, est syntaxiquement autonome : il a la fonction apposition. Le fonctionnement dialogique est particulièrement évident en cotexte dialogal, lorsque que le SN détaché reprend un élément du tour de parole précédent, notamment dans la paire adjacente question/réponse comme en (1) :

(1) – La plupart des peintres se fabriquent un petit moule à gâteaux, et après, ils font des gâteaux. Ils sont très contents. Un peintre ne doit jamais faire ce que les gens attendent de lui. Le pire ennemi d'un peintre, c'est le style. (A1)
– Et de *la peinture* aussi ? (B2)
– ***La peinture, elle*** le trouve quand vous êtes mort. Elle est toujours la plus forte. (A3) (Malraux, *Le miroir des limbes II*)

Ce fragment de dialogue présente la succession de trois tours de parole produits par deux locuteurs différents, que nous avons désignés par A et par B. Le dernier tour de parole (A3) débute par la dislocation à gauche du SN *la peinture*, explicitement repris de l'énoncé du tour précédent (B2) : « Et de *la peinture* aussi ? ». Analysons leur enchaînement :

- B2 est une interrogation rhématique elliptique, enchaînant dialogalement sur l'énoncé de A1 : « Le pire ennemi d'un peintre, c'est le style ». Dialogiquement, elle réalise la *mise en débat* de l'énoncé affirmatif [e] [le style est le pire ennemi de la peinture], inférence qu'il est possible de faire à partir du précédent énoncé de A1. Dialogalement, B demande à A de confirmer ou de rejeter cette inférence.

- A3 reprend le syntagme *la peinture* en le validant fortement comme thème par la dislocation ; mais change la structure syntaxique dans laquelle il était pris en B2 : complément du nom *ennemi* (« (ennemi) de la peinture ») – comme le signale la préposition *de*, *la peinture* devient en A3, au-delà de l'apposition du fait de la dislocation, sujet, *via* l'anaphore pronominale *elle*, du nouvel énoncé : « La peinture, elle le trouve (...) ». Nouvel énoncé qui, dans sa partie rhématique (« elle le trouve quand vous êtes mort »), corrige implicitement l'inférence qui sous-tendait l'interrogation : [le style est le pire ennemi de la peinture].

  On mesure la fonctionnalité de la dislocation à sa suppression :

(1') – (...) Le pire ennemi d'un peintre, c'est le style. (A1)
– Et de *la peinture* aussi ? (B2)
– ***La peinture*** le trouve quand vous êtes mort. Elle est toujours la plus forte. (A3)

L'enchaînement B2/A3 apparaît fort abrupt, à la limite de la correction et de l'intelligible. Le détachement de *la peinture* en (1), en thématisant dialogiquement ce syntagme, permet à A3 d'introduire une correction sans rupture du fil dialogal avec B2.

Reprise du discours antérieur de l'interlocuteur en discours dialogal (dialogisme interlocutif), l'élément disloqué est le plus souvent reprise du discours antérieur du locuteur lui-même en discours monologal (autodialogisme), comme le montrent les prochaines occurrences :

(2) **« Cette partition de Chopin m'a sauvé » par Christophe Alévêque** (titre de l'article, la photo qui accompagne le texte montre Christophe Alévêque tenant une partition)
Entre 16 et 22 ans, j'ai joué *cette « Polonaise » de Chopin* tous les jours. J'ai fini par adorer le piano que je détestais au départ. En fait, le piano m'a sauvé de la catastrophe. (...) Chopin était l'un des inventeurs du romantisme et c'est aussi pour lui qu'il y a toujours de la musique dans mes spectacles. ***Cette partition***, je ***l'***ai achetée quand j'avais 16 ans. J'en ai 44 aujourd'hui. La « Polonaise », ***c'***est une décharge, un cri de révolte contre l'envahisseur russe. Quand je la joue, j'ai d'autres envahisseurs en tête... (*Marie France*, 04/2008)

Cet article appartient à une série d'articles, dans lesquels on a demandé à quelques personnalités de choisir un objet fétiche et d'en parler, d'expliquer pourquoi il leur tient à cœur. L'élément détaché *cette partition* reprend par anaphore infidèle (et glissement métonymique) le SN antérieur *cette « Polonaise » de Chopin*[5]. *Cette partition* se voit thématisé en début de phrase, alors que la fonction COD de ce syntagme dans la « phrase de base » le plaçait en position rhématique postverbale (*j'ai acheté cette partition*). La dislocation ne se réduit cependant pas à ce fonctionnement anaphorique thématisant. Elle introduit une correction : le locuteur est presque arrivé au terme de son discours sans avoir totalement répondu à la requête – parler de son objet fétiche, la partition d'une *polonaise* – et il semble en avoir conscience. La dislocation, en reprise thématisante d'un élément antérieur, permet au locuteur, tout en articulant sur ce qui précède, de réorienter son discours, en revenant au thème principal, afin d'apporter les éléments de réponse attendus.

L'exemple suivant présente un fonctionnement similaire selon lequel le syntagme détaché reprend un élément du même locuteur-énonciateur en le thématisant en tête de phrase :

(3) Il visite le musée du Vatican. Il y voit un bas-relief antique représentant une jeune fille qui marche. (…)
Il achète un moulage du bas-relief. Il le placera dans son bureau, le fera venir dans la ville où il est contraint de s'exiler à la fin de sa vie. Il ne sera jamais séparé de Gradiva.
Cette jeune fille, tous ses nombreux visiteurs pourront ***la*** voir. J'imagine qu'elle figure pour lui la « jeune science » qu'il est fier d'avoir inventée.
Son amour pour l'autre jeune fille, Gisela, rencontrée lors de ses vacances dans son lieu natal, restera, lui, secret. (Pontalis, *Elles*)

Le syntagme nominal détaché *cette jeune fille*, repris par le pronom *la*, COD du verbe *voir*, est une anaphore nominale de *Gradiva*[6] (le rhème de la phrase antérieure), le nom du grand amour du héros qu'il donne au moulage du bas-relief représentant une jeune fille qui marche. Eu égard au cotexte antérieur, la dislocation explicite la progression thématique linéaire : le rhème de l'énoncé antérieur (*Gradiva*) devient le thème de l'énoncé suivant (« cette jeune fille, tous ses visiteurs (…) »), qui sans cette opération serait en position rhématique postverbale (*Tous ses nombreux visiteurs pourront voir cette jeune fille*). Il nous semble que là également, l'interprétation de la dislocation n'est pas saturée par le fonctionnement de reprise thématisante. Eu égard au cotexte postérieur, le thème détaché *cette jeune fille* s'oppose implicitement au thème de l'énoncé ultérieur souligné par l'insistance d'un pronom personnel disjoint : « son amour pour l'autre jeune fille (…), restera, *lui*, secret » (analysé *infra* en 4.). Plus précisément, l'énoncé avec dislocation à gauche s'oppose à l'énoncé avec insistance pronominale : Gradiva sera vue par tout le monde, Gisela non. La dislocation à gauche est doublement autodialo-

5. Et secondairement, si l'on ne considère plus seulement la parole de Ch. Alevêque mais sa mise en scène dans le cadre de l'article, le SN du titre de l'article *cette partition de Chopin*, par anaphore fidèle. D'autre part, si l'on prend en compte la photo qui accompagne ce texte, on peut peut-être également analyser le démonstratif comme déictique.

6. Le nom propre Gradiva étant lui-même l'anaphore de *une jeune fille qui marche*.

gique : avec le cotexte antérieur qu'elle reprend, avec le cotexte ultérieur sur lequel elle anticipe.

Que ce soit en contexte dialogal ou monologal, la dislocation apparaît dans ces occurrences comme dialogique dans la mesure où le SN détaché reprend – par dialogisme interlocutif ou intralocutif – un syntagme antérieur. La reprise peut être bien moins explicite, sans que pour autant le fonctionnement anaphorique soit mis en question. Soit l'occurrence suivante dans laquelle le cotexte ne réalise pas formellement d'antécédent au syntagme disloqué :

(4) Ainsi, chacun aime à rapporter l'anecdote révélée par le Canard enchaîné, lorsque Georges-Marc Benamou s'est rendu au dernier Festival d'Aix-en-Provence. ***Sa note d'hôtel,*** il ***la*** fit envoyer à la mairie. Laquelle refusa de payer, arguant qu'un conseiller n'est pas un président de la République, et qu'une municipalité n'est pas un compte en banque. L'affaire est restée dans les esprits : personne n'a admis qu'un conseiller du président se comporte comme une star, au moment précis où il s'avère incapable de contribuer à la définition d'une politique culturelle. (*Marianne* 27/10 - 2/11 2007)

Le SN détaché *sa note d'hôtel* n'est pas précédé d'un antécédent avec lequel il y aurait coréférence. On a bien cependant une relation anaphorique avec un groupe antérieur, comme le présuppose le déterminant possessif *sa* : « sa note d'hôtel » = 'la note d'hôtel de G.M. Benamou'. L'anaphore est d'ordre *associatif* (Kleiber 1993) : de la subordonnée circonstancielle « lorsque G. M. Benamou s'est rendu au dernier Festival d'Aix-en-Provence », on peut inférer, de par nos connaissances du monde, qu'il a séjourné dans cette ville, sans doute dans un hôtel ; et, de par nos connaissances du script de l'hôtel, que des frais étaient à payer sous la forme d'une *note*. La dislocation correspond donc ici également à la reprise thématisante, certes indirecte, d'un groupe antécédent. Son fonctionnement est bien dialogique.

Dans les exemples analysés, ce qui est repris et thématisé, ce n'est pas l'énoncé [e] mais un élément de celui-ci : comme le précise la présentation de ce numéro, l'interaction dialogique est susceptible de porter sur des éléments de différents types.

Mais est-ce toujours le cas, lorsque la dislocation ne reprend, directement ou indirectement, aucun élément exprimé dans le cotexte antérieur, comme en (5) ?

(5) Finalement, dans ce premier tour, j'aurai été le seul candidat de la majorité plurielle à éviter d'attaquer ses partenaires et à ajouter la division à la division.
Des erreurs dans la campagne, j'***en*** ai commises. Mais ce qui m'a surtout manqué, c'est la dynamique politique d'une gauche rassemblée. (article de L. Jospin, après sa défaite à l'élection présidentielle de 2002[7], *Le Monde* du 1er février 2003)

Le SN *des erreurs dans la campagne* ne dispose, directement ou indirectement, d'aucun antécédent textuel. Notre hypothèse selon laquelle la dislocation est un

7. Rappelons qu'il est arrivé 3è au premier tour, après J.-M. Le Pen, et n'a pu se présenter au second tour.

marqueur de dialogisme parce qu'elle consiste en la reprise d'un élément discursif serait-elle prise en défaut ? Nous allons montrer que ce type d'occurrence la valide au contraire fortement. Dans les occurrences traitées jusqu'à présent, l'antécédent était *cotextuel* ; dans l'ex. (5), il est *contextuel*, et doublement :

- le SN *des erreurs dans la campagne* reprend les critiques, notamment des socialistes, qui, après l'échec électoral de L. Jospin, ont fleuri à son encontre. Par cette dislocation, le scripteur interagit avec ces discours antérieurs, qui font partie de la mémoire discursive, tant du scripteur que du lecteur. Le tour est un marqueur de dialogisme *interdiscursif* : un *fil vertical* (Moirand 2004, 2007) par lequel le discours du scripteur "dialogue" avec des discours précédemment tenus sur le même objet, ce qui constitue son « épaisseur » dialogique (Bres 2008).
- Pas seulement cependant. Le dialogisme est également *interlocutif anticipatif* : par ce détachement, le scripteur mentionne par avance les possibles réponses critiques que le lecteur pourrait lui adresser (du type « mais vous avez commis des erreurs »), à la lecture de l'énoncé d'autosatisfaction précédent : « j'aurai été le seul candidat de la majorité plurielle à éviter d'attaquer ses partenaires ».

Notre analyse se voit confirmée par le test de l'effacement de la dislocation. On peut parfaitement réécrire le texte en supprimant ce phénomène :

(5') Finalement, dans ce premier tour, j'aurai été le seul candidat de la majorité plurielle à éviter d'attaquer ses partenaires et à ajouter la division à la division.

J'ai commis ***des erreurs dans la campagne***. Mais ce qui m'a surtout manqué, c'est la dynamique politique d'une gauche rassemblée.

Le syntagme « des erreurs dans la campagne » perd alors (presque tout) son dialogisme : on n'y entend plus (guère) d'autre *voix* que celle du scripteur ; celle des discours antérieurs, comme celle, possible, du lecteur, se sont tues.

Remarquons également que l'énoncé qui suit l'énoncé disloqué commence par le connecteur *mais*. On a là le tour typiquement dialogique *A mais B*, dans lequel *A* est concédé à un autre énonciateur (allocutaire, tiers), avant que la conclusion qui pourrait en être tirée ne soit rectifiée (*mais B*)[8].

Le syntagme détaché par la dislocation *des erreurs dans la campagne* fait entendre plusieurs voix : outre celle du scripteur-énonciateur, celles de l'allocutaire et de différents tiers. Le dialogisme du tour, cotextuel et *in praesentia* dans (1)- (4), est contextuel et se réalise *in absentia* dans (5).

Notre analyse fait apparaître que la dislocation à gauche, qui avait été décrite jusqu'à présent comme un tour thématisant, s'avère également – et peut-être

8. Cet effet de sens concessif cotextuel se voit validé par le fait que la dislocation peut être remplacée par l'adverbe *certes*, au fonctionnement également dialogique (cf. article de S. Garnier et F. Sitri) :

(5'') Finalement, dans ce premier tour, j'aurai été le seul candidat de la majorité plurielle à éviter d'attaquer ses partenaires et à ajouter la division à la division.

Certes j'ai commis ***des erreurs dans la campagne***. Mais ce qui m'a surtout manqué, (...).

plus fondamentalement – un marqueur dialogique : le syntagme détaché est la reprise d'un élément antérieur du discours, qui selon les cas, peut être celui du locuteur, de l'allocutaire ou d'un tiers. La reprise se réalise selon les diverses formes de l'anaphore : directe, indirecte ou associative[9] ; elle peut s'effectuer cotextuellement *in praesentia*, par dialogisation interlocutive, et intralocutive ; ou contextuellement *in absentia* par dialogisation interdiscursive ou interlocutive anticipative. Dans tous les cas, l'élément détaché est *bivocal*. Territoire commun au locuteur-énonciateur et aux autres énonciateurs des discours qui se voient convoqués par sa dimension de reprise, il est le lieu à partir duquel s'effectue le « dialogue » avec ces autres discours : selon les cotextes, pour effectuer une réorientation, une opposition par anticipation, une concession, etc.

Ajoutons une précision pour finir. Nous avons jusqu'à présent traité la dislocation en tant que reprise anaphorique ; il convient bien sûr de ne pas oublier que le syntagme détaché, s'il est anaphore d'un antécédent (cotexte gauche), sera lui-même antécédent d'un pronom personnel anaphorique (cotexte droit) : ainsi dans l'exemple (1) :

() (...) Gradiva.

Cette jeune fille, tous ses nombreux visiteurs pourront **la** voir.

le syntagme *cette jeune fille* anaphorise *Gradiva*, et est lui-même anaphorisé par le pronom *la*.

Ce qui fait toute la différence entre la reprise anaphorique dans la dislocation et l'anaphore simple que l'on a p. ex. dans :

(4) Sa note d'hôtel, il la fit envoyer à *la mairie*. ***Laquelle*** refusa de payer

Le pronom relatif *laquelle* anaphorise l'antécédent *la mairie*. L'anaphore assure la progression d'une phrase à l'autre dans la cohérence : aucune dialogisation dans ce cas. La dislocation utilise la fonction de reprise de l'anaphore pour convoquer d'autres[10] discours et « dialoguer » avec eux.

2.2. Un syntagme est disloqué à gauche et repris par le pronom *ce* dans le présentatif *c'est* (*X, c'est Y*)

Ce tour est proche du précédent (il opère comme lui une dislocation à gauche), mais s'en distingue en ce que le pronom de reprise est toujours le démonstratif *ce*, sujet du tour présentatif. On a donc là une structure attributive, ce qui – nous le verrons – n'est pas sans conséquence dans beaucoup d'emplois.

La dislocation nous semble procéder du même fonctionnement dialogique : le syntagme détaché reprend un groupe antérieur, reprise thématisante à partir de laquelle va se développer le rhème de l'énoncé.

9. Notre corpus ne réalise pas de dislocation par anaphore *résomptive*. Il s'agit là selon nous d'une absence, non d'une impossibilité.

10. Étant bien entendu que l'autre discours est le discours du locuteur dans les cas d'autodialogisme.

Commençons par deux occurrences dans lesquelles la reprise anaphorique est manifeste. La première se trouve dans l'occurrence (2), que nous reprenons sous (6) :

(6) **« Cette partition de Chopin m'a sauvé » par Christophe Alévêque** (titre de l'article, la photo qui accompagne le texte montre Christophe Alévêque tenir une partition)
Entre 16 et 22 ans, j'ai joué cette « Polonaise » de Chopin tous les jours. J'ai fini par adorer le piano que je détestais au départ. En fait, le piano m'a sauvé de la catastrophe. (...) Chopin était l'un des inventeurs du romantisme et c'est aussi pour lui qu'il y a toujours de la musique dans mes spectacles. *Cette partition*, je l'ai achetée quand j'avais 16 ans. J'en ai 44 aujourd'hui. ***La « Polonaise »**, **c'**est* une décharge, un cri de révolte contre l'envahisseur russe. Quand je la joue, j'ai d'autres envahisseurs en tête... (*Marie France*, 04/2008)

L'élément détaché la « Polonaise » est anaphorique de *cette partition*, SN exprimé antérieurement dans l'énoncé disloqué « cette partition, je l'ai achetée (...) » (*supra* 2.1.). On peut également considérer qu'il reprend, de façon plus distante, le SN « cette Polonaise de Chopin », de l'énoncé antérieur « j'ai joué cette Polonaise de Chopin tous les jours ». Comme précédemment, la dislocation, tout en faisant le lien avec ce qui précède, permet la réorientation du discours : on peut entendre que le locuteur répond par avance à la question qu'il imagine que l'allocutaire se pose (dialogisme interlocutif responsif) : [qu'est-ce que c'est pour vous que cette polonaise ?], question qui a d'ailleurs peut-être été posée effectivement à Ch. Alévêque par un journaliste, puisque ce texte est la réécriture monologale d'une interview.

Le fonctionnement dialogique du tour est plus manifeste encore dans l'ex. (7) :

(7) M. de S. qui, non content de diriger l'entreprise dont il avait hérité, présidait de nombreux conseils d'administration, rentrait chez lui tard le soir et partait tôt le matin. Tant pis pour lui et tant mieux pour les amants. (...) Mais un jour vient où il se manifesta. Un domestique l'avait-il alerté ? Toujours est-il qu'il fut mis au courant de *ma liaison* avec sa femme. ***Liaison, ce*** fut le mot qu'il prononça avec une rage contenue. Je lui rétorquai qu'il ne s'agissait pas d'une liaison mais d'un amour, ce qui le laissa sans voix, mais accrut sa fureur. (Pontalis, *Elles*)

Le nom *liaison*, en fonctionnement autonymique, reprend autodialogiquement le SN « ma liaison ». Ce dialogisme explicite se double d'une dialogisation implicite interlocutive par anticipation : l'énoncé attributif « ce fut le mot qu'il prononça » vient par avance corriger l'inférence que le locuteur-énonciateur E_1 prête à son lecteur : que le terme *liaison*, du fait qu'il est non modalisé autonymiquement et actualisé par le possessif *ma*, soit compris comme asserté par luimême, alors qu'il l'a emprunté au discours du mari cocu (e_1), et n'a fait que le rapporter « sans balise ».

Nous aurons l'occasion de revenir sur ce fonctionnement contrastif, que nous venons d'entrevoir dans l'occurrence (7). Auparavant, remarquons que, comme pour le tour précédemment étudié, le fonctionnement de reprise anaphorique n'est pas toujours aussi explicite, et que certaines occurrences semblent même prendre en défaut notre hypothèse, comme (8) et (9) :

(8) Quand j'ai annoncé que nos bébés porteraient des couches lavables, et non des couches jetables qui génèrent plus d'une tonne de déchets (...), il [mon mari] a mis cette décision sur le compte du baby blues. ***Le plus drôle***, *c*'est que j'ai convaincu plusieurs de mes voisines – il y a pas mal des femmes écolo dans la région -, une délégation de papas anti-couches lavables est allée rendre visite à mon mari (...) (*Marie Claire*, 12/2007)

(9) **Quand un animateur vedette est confronté à l'antisémitisme** (titre de l'article) Après Vals-le-Bains et Lille, alors que je suis dans ma loge, on m'annonce que, pour la troisième fois cette semaine, des manifestants propalestiniens sont devant le théâtre où je dois me produire. Encore. Muni d'une banderole un groupe scande : « Arthur sioniste, Arthur complice ! » D'autres encore brandissent des photos d'enfants palestiniens ensanglantés avec écrit : « Arthur finance la colonisation » (...) Par la fenêtre, je les regarde. Ils sont moins nombreux qu'à Lille. Mais calmes. Organisés. Déterminés. ***Le plus effrayant***, *c*'est qu'ils semblent sincèrement convaincus de ce qu'ils disent... (*Le Monde*, 8-9/02/2009)

Les éléments détachés *le plus drôle/le plus effrayant* se présentent comme des SA au superlatif relatif de supériorité, mais nous les analysons comme des SN avec ellipse du nom : *(le fait) le plus drôle, (le fait) le plus effrayant*. Ces SN n'ont aucun antécédent dont ils pourraient être l'anaphore fidèle, infidèle ou associative... Aurait-on là des éléments disloqués qui ne seraient pas des reprises dialogiques ? Nous ne le pensons pas : notre analyse est que ces groupes détachés sont en relation dialogique avec une évaluation que le scripteur prête à son lecteur et sur laquelle il renchérit par le superlatif. En (8), on dira que la narratrice prête à sa lectrice, à la lecture de la réaction du mari (« il a mis cette décision sur le compte du baby-blues »), une réaction du type [c'est drôle/marrant] [11], énoncé qu'elle reprend et avec lequel elle « dialogue » par le superlatif qui présuppose un élément de comparaison. Le syntagme détaché *le plus drôle* est fortement dialogique : reprise de l'énoncé prêté à l'allocutaire, il évalue par avance ce qui va être dit par rapport à cet énoncé, et sous-entend sa négation : [le plus drôle, *ce n'est pas sa réaction*, c'est que j'ai...]

Le syntagme détaché *le plus effrayant* dans (9) fonctionne de la même manière : il est en comparaison avec l'évaluation *c'est effrayant*, imputable au lecteur à la lecture des faits relatés, et sous-entend peut-être la négation de cette évaluation : [le plus effrayant, *ce n'est pas ce qu'ils font et disent*, c'est qu'ils semblent...][12].

11. Afin d'expliciter ce type d'évaluation, j'ai fait un test auprès de quelques amies : je leur ai lu l'énoncé qui précède le tour détaché (« Quand j'ai annoncé que nos bébés porteraient des couches lavables, et non des couches jetables qui génèrent plus d'une tonne de déchets (...), il [mon mari] a mis cette décision sur le compte du baby blues »), et leur ai demandé leur réaction. C'était du type : « c'est drôle », « c'est amusant », etc.

12. Notons que la chanson de J. Dutronc, *Le plus difficile*, qui est construite sur le tour que nous analysons, explicite l'énoncé négatif que nous sous-entendons dans l'interprétation dialogique :

(10) Le plus difficile, *ce n'est pas de la rencontrer* / le plus difficile, c'est de la laisser tomber / sans qu'elle se fasse trop mal.

De sorte que ce type de tour dans lequel l'élément disloqué se présente comme un SA au superlatif relatif de supériorité[13], loin d'infirmer notre hypothèse de la dislocation comme reprise dialogique, la confirme : l'antécédent est *in absentia*, il est convoqué par la mise en rapport comparatif qui le présuppose. Cette structure relève du dialogisme interlocutif anticipatif : elle met en place un dialogue implicite avec la compréhension responsive du lecteur.

Nous avons, au fil de l'analyse des occurrences (7-9), pointé que le tour *X, c'est Y* avait des potentialités contrastives. Cette dimension affleure plus nettement encore dans un énoncé de l'exemple (8), exemple que nous reprenons sous (11) :

(11) Quand j'ai annoncé que nos bébés porteraient des couches lavables, et non des couches jetables qui génèrent plus d'une tonne de déchets (...), il [le mari] a mis cette décision sur le compte du baby blues. Le plus drôle, c'est que j'ai convaincu plusieurs de mes voisines – il y a pas mal des femmes écolo dans la région –, une délégation de papas anti-couches lavables est allée rendre visite à mon mari : « Peux-tu expliquer à ta femme que ***les couches jetables, c'***est le progrès, et que nous les hommes, nous refusons de mélanger nos chemises avec les couches merdeuses dans le lave-linge ? » (*Marie Claire*, 12/2007)

Le syntagme détaché *les couches jetables*, rapporté comme discours direct de la « délégation masculine », est l'anaphore fidèle de son antécédent dans le discours de la narratrice : « des *couches jetables* qui génèrent plus d'une tonne de déchets ». Cette mise en commun du thème par la dislocation se poursuit d'une rhématisation fort dissensuelle qui permet d'opposer humoristiquement au discours féminin pour lequel les couches jetables sont polluantes, le discours masculin pour lequel elles sont « le progrès ».

Ce fonctionnement contrastif est totalement explicite lorsque l'énoncé auquel s'oppose la prédication qui suit l'élément détaché est non plus seulement récupérable dans le cotexte, mais intégré au tour lui-même, sous la forme d'une négation, dans la structure complexe *X, c'est non Z, c'est Y* :

(12) **La peur en avion, c'est la peur de vivre**
Pour la plupart des gens, l'avion est la promesse d'un ailleurs... alors que certains y voient une machine infernale qui les entraîne vers une mort certaine. Pourquoi ? Comment faire pour s'envoler sans crainte ? (...)
(intertitre) Un enfant apeuré devient un adulte anxieux
« Des mères trop angoissées élèvent leurs enfants dans un environnement anxiogène : tout ce qui les éloigne d'elles est un danger potentiel », souligne Irène Diamantis. (...) Le vol nous plonge dans ces angoisses : « Prendre son envol, c'est quitter les bras de la mère, seuls à même de nous protéger, affirme Irène Diamantis. ***La peur de l'avion, ce n'est pas*** la peur de mourir, ***c'***est la peur de vivre. (*Midi Libre*, 13 octobre 2008)

13. Ce type de dislocation pose de nombreuses questions qui seront développées dans une autre publication : la comparaison est-elle obligatoire ? Pourquoi ne peut-on avoir l'adjectif seul (**Drôle, c'est que j'ai convaincu...*) ? Peut-on avoir un simple comparatif (**Plus drôle, c'est que j'ai convaincu* ; mais *Plus drôle, j'ai convaincu...*) ? Peut-on avoir un superlatif relatif d'infériorité (*Le moins drôle, c'est que...*, ? *le moins effrayant, c'est que...*) ? Quel rapport avec la pseudo-clivée (*Ce qui est (le) (plus) drôle, c'est que j'ai convaincu...*) ?

Le SN détaché « la peur de l'avion », en reprise anaphorique du thème du titre ainsi que de son développement dans « certains voient (dans l'avion) une machine infernale », se poursuit d'un rhème rejeté par la négation (« ce n'est pas la peur de mourir »), auquel fait suite le rhème asserté positivement (« c'est la peur de vivre »). Sous la négation dialogique, on entend le discours de « certains » qui « voient (dans l'avion) une machine infernale qui les entraîne vers une mort certaine ». Le fonctionnement fortement contrastif du tour du fait de la négation syntaxique est confirmé au niveau lexical, par l'antonymie *vivre/mourir*.

Comment expliquer ce lien entre la dislocation et le fonctionnement contrastif dialogique du tour *X, c'est Y*, fréquemment relevé en contexte (Bres 1999), association qui n'était pas le cas du tour disloqué étudié en 2.1. ? L'affinité nous semble tenir au présentatif *c'est*, très précisément à sa structure de forte rhématisation : le soulignement du rhème qui suit l'élément disloqué laisse entendre qu'il s'oppose potentiellement au rhème d'un autre énoncé, cette potentialité pouvant être contextuellement exploitée jusqu'à la mention de cet autre énoncé dans la négation *c'est non Z*.

Le tour *X, c'est Y* a un fonctionnement dialogique similaire à celui de la dislocation avec reprise par un pronom personnel analysé en 2.1. : l'élément X reprend un antécédent *in praesentia* ou *in absentia* d'un énoncé antérieur appartenant, selon le co(n)texte, au discours du locuteur, de l'allocutaire ou d'un tiers. La seule différence est que le tour *X, c'est Y* est bien plus souvent contrastif, ce qui se manifeste notamment par le fait qu'il peut réaliser une rhématisation négative en accompagnement de la rhématisation positive (*X c'est non Z, c'est Y*), ce qui n'est pas le cas de la dislocation avec reprise par un pronom personnel : alors même que la chose est parfaitement possible (p. ex. pour (2) : *Sa note d'hôtel, il la fit envoyer à la mairie, il ne la paya pas*), aucune occurrence de notre corpus ne la réalise.

Expliquons pour finir la signification que l'on peut donner à la place *à gauche, en début de phrase*, de l'élément détaché dans ces deux types de tour. Dans l'approche thématique de la dislocation, on peut en rendre compte en disant que le thème d'ordinaire précède le rhème. On ajoutera, dans le cadre de l'hypothèse dialogique, que cette place, dans la mesure où on analyse la dislocation comme mise en relation dialogique avec du discours antérieur, est la plus proche – temporellement à l'oral, spatialement à l'écrit – de ce discours antérieur.

3. LA DISLOCATION À DROITE [14]

Qu'en est-il lorsque la dislocation s'opère à droite ? L'élément détaché est-il la reprise dialogique d'un antécédent antérieur ? Et si oui, pourquoi, en vertu de ce que nous venons de dire sur l'affinité entre mention d'un discours

14. Pour cette étude, nous ne séparerons pas la dislocation avec pronom personnel, de la dislocation avec présentatif (*c'est Y, X*), pour des raisons qui seront exposées *infra*.

antérieur et place à gauche, l'élément détaché occupe-t-il la position contraire, celle de droite ?

Notre corpus ne présente que des cas dans lesquels l'antécédent de l'élément détaché est explicite, comme en (13) :

(13) Pascal avait pompé l'eau du bain, dès qu'on avait pu déranger l'oncle Sainteville. ***Il*** n'avait pas très bonne mine, ***l'oncle***. Il se plaignait que cela lui sifflait dans les poumons. (Aragon, *Les Voyageurs de l'impériale*)

Le SN détaché *l'oncle* est clairement l'anaphore de l'occurrence antérieure *l'oncle Sainteville*. Pourquoi alors sa place en fin de phrase ? Relisons le fragment : la phrase qui précède l'énoncé disloqué met en scène deux actants masculins : *Pascal*, sujet de la principale, en début de phrase ; et *l'oncle Sainteville*, COD du verbe de la circonstancielle, en fin de phrase. La phrase qui suit commence par le pronom sujet *il* qui est porteur d'une ambiguïté référentielle : il peut anaphoriser aussi bien *Pascal* (progression à thème constant) que *l'oncle* (progression linéaire simple). L'explicitation du pronom *il* par le SN *l'oncle* lève l'ambiguïté référentielle potentielle : la mauvaise mine est celle de *l'oncle*. Nous retrouvons là l'analyse de L. Spitzer (1935/1972), confirmée par celles de Lambrecht (1994) et de Nølke (1998), selon lesquels le détachement à droite fonctionne comme *rappel de thématisation* (auquel s'ajoute pour Nølke (1998 : 391) l'introduction d'une « valeur émotionnelle »). Cette fonction de rappel de thématisation prend tout son sens dialogique dans une occurrence comme (13) : on analysera que le narrateur répond par avance à la question qu'il imagine que le lecteur peut (se) poser : [la mauvaise mine de qui ? de Pascal ou de l'oncle ?]. On a là un cas de dialogisme *interlocutif responsif* : en rappelant le thème, ce qui lève l'ambiguïté, la dislocation permet au narrateur d'interagir avec son lecteur[15].

Cette fonction de rappel de thématisation rend compte de deux aspects de ce tour :

– Nous avons vu que Lambrecht posait que la dislocation à droite « can never be used in a contrastive function » (1994 :183), à la différence du détachement à gauche. Ce qui s'explique aisément : le détachement à gauche, en tant que reprise thématisante d'un élément antérieur, en fait le départ d'une nouvelle rhématisation, potentiellement différente, voire contraire argumentativement à un rhème antérieur, déjà dit. Rien de tel avec le détachement à droite : le pronom initial anaphorise un élément antérieur ; le SN détaché intervient *a posteriori*, non comme départ d'une nouvelle rhématisation, mais comme explicitation d'un actant de la rhéma-

15. La fonction de rappel thématique à des fins d'éclaircissement se réalise fréquemment dans le commentaire sportif radiophonique et télévisuel, lorsque le journaliste doit gagner du temps pour coller à l'action :
– Maldini battu sur ce coup-là par Xavi Alonso / ***il*** a repris le ballon / ***Paolo Maldini*** (ex. cité et analysé *in* Bres 2007)
La dislocation à droite de l'actant Paolo Maldini fonctionne comme rappel thématique : afin d'éviter toute ambiguïté, le locuteur explicite rétrospectivement la référence du pronom *il*, qu'il n'a pas initialement pris le temps de verbaliser.

tisation déjà actualisée. Dans (13), « *Il* n'avait pas très bonne mine, *l'oncle* », le SN *l'oncle* a pour seul rôle d'expliciter lexicalement la référence du pronom *il* de l'énoncé antérieur.

– Ce tour est perçu comme fortement lié à l'oralité, ce qui n'était pas le cas du détachement à gauche : ainsi (13) apparaît comme relevant d'une écriture oralisée. Et il est significatif que Céline, dont le souhait stylistique était de faire entrer l'oral dans l'écrit, fait de ce tour, au moins dans ses deux premiers romans, *Voyage au bout de la nuit*, et *Mort à crédit*, la figure emblématique de son écriture, comme l'a analysé Spitzer (1935/1972). La raison de cette affinité nous semble être la suivante : dans le temps de production de l'énoncé oral – son actualisation dans le temps du dire –, le locuteur commence par anaphoriser par un pronom personnel un référent qui lui paraît co(n)textuellement saillant ; mais dans le cours de son dire, il réalise que cette saillance n'est peut-être pas partagée par son interlocuteur, et, anticipant sur la question que celui-ci pourrait lui poser, il explicite, par dialogisme interlocutif responsif, le thème, sous sa forme lexicale. De sorte que, contrairement à certaines analyses, le pronom initial n'anticipe pas sur le SN qui se verrait rejeté en fin de phrase : c'est le SN qui vient en explicitation dialogique du pronom. Ce fonctionnement, si notre description est pertinente, est totalement lié à la structure temporelle de l'actualisation de la parole orale en interaction ; il n'a pas lieu d'être à l'écrit, où le scripteur ne partage pas avec son lecteur le fil temporel du dire, dans la mesure où il a tout loisir de reprendre ce qu'il a initialement tenté syntaxiquement, de le corriger avant de le donner à lire à l'allocutaire. C'est cette non-fonctionnalité scripturale qui nous semble rendre compte de ce que, importé dans l'écrit, le détachement à droite donne au texte un style oralisé.

Si le détachement à droite en tant que rappel de thématisation est non fonctionnel à l'écrit, son usage dans ce cas sera de l'ordre du jeu ou de l'effet de style[16].

Effet de style p. ex. chez Céline, où le rappel thématique répété ne vient le plus souvent lever aucune ambiguïté par anticipation dialogique, mais produit un effet de voix qui ressasse obsessionnellement son dire.

Jeu comme dans l'ex. (13) où le narrateur mime dans son écriture la production temporelle de l'oral, dans lequel le détachement à droite sert, par anticipation dialogique, à lever une ambiguïté référentielle. Jeu également dans les deux occurrences que nous allons analyser dans lesquelles ce tour, par son lien avec la production orale, sert à mentionner ironiquement une autre voix.

(14) **Affaire de cœur ? Non ! Affaire d'état**
Le découplage à l'Elysée a moins à voir avec les sentiments qu'avec la politique. Il faut écouter Cécilia, et l'entendre. (…) Elle tire sa révérence et fugue au vu et au su de tout le monde. (…) Ne restait plus qu'à passer devant M. le juge. Et maintenant quoi ? Elle s'est engagée au mutisme. À peine signé, le papier est piétiné : les journaux se jettent sur ses confidences. C'est qu'***elle en*** sait, ***des***

16. Ce que l'on peut peut-être mettre en relation avec la « valeur émotionnelle » que Nølke (1998) attribue à ce tour.

> ***choses, la Cécilia***. Vingt ans de secrets, il y a de quoi raconter. (*Marianne* 27/10 à 2/11 2007)

L'occurrence comporte un double détachement à droite, *des choses* et *la Cécilia*. L'on pourrait, sans problème, supprimer le second syntagme détaché : il n'y a aucun doute sur la référence du pronom personnel *elle* dans la mesure où, depuis son début, l'article parle de Cécilia, l'ex-femme de Nicolas Sarkozy ; elle en est le thème constant. Le fonctionnement dialogique du tour est d'ordre non pas interlocutif anticipatif, mais interdiscursif. Par son lien avec l'oralité, le détachement droit fait entendre une autre voix, fait écho ironiquement (Sperber et Wilson 1978) à une autre parole, effet de sens d'oralité auquel concourt l'usage de l'article défini devant le nom propre (*la Cécilia*). Cette autre voix, dont l'identité n'est pas explicitée, peut tout à la fois être celle de la presse « people », du discours qu'elle entretient et suscite, comme celle de Cécilia elle-même, que le scripteur fait entendre tout en la stigmatisant…

On retrouve ce fonctionnement d'écho ironique dialogique dans (15) :

(15) L'histoire de Julien Leroy est d'une banalité… à pleurer. (…) Julien aimait sa femme, Nathalie. Ce qui ne l'empêchait pas d'avoir ce qu'il appelait des « aventures », brèves le plus souvent mais nombreuses. Nathalie tolérait ce qu'elle appelait, elle, des escapades sans lendemain. (…) À ses amis, il disait en souriant : « C'est vrai, je suis polygame, mais un polygame fidèle » sans qu'on sache trop s'il se considérait comme fidèle à lui-même ou à sa femme. Quant à Nathalie, sans doute pensait-elle qu'en fermant les yeux elle ***le*** garderait toujours, ***son Julien***. (Pontalis, *Elles*)

Aucune ambiguïté quant à la référence du pronom *le* qui justifierait le rappel thématique : *le* ne peut qu'anaphoriser *Julien*. Comme précédemment, le texte exploite le lien entre le détachement droit et l'oralité pour faire entendre ironiquement une autre voix, dont l'identité ici est claire : c'est celle de Nathalie, actant fortement thématisé par la locution *quant à* (« quant à Nathalie »), et dont les pensées sont rapportées au style indirect : « sans doute pensait-elle que (…) ». On soulignera l'emploi du possessif *son* comme actualisateur du nom propre détaché *Julien* : autre trace d'oralité, il semble être le signifiant, en discours indirect libre, de la parole de Nathalie montrée comme disant « mon Julien »[17], et ce d'autant plus ironiquement que précisément, de par ses « aventures nombreuses », Julien est loin de n'appartenir qu'à Nathalie…

Si, comme nous l'avons annoncé, nous n'avons pas distingué dans cette section, la dislocation avec pronom personnel de la dislocation avec le présentatif (*Y, c'est X*), c'est à cause du petit nombre d'occurrences de ce dernier tour (de fait, une seule), et de son fonctionnement en tous points identique au premier. Soit (16) :

(16) (…) Difficile et injuste de résumer en quelques lignes un livre[18] foisonnant et érudit qui embrasse la peinture et la poésie, la philosophie et la photographie, le roman et la publicité, Warhol et Baudelaire, Robbe-Grillet et Popstars. Comment en vient-on à donner de la valeur à la reproduction

17. Pour le fonctionnement dialogique du possessif, voir ici-même l'article de J.-M. Sarale.

18. L'article est la présentation d'un ouvrage de F. Jost.

mécanique ? Comment l'objet a été magnifié par le cinéma et comment l'art a fini par se dissoudre dans les médias ? Et comment, surtout, s'est réalisée la prophétie baudelairienne : « *Plus personne n'utilise son imagination.* ***C'est*** *terminé,* ***l'imagination.*** » « *La peinture,* dira le dadaïste Cravan, *c'est marcher, courir, boire, manger et faire ses besoins.* » (*Marianne* 27/10 à 2/11 2007)

Le SN *l'imagination* reprend *son imagination*, de l'énoncé précédent. On peut analyser le détachement à droite comme levant – par dialogisation interlocutive responsive – l'ambiguïté du démonstratif *ce*, qui peut anaphoriser aussi bien le SV de l'énoncé précédent (ce = l'utilisation de l'imagination) que le COD seul (ce = l'imagination).

Faisons l'hypothèse suivante, que seule la confrontation avec un corpus plus nombreux pourrait valider : si le tour *c'est X, Y* est relativement rare, c'est que le fonctionnement préférentiel de la dislocation avec présentatif est contrastif comme nous l'avons vu, contrastivité que la structure de détachement à droite peut difficilement actualiser.

La dislocation à droite en tant que rappel de thématisation est dialogique en ce que, comme la dislocation à gauche, elle reprend un élément antérieur. La fonctionnalité dialogique de cette reprise à l'oral – répondre par avance à une ambiguïté référentielle à laquelle pourrait être confronté l'allocutaire – n'a plus lieu d'être à l'écrit, où ce type de dislocation est exploité stylistiquement ou ironiquement pour faire entendre la voix d'un autre énonciateur.

4. DISLOCATION D'UN PRONOM TONIQUE

Dans l'espace de cet article, nous ne dirons que quelques mots d'un autre type : la dislocation d'un pronom tonique, auquel nous consacrerons à l'avenir un travail spécifique. Soit l'occurrence (17) (déjà citée sous (3)) :

(17) Cette jeune fille, tous ses nombreux visiteurs pourront la voir. J'imagine qu'elle figure pour lui la « jeune science » qu'il est fier d'avoir inventée. ***Son amour pour l'autre jeune fille***, Gisela, rencontrée lors de ses vacances dans son lieu natal, restera, ***lui***, secret. (Pontalis, *Elles*)

L'approche linguistique intraphrastique traite ce type de dislocation en termes d'*insistance pronominale* : le pronom personnel, le plus souvent postposé à plus ou moins grande distance du syntagme qu'il anaphorise, vient souligner le thème de l'énoncé. C'est, dans ce cas, le pronom personnel qui fait l'objet d'une dislocation et qui relève de la fonction apposition – à l'écrit il est le plus souvent entre virgules –, ce qui explique sa réalisation sous la forme disjointe (*lui*)[19].

19. Signalons également que l'insistance pronominale peut se combiner avec le détachement d'un syntagme à gauche :

(18) Quel est le secret de votre longévité ? (question du journaliste)
Moi, ma devise, *c*'est : « une femme à mon côté, et advienne que pourra » (réponse d'Oscar Niemeyer), (*L'Express*, 22/11/07)

Ce tour, qui ne sera pas abordé dans le présent article, a suscité de nombreux travaux, qui le traitent notamment en termes de prédication seconde.

Notre hypothèse est que ce soulignement thématique a une fonction dialogique : il noue une relation d'opposition avec un autre énoncé sur la base suivante : cet autre énoncé a un autre thème, et son rhème est contraire à celui de l'énoncé disloqué.

Cet autre énoncé peut, comme en (17), être réalisé dans le cotexte antérieur : « *Son amour pour l'autre jeune fille*, restera, *lui*, secret » "dialogue" intralocutivement avec l'énoncé précédent : « Cette jeune fille, tous ses nombreux visiteurs pourront la voir ». Distinction thématique des deux jeunes filles, opposition rhématique entre l'exhibition de la première (de fait, de sa reproduction), et le secret entourant la seconde.

On retrouve ce même fonctionnement explicite dans l'occurrence (15), reprise sous (19) :

(19) L'histoire de Julien Leroy est d'une banalité... à pleurer. (...) Julien aimait sa femme, Nathalie. Ce qui ne l'empêchait pas d'avoir ce qu'il appelait des « aventures », brèves le plus souvent mais nombreuses. Nathalie tolérait ce qu'***elle*** appelait, ***elle***, des escapades sans lendemain. (...) (Pontalis, *Elles*)

« Ce qu'*elle* appelait, *elle*, des escapades sans lendemain » est en interaction dialogique intralocutive avec « ce qu'il appelait des "aventures" ». Différence thématique de Julien et de Nathalie, différence sinon opposition rhématique dans la lexicalisation des infidélités : *aventures* pour l'un, *escapades* pour l'autre.

Très souvent, l'énoncé avec lequel la dislocation pronominale interagit n'est pas explicitement réalisé ; il n'en est pas moins fortement présupposé :

(20) Parfois il se surprend à regarder, par la fenêtre de son bureau, la rue, les passants ***qui, eux***, ont l'air de bien savoir où ils vont. (Pontalis, *Elles*, p. 38)

L'énoncé « *les passants, eux*, ont l'air de bien savoir où ils vont » ne reprend pas un énoncé précédent ; il n'en convoque pas moins l'énoncé que l'on peut formuler comme : [lui n'a pas l'air de bien savoir où il va]. Cet énoncé convoqué par le dialogisme de la dislocation a une cohérence textuelle, dans la mesure où il correspond bien à l'éthos du personnage tel que le lecteur a pu le construire jusqu'à ce point de sa lecture (la fin de la situation initiale) : l'homme au tournant de sa vie, un peu perdu qui rencontre une femme qu'« il ne fera que suivre ».

En interaction verbale, le soulignement de la première personne sujet est très souvent fortement polémique : par contraste, il convoque comme thème de l'énoncé présupposé [e] l'allocutaire, qui toujours implicitement et par opposition, se voit infligé un rhème dévalorisant, comme dans ce fragment de dialogue :

(21) – il y a l'amour, Bardamu !
– Arthur, l'amour, c'est l'infini mis à la portée des caniches. Et ***j'***ai ma dignité, ***moi*** ! (Céline, *Voyage au bout de la nuit*)

« ***J'***ai ma dignité, ***moi*** ! » présuppose [tu n'as pas de dignité] : bel acte indirect de menace de la face de l'allocutaire.

La dislocation du pronom conjoint, analysée comme soulignement thématique, nous semble donc également relever du dialogisme : il n'y a soulignement que pour autant qu'il s'agit de mettre l'énoncé ainsi disloqué en relation dialogique d'opposition avec un autre énoncé.

CONCLUSION

Les trois formes de dislocation que nous avons analysées sont décrites dans la littérature comme des opérations portant sur le thème : opération de *thématisation* forte pour le détachement à gauche, de *rappel thématique* pour le détachement à droite, de *soulignement thématique* pour le détachement pronominal. Notre étude fait apparaître que ces opérations sont dialogiques : dans la dislocation gauche comme droite, l'élément détaché est la reprise anaphorique d'un élément d'un énoncé antérieur *in praesentia* ou *in absentia*, qui est présenté comme appartenant, selon les cas, au discours du locuteur, de l'allocutaire ou d'un tiers. *Bivocal*, l'élément détaché est le pivot à partir duquel s'instaure un « dialogue » avec les autres discours selon différentes orientations. Dans le cas du détachement pronominal, le pronom disjoint convoque un autre énoncé, réalisé ou sous-entendu, avec lequel il noue une relation d'opposition.

La dislocation, en tant qu'opération de thématisation, est donc un *marqueur* syntaxique de dialogisme, tout comme le clivage en tant qu'opération de rhématisation (Nowakowska 2004b). Si notre hypothèse est juste, c'est le cœur de la langue – dans le cas analysé, la syntaxe – qui est traversé par le *principe dialogique*, dont on est loin de mesurer encore toute l'importance, non seulement en analyse du discours, mais également dans celle de l'objet principal des sciences du langage : la langue.

Références bibliographiques

APOTHÉLOZ D., 2008, « À l'interface du système linguistique et du discours : l'exemple des constructions identificatives », *in* Bertrand O., Prévost S., Charolles M., François J., Schnedecker C. (éds), *Discours, diachronie, stylistique du français, Études en hommage à Bernard Combettes*, Bern : Peter Lang, 75-92.

APOTHÉLOZ D., COMBETTES B. NEVEU F. (éds), 2009, *Les linguistiques du détachement*, Bern : Peter Lang.

BAKHTINE M., 1934/1975/1978, « Du discours romanesque », in *Esthétique et théorie du roman*, Paris : Gallimard, 83-233.

BLASCO-DULBECCO M., 1999, *Les dislocations en français contemporain. Etude syntaxique*, Paris : Champion.

BRES J., 1999, « Entendre des voix : de quelques marqueurs dialogiques en français », *in* Bres J., Delamotte R., Madray M. et Siblot P., *L'autre en discours*, 191-212.

BRES J., 2007, « Le discours médiatique sportif aux prises avec le temps verbal », in *Le français parlé dans les médias*, Actes du colloque de l'Université de Stockholm, 8-12 juin 2005, M. Broth, M. Forsgren, C. Norén et F. Sullet-Nylander (éd.), Acta Universitatis stockholmiensis, 83-96.

BRES J., 2008, « De l'épaisseur du discours : horizontalement, verticalement… et dans tous les sens », Actes du premier Congrès mondial de linguistique française, http://www.ilf-cnrs.fr/

BRES J. et NOWAKOWSKA A., 2006, « Dialogisme : du principe à la matérialité discursive », *in* Perrin L., (éd.), (2006), *Le sens et ses voix, Recherches linguistiques* 28, Metz : Université Paul Verlaine, 21-48.

Cahiers de praxématique 30, 1998, *Les opérations de thématisation en français*, coordonné par Fuchs C. & Marchello-Nizia C.

Cahiers de praxématique 40, 2003, *Linguistique du détachement*, coordonné par Neveu F.

COMBETTES B., 1998 *Les constructions détachées en français*, Paris : Ophrys.

DUCROT O., 1972, *Dire et ne pas dire*, Paris : Minuit

DUPONT N., 1985, *Linguistique du détachement*, Bern : Peter Lang.

FIRBAS J., 1992, *Functional Sentence Perspective in Written and Spoken Communication*, Cambridge : CUP.

FRADIN B., 1988, « Approche des constructions à détachement – la reprise interne », *Langue française*, 78, 26-56.

GALMICHE M., 1992, « Au carrefour des malentendus : le thème », *Information grammaticale* 54, 3-10.

GROBET A., 2000, « L'organisation informationnelle du discours dialogique : la thématisation comme phénomène d'ancrage », *in* Guimier C. (éd), *La Thématisation dans les langues*, Bern : Peter Lang, 405-420.

GUIMIER C. (éd), 2000, *La thématisation dans les langues*, Bern : Peter Lang.

HALLIDAY M., 1994, *An introduction to functionnal Grammar*, London : Edward Arnold.

KLEIBER G., 1993, *Anaphores et pronoms*, Louvain-la-Neuve, Duculot.

KORZEN H. & NØLKE H., 1996, « Présentation. La linéarité dans la langue : du phonème au texte », *Langue française*, 111, 6-10.

LACHERET-DUJOUR A., PLOUX S. et VICTORRI B., 1998, « Prosodie et thématisation en français parlé », *Cahiers de Praxématique* 30, 89-111.

LAMBRECHT K., 1994, *Information structure and sentence form : Topic, Focus, and the mental representations of discourse referents*, Cambridge : Cambridge University Press.

LAMBRECHT K., 2001, « Dislocation », *in* Haspelmath, M. & al. (éds), *La typologie des langues et les universaux linguistiques. Manuel International*, Berlin : Walter de Gruyter, 1050-1078.

Langue française 78, (1988), *Le thème en perspective*, coordonné par P. Cadiot et B. Fradin.

LE QUERLER N., 2000, « Dislocation et thématisation en français », *in* Guimier C., (éd), *La Thématisation dans les langues*, Bern : Peter Lang, 263-276.

MOIRAND S., 2004, « Le dialogisme, entre problématiques énonciatives et théories discursives », *Cahiers de praxématique* 43, 189-217.

MOIRAND S., 2007, *Les discours de la presse quotidienne*, Paris : PUF.

MOREAU M.-L., 1976, *C'est... Étude de syntaxe transformationnelle*, Université de Mons.

MOREL M.-A., 2003, « Intonation et procédures du rattachement ou rejet dans le dialogue », *Cahiers de praxématique 40*, 199-215.

NØLKE H., 1993, *Le regard du locuteur. Pour une linguistique des traces énonciatives*, Paris, Kimé.

NØLKE H., 1998, « *Il est beau le lavabo, il est laid le bidet.* Pourquoi disloquer le sujet ? », *in* Forsgren M., Jonasson K., Kronning H., (éds), *Prédication, assertion, information, Actes du colloque d'Uppsala en linguistique française, 6-9 juin, 1996*, Studia Romanica Upsaliensia 56, Uppsala, 385-394.

NOWAKOWSKA, A., 2004, « La production de la phrase clivée (c'est y qu-z) en français : de la syntaxe expressive à la syntaxe dialogique », *Modèles linguistiques* XXV, 1 et 2, 211-221.

NOWAKOWSKA, A., 2004, « Syntaxe, textualité et dialogisme : clivage, passif, si z c'est y », *Cahiers de praxématique* 43, 25-55.

PRÉVOST S., 1998, « La notion de thème : flou terminologique et conceptuel », *Cahiers de praxématique* 30, 13-35.

SCHLOBINSKY & SCHÜTZE-COBURN, 1992, « On the Topic and Topic Continuity », *Linguistics*, 30, 89-121.

SPERBER D. et WILSON D., 1978, « Les ironies comme mention », *Poétique* 36, 399-412.

SPITZER L., 1935/1972, « Une habitude de style, le rappel chez Céline », *Le français moderne*, III. Repris dans *L'Herne, Cahiers Céline*, 443-451.

Michèle MONTE
Babel EA 2649, Université du Sud Toulon-Var

Si marqueur d'altérité énonciative dans les *si* P extraprédicatives non conditionnelles

I. INTRODUCTION

Bien que le locuteur ordinaire ait sans doute l'impression que la conjonction *si*, quand elle introduit des subordonnées extraprédicatives[1], sert essentiellement à formuler des hypothèses ou des conditions[2], les grammaires du français indiquent toutes qu'« il ne s'agit là que d'effets de sens produits par les formes verbales et les contenus propositionnels, à partir d'une fonction commune à tous les emplois de *si* : poser le cadre situationnel, sans l'asserter comme fait particulier » (Riegel, Pellat, Rioul, 1996 : 508). Cette fonction est particulièrement prégnante dans les *si* P non conditionnelles qui vont m'intéresser ici, qu'elles soient contrastives, explicatives, thématisantes, disqualifiantes ou concessives. Intuitivement, en effet, ces *si* P sont perçues comme le lieu d'une négociation des contenus du discours et des positions argumentatives du locuteur avec des partenaires plus ou moins spécifiés, d'où leur potentiel dialogique récurrent.

1. La France n'a plus les moyens – techniques, logistiques et politiques – d'assumer sa « vocation mondiale » : *si la dissuasion nucléaire reste un fondement essentiel de sa stratégie,* elle doit désormais concentrer ses forces sur un axe prioritaire allant de l'Atlantique jusqu'à l'océan Indien en passant par le Proche-Orient. (*Le Monde*, 18 juin 2008)

1. Les circonstants extraprédicatifs « portent sur la phrase dans son ensemble » (Le Goffic 1993 : 458) et se situent soit en position frontale (c'est le cas des *si* P), soit entre le groupe sujet et le groupe prédicat, soit détachés à droite. Ils sont hors de la portée de la négation et de l'interrogation et ne peuvent être mis en focus.

2. J'en veux pour preuve le proverbe « Avec des *si*, on mettrait Paris en bouteille ».

2. Comme la mode, la star est construction artificielle, et *si la mode est esthétisation du vêtement*, le star-system est esthétisation de l'acteur, de son visage, de toute son individualité. (Lipovetsky)

En (1) la *si* P est une concession aux tenants de la position antérieurement défendue par la France, et en (2) elle rappelle ce qui a été dit en amont. Guy Achard-Bayle (2006, 2008 et 2009) insiste sur le rôle discursif des *si* P contrastives qui, dit-il, « assur [ent] une double fonction discursive et macrosyntaxique, celle de (re-)topicaliser un contenu du cotexte gauche, et celle de faire contraste avec Q » (2009 : 4). Il propose une description unitaire du morphème dans une perspective de linguistique textuelle :

> il est désormais, *i. e.* à ce stade de la démonstration, vain de vouloir dissocier une analyse sémantique de *si* (« conditionnelle ») de son analyse discursive (topico-dialogique) : sa position (extraprédicative), sa fonction indexicale (cadrative), et ses instructions – suspension de la valeur de vérité, mise en débat, projection dans un monde de faits ou un univers de croyance alternatifs, signal ou marquage de la corrélation (avec une autre proposition, ou une proposition *autre*) – forment une chaîne (logico-discursive) dans laquelle il est difficile d'isoler un maillon, sinon au détriment du reste, et de la cohérence de l'ensemble, laquelle se manifeste notamment en cas de *Si P, Q mixtes*. (2006a : 425).

Ceci étant, faute d'études plus précises sur des corpus, on sait encore peu de choses sur les mécanismes précis de reprise à l'œuvre dans ces *si* P : s'agit-il de reformuler les propos tenus en amont par le locuteur, des propos circulant dans l'interdiscours, des questions formulées par l'interlocuteur ou pouvant lui être attribuées ? Ces distinctions ont-elles un lien avec l'interprétation de la *si* P, et tout particulièrement avec la relation entre P et Q telle que l'allocutaire la construit ? Comment se joue la négociation entre la thématisation du contenu de P, liée à sa position syntaxique, et sa mise en suspens, liée au signifié propre de *si* ? D'autre part, peut-on établir un lien entre le fonctionnement spécifique de ces *si* P et le sens de *si* ou bien l'interprétation dépend-elle entièrement des contenus propositionnels et des inférences et topoï qui leur sont attachés, *si* étant en quelque sorte substituable par l'une ou l'autre de ses paraphrases sans modification notable du sens ?

Pour répondre à ces questions, j'ai travaillé à partir d'un corpus de 131 exemples contextualisés empruntés à la presse écrite et à la littérature et cela m'a amenée à constater que le rôle discursif dévolu aux énoncés « *si* P, Q » non conditionnels, en dépit de la diversité de leurs valeurs d'emploi (sémantiques et pragmatiques), présente une homogénéité assez remarquable. Celle-ci tient à mon avis au fait que les *si* P extraprédicatives non conditionnelles sont le lieu d'un fonctionnement dialogique spécifique qui repose sur une sollicitation de l'allocutaire. Or ce dialogisme en discours trouve selon moi son origine dans l'interaction qui s'établit entre le signifié en langue du morphème *si* et la construction syntaxique spécifique des *si* P extraprédicatives.

J'exposerai les résultats de mes observations et développerai mon hypothèse en trois parties successives : après avoir présenté le corpus et catégorisé les *si* P non conditionnelles qu'il contient, je rappellerai quelle est la valeur en langue de *si* telle qu'elle a été théorisée par la psychomécanique et la théorie des opérations énonciatives, puis je décrirai le dialogisme observé dans les exemples du corpus et montrerai comment il exploite pragmatiquement cette valeur en langue.

2. LE CORPUS ET LA CATÉGORISATION DES *SI* P

Afin de pouvoir disposer d'un large éventail d'exemples attestés, j'ai relevé – grâce à la base de données *Factiva* – les *si* P non conditionnelles dans les éditoriaux de 5 quotidiens nationaux (*La Croix, Le Figaro, L'Humanité, Le Monde, Libération*) de janvier à avril 2008 ainsi qu'en juin et septembre 2008, soit un total d'environ 900 textes, auxquels j'ai ajouté quelques articles répertoriés comme « opinion » ou « point de vue » ou « chronique »[3]. J'ai par ailleurs fait un sondage dans FRANTEXT en sélectionnant un certain nombre d'auteurs d'essais postérieurs à 1940 (Barthes, Camus, Foucault, Lesourd et Gérard, Lévi-Strauss, Lipovetsky, Sartre)[4]. Au total, ces relevés m'ont permis de disposer de 63 occurrences dans la presse (soit à peu près une occurrence tous les 15 éditoriaux, ce qui est loin d'être négligeable) et de 68 occurrences dans les essais.

Les *si* P du corpus se répartissent *grosso modo* en trois grandes catégories selon le type de relation qui unit P à Q :

Q explique P : *si* P « topicales[5] »	Q limite les inférences de P : *si* P concessives	Q est comparé à P : contraste ou similitude
38	57	36

Les systèmes explicatifs forment une catégorie homogène bien identifiable. L'énoncé peut être réécrit sous la forme d'une question : « pourquoi P ? parce que Q » : tel est le cas dans l'exemple ci-dessous :

3. *Si l'AKP a été reconduit au pouvoir en 2007, porté par ses couches populaires,* c'est incontestablement parce que son bilan a plaidé en sa faveur. (*Le Monde*, 2 avril 2008)

L'apodose commence par « c'est » ou « ce n'est pas »[6] qui permet une identification entre le contenu de P et celui de Q, et le démonstratif anaphorise la *si*

3. Je n'ai malheureusement pas comptabilisé le nombre exact d'articles dépouillés.

4. Pour éliminer d'emblée tous les *si* intensifs + adjectif, je me suis bornée à rechercher les séquences « si le » et « si la », ce qui ôte à cette deuxième recherche toute valeur statistique, les *si* P ne commençant pas par un groupe sujet introduit par un article défini étant laissées hors champ.

5. Le terme de « topicale » ou « échoïque » que l'on rencontre dans la littérature n'est pas très bien choisi car il peut s'appliquer à un grand nombre d'autres *si* P extraprédicatives comme nous le verrons plus bas.

6. Je n'ai qu'un exemple où « c'est » soit absent mais la paraphrase restitue aisément la structure explicative : « Si la révolution s'est trouvée déclassée, il ne faut incriminer aucune "trahison" bureaucratique : la révolution s'éteint sous les spots séducteurs de la personnalisation. » (Lipovetsky) peut se réécrire en « Pourquoi la révolution s'est-elle trouvée déclassée ? ce n'est pas en raison d'une trahison mais parce qu'elle s'est éteinte… »

P qui précède (Le Goffic 1993 : 409). *C'est* est suivi d'un syntagme circonstanciel SPrép qui prend le plus souvent la forme d'une proposition enchâssée sous *que* ou plus rarement *parce que* sans exclure la forme Prép + SN (cf. plus bas ex.22). Ces énoncés pourraient être retournés en clivées, mais dans ce cas la partie thématique perdrait la place à l'initiale que lui assure *si* :

3'. *C'est* parce que son bilan a plaidé en sa faveur *que* l'AKP a été reconduit au pouvoir en 2007.

Les systèmes concessifs peuvent, quant à eux, se paraphraser par « quoique P, Q » ou « certes P mais Q » : P n'est pas anaphorisé par « c' » et Q ne vient pas expliquer P mais contredire les inférences qu'on pourrait tirer de P.

4. *Si des données précises et globales sont difficiles à établir*, un consensus existe pour affirmer que les espèces animales et végétales disparaissent à une cadence beaucoup plus rapide que ne le voudrait le rythme naturel. (*Le Monde*, 3 juin 2008)

5. Ils [les électeurs] refusent de faire les frais d'une politique motivée avant tout pour séduire l'électorat le plus extrême de la droite. *Si les sondages ne font pas une élection*, leur orientation à la baisse pour Nicolas Sarkozy confirme que ces ficelles populistes ne suffisent pas ou plus. (*L'Humanité*, 25 février 2008)

En (4) on comprend que l'absence de données précises n'empêche pas l'existence d'un consensus et en (5) la *si* P apparaît comme une simple précaution oratoire. Un connecteur concessif tel que « toutefois » ou « néanmoins » figure parfois dans l'apodose et on peut l'ajouter sans altérer le sens de Q.

Quant aux systèmes comparatifs, ils peuvent être paraphrasées par « alors que P, Q » ou par « de même que P, Q », selon qu'ils expriment une opposition (ex. 6 et 7) ou une similitude (ex. 2) :

6. Les propos de Nicolas Sarkozy sont une pétition d'ultralibéralisme, embrassant les années Thatcher jusqu'à aujourd'hui. C'est aussi un programme. *Si la Dame de fer a bien été de fer pour les pauvres et pour les syndicats britanniques*, elle a été de velours pour les riches. (*L'Humanité*, 29 mars 2008)

7. Sisyphe, prolétaire des dieux, impuissant et révolté, connaît toute l'étendue de sa misérable condition [...] La clairvoyance qui devait faire son tourment consomme du même coup sa victoire. [...] *Si la descente ainsi se fait certains jours dans la douleur*, elle peut se faire aussi dans la joie. (Camus)

On peut subsumer ces deux paraphrases en une simple mise en relation par « d'une part... d'autre part », mais ce faisant, on perd la relation de repérage de Q par P portée par la subordination.

Il s'agit bien dans les trois cas de systèmes corrélatifs où le sens attribué à la *si* P dépend étroitement de son interaction avec le cotexte droit. Il n'est pas difficile de trouver pour une même *si* P des cotextes différents produisant des effets de sens différents, comme dans les exemples forgés a et b ci-dessous :

a. *Si la Dame de fer a bien été de fer pour les pauvres*, c'est qu'elle avait une revanche à prendre contre ses origines sociales.

b. *Si la Dame de fer a bien été de fer pour les pauvres*, elle n'a toutefois pas hésité à leur faire cadeau de sa fortune personnelle.

c [= 6]. *Si la Dame de fer a bien été de fer pour les pauvres et pour les syndicats britanniques,* elle a été de velours pour les riches.

Une autre preuve de cette influence déterminante du co(n)texte réside dans le fait que, des systèmes concessifs aux systèmes comparatifs à valeur oppositive, il y a un continuum plus qu'une coupure franche. En effet, dès que le fait évoqué dans la *si* P comparative peut être vu comme pouvant entraîner une inférence contraire à ce qui est énoncé dans l'apodose, il est possible de construire entre les deux une relation concessive et de substituer la paraphrase en « quoique P, Q » à la paraphrase en « alors que P, Q ». Tel est le cas en (7) où il serait possible d'ajouter « pourtant » dans l'apodose. Inversement, dès que la relation d'implication contrariée sous-jacente à la relation concessive s'affaiblit, la relation entre P et Q peut être vue comme une simple opposition :

8. *Si le rôle de la prison est de punir les condamnés,* il est aussi de leur permettre de s'amender, en vue d'une rédemption et d'une réinsertion. (*Le Monde,* 14 juin 2008)

L'examen du contenu propositionnel et du cotexte oriente vers l'une ou l'autre de ces deux interprétations : lorsque le contenu énonce une opinion, le glissement vers la concession est plus facile que lorsqu'il s'agit de comparer deux types de production, comme dans l'exemple ci-dessous :

9. *Si la production de minerai était assez dispersée,* la production de fonte et d'acier était fortement concentrée. (Lesourd et Gérard)

Mais même en (9), la dispersion de la production de minerai de fer peut faire attendre une même dispersion dans la production de l'acier qui en est issu, et l'attente contrecarrée rend possible une paraphrase en « quoique P, Q ». Il me semble toutefois nécessaire de maintenir une distinction entre systèmes concessifs et systèmes comparatifs par opposition pour deux raisons : d'une part, les systèmes comparatifs par opposition présentent des parallélismes syntaxiques et des antonymies lexicales qui rhétorisent fortement la relation entre protase et apodose, caractéristique que l'on constate aussi dans les systèmes comparatifs par similitude et qui est beaucoup moins présente dans les concessives ; d'autre part, le rapport au dialogisme des systèmes comparatifs et concessifs est différent.

Je terminerai cette présentation en mentionnant l'absence dans mon corpus de la relation de disqualification envisagée par de Vogüé (2001, 2004) : rappelons que ces énoncés polémiques du type « « S'il l'aime, cela ne se voit guère » ne sont pas paraphrasables en « quoique P, Q » car ils mettent en doute la vérité de P. Le fait que je n'en ai pas relevé dans mon corpus tient sans doute à la nature même de celui-ci, de tels énoncés appartenant plutôt au dialogue. Pour en trouver il aurait fallu compléter cette étude par des analyses de corpus oraux ou théâtraux. Précisons également que ma classification diffère de celle proposée par Anscombre (2005b), qui distingue un *si* contrastif, mais qui, en s'appuyant à la fois sur la théorie de la polyphonie et sur celle des stéréotypes, aboutit à la conclusion que l'effet de sens concessif ne résulte que d'une certaine stratégie discursive où deux énonciateurs sont présentés comme responsables de points de vue opposés, le locuteur s'identifiant à l'un des deux et se distanciant de l'autre. La différence entre nos deux démarches est qu'Anscombre essaie de dégager les topoï qui sous-tendent les différentes interprétations des *si* P indépendamment de leur co(n)texte, alors que je cherche, à partir d'exemples contextualisés, à comprendre le positionnement énonciatif induit par le choix de *si*.

3. SÉMANTIQUE DE *SI*

La sémantique de *si* a suscité de nombreux travaux, tant la diversité des sens en discours de ce morphème est une invitation à rechercher l'invariant qui les rassemblerait. Je me concentrerai sur deux théories, la psychomécanique guillaumienne et la théorie des opérations énonciatives développée par Culioli, qui ont en commun de postuler une monosémie des marqueurs et de construire des systèmes explicatifs dynamiques à même de rendre compte de ce que Culioli appelle la « déformabilité » de la « forme schématique abstraite » (1990 : 127-134). En ce qui concerne *si*, les deux théories insistent sur la mise en débat opérée par le marqueur.

3.1. *Si* en psychomécanique

Dès *Temps et verbe* (1970 [1929] : 50), et à plusieurs reprises dans ses *Leçons de linguistique*, Guillaume oppose *que* et *si* : *que* pose là où *si* suppose. En utilisant *si*, le locuteur indique qu'il suspend son appréciation sur la réalité de la situation énoncée en P. Se réclamant de ce cadre théorique, H. Vairel (1982) remarque à propos des subordonnées conditionnelles en *si*, des énoncés interrogatifs et jussifs, que, partageant tous cette valeur de « non-position de la réalité de P[7] », ils peuvent parfois être substitués l'un à l'autre[8]. Passant ensuite aux *si* P adversatives et explicatives, elle affirme :

> *si* P est toujours hypothétique, en ce sens qu'il exprime une supposition, une hypothèse. Quant à la situation P, elle est toujours problématique, en tant qu'objet d'une supposition. La différence entre les deux interprétations [hypothétique ou pas] se ramène finalement à ce que, dans le premier cas, la situation dénotée est problématique au plan de l'expression (*si* P) et le reste au plan des faits (pas d'indications contextuelles), alors que dans le second cas, elle est problématique au plan de l'expression (*si* P) mais ne l'est pas au plan des faits (indications contextuelles). (p. 8)

Pour Vairel, le choix du tour *si* P au lieu d'une « expression thétique » correspond au désir de minimiser le contenu référentiel de P. Cette explication

7. Vairel utilise les symboles A et B pour désigner protase et apodose ; pour uniformiser la présentation, je remplace ces symboles par P et Q dans sa citation. Je ferai de même pour d'autres références.

8. La parenté entre énoncés interrogatifs et systèmes hypothétiques est notée aussi par Haiman (1978 : 570-571) qui la montre à l'œuvre dans des langues fort diverses et qui, pour l'anglais, fait remonter l'observation de cette parenté à Jespersen (1940) : « The most notable feature of Jespersen's analysis, it seems to me, is that he explains a conditional protasis as a mini-conversation with two participants. »

convient assez bien en première approche aux systèmes concessifs mais beaucoup moins bien aux explicatifs et comparatifs. La question de l'emploi de *si* reste donc posée, malgré le recours à Ducrot (1972) pour expliquer l'intérêt pragmatique de « *si* P, Q » :

> les phrases de structure *si P, Q* ne marquent pas que la réalisation (supposée) de la situation P est condition de la réalisation de la situation Q ; elles marquent que la supposition de la réalité de la situation P est condition de l'énonciation de Q. (Vairel 1982 : 10)

Guillaume (1982 [1948-49]) s'était pour sa part intéressé aux « *si* P, Q » à valeur explicative en opposant la construction « banale » où « la protase se présente conditionnelle et l'apodose traduit une conséquence » et la construction « expressive » où la condition se transforme en « interrogation voilée » et où il s'agit de « susciter une attente à laquelle il est donné ensuite satisfaction » :

> il y a involution du posé sous une construction qui suppose, c'est-à-dire entre la forme énoncée du *si* et le contenu qu'elle subsume, une contradiction. C'est cette contradiction [...] qui confère à la protase son caractère d'appel à la motivation, à la justification. (1982 : 194)

Moignet (1981 : 197), qui ne parle pas du tout des conjonctives en *si* non conditionnelles, pose pour sa part un mouvement de subduction de *si* qui part de « l'état plénier, intégralement thétique » (adverbe affirmatif), passe par des états intermédiaires (*si* adverbe relatif de degré, puis adverbe exclamatif ou outil de l'interrogation indirecte) jusqu'à l'état le plus subduit qui « fait de *si* une conjonction hypothétique ». Il en conclut :

> Le « sens » du mot *si* en langue, son signifié de puissance propre, n'est ni l'hypothèse, ni la thèse, c'est le mouvement de pensée qui va de l'hypothèse à la thèse. [...] C'est en discours, par prise de position en un point quelconque de ce mouvement, que l'effet de sens sera tantôt hypothétique, tantôt thétique. Même en saisie précoce livrant une valeur hypothétique, la thèse est en perspective, ce que dénonce la construction indicative de la conjonction *si*. (1981 : 256)

De ce cadre théorique, je retiendrai pour mon propos deux points essentiels : tout d'abord, l'idée que le sens de *si* est dynamique, et que la thèse est déjà en perspective dans les emplois qui suspendent la vérité de P, ensuite l'idée d'une contradiction, dans les emplois non conditionnels, entre le choix de *si* et les indications cotextuelles, contradiction créatrice de tension. J'observe également qu'indépendamment des *si* P percontatives[9] proprement dites, Guillaume et Vairel établissent un lien entre les subordonnées en *si* et les énoncés interrogatifs, ce qui, bien sûr, implique une orientation vers l'allocutaire particulièrement intéressante pour qui cherche à fonder le dialogisme sur les potentialités de la langue.

9. Sur le choix de ce terme qui désigne ce qu'on appelle traditionnellement les « interrogatives indirectes », cf. Le Goffic 1993 : 43-45. Les intégratives correspondent, quant à elles, aux subordonnées « circonstancielles ».

3.2. *Si* dans la Théorie des Opérations Énonciatives

De son côté, Culioli[10] propose en 1986 la description suivante des emplois percontatifs et intégratifs de *si* :

> *Si* marque la construction du domaine des valeurs possibles, c'est-à-dire *(p, p')*. Dans le cas d'une assertion fictive (hypothétique), *si* marque que dans *(p, p')* on distingue une valeur, *p* pour fixer les idées, sans que *p'* soit écarté. Dans le cas de l'interrogation indirecte, *si* marque, comme dans l'interrogation, le parcours sur tout le domaine, sans que l'on puisse ou veuille s'arrêter à une valeur distinguée. (1990 : 132)

En 1992, il reprend l'analyse en se limitant au marqueur intégratif et en insistant sur d'autres aspects :

> On construit une relation de consécution, voisine de la causalité, du type : « soit l'existence de p, elle entraîne normalement l'existence de q ». [...] *Si* indique un engagement subjectif [celui d'un sujet énonciateur] et signale que tel sujet établit une relation d'entraînement entre deux termes. (1999 : 161-162)

Il précise par ailleurs que « *si* marque que, parmi les possibles, on en distingue un, auquel on attribue la qualité d'existant » (p.160) mais que l'assertion fictive réalisée par *si* permet une représentation complexe, à savoir : « '< r > est le cas'n'est pas nécessairement le cas » (*ibid*). De ces réflexions, je retiens l'idée que les *si* P intégratives distinguent dans un domaine une valeur *p* sans éliminer la valeur complémentaire qui reste en quelque sorte à l'arrière-plan, mais qu'elles impliquent l'engagement d'un énonciateur sur l'existence de cette valeur *p*.

Lorsque de Vogüé reprend l'analyse de *si* dans le même cadre théorique, elle circonscrit le sous-champ de l'hypothèse au sein du vaste ensemble des *si* P comme l'ensemble des énoncés de forme *si* P, Q où « la sélection de *q* n'est plus rapportée au libre arbitre du sujet, mais à une nécessité qui serait rattachée à *p* (du point de vue d'un sujet) » :

> On aura donc affaire à des énoncés dans lesquels la relation entre *p* et *q* est donnée comme une relation objective, générale, nécessaire. [...] En même temps, c'est dans le cadre de l'évaluation qui est faite de *p* par S que *p* se trouve rattaché à *q*. [...] Par conséquent la protase n'est pas simplement une éventualité, ou une supposition servant de cadre à la prédication opérée : l'objet de l'énoncé est d'évaluer cette protase. (2004 : 100-101)

Cet emploi prototypique de *si* – où aucun autre marqueur de la condition ne peut être utilisé – est en même temps celui qui accueille les *si* P non conditionnelles qui ont retenu mon attention. Leur point commun est que la situation envisagée dans *si* P est évaluée en fonction de ce qu'elle implique et qui est

10. Culioli a aussi consacré plusieurs articles à l'adverbe exclamatif/intensif *si*, marqueur d'« identification qualitative » (1999 : 106) qui indique la « construction d'une relation en boucle entre deux occurrences d'une certaine propriété » (p.109) : la valeur obtenue étant instable, elle « doit trouver une "issue" qui la stabilise » (ibid.), ce qui explique les emplois exclamatifs, consécutifs, et de reprise.

énoncé en Q. Q n'est pas à envisager comme une conséquence de P mais comme une façon de l'interpréter, comme si P était pris en mention :

> Dans les trois cas [disqualifiant, concessif, explicatif] q donne la mesure de *p* [...] et dans les trois cas, la relation entre *p* et *q* est donnée comme objective. (*op. cit.* : 111)

Ces réflexions théoriques permettent d'envisager les exemples du corpus en ayant en tête les questions suivantes :

- Y a-t-il des indices cotextuels permettant d'affirmer que, d'une certaine façon, le contenu propositionnel de P est pris en mention ?
- La *si* P ratifie-t-elle un énoncé antérieur déjà validé ou le remet-elle en question ?
- Quelle est la part du locuteur et celle de l'allocutaire dans la prise en charge de P et de Q ?

La réponse à ces questions devrait nous permettre d'une part de mieux définir le type de dialogisme à l'œuvre dans les *si* P, d'autre part de mieux comprendre pourquoi c'est le tour « *si* P, Q » qui est choisi dans ces systèmes non conditionnels.

4. LE DIALOGISME DANS LES SYSTÈMES « *SI* P, Q » NON CONDITIONNELS

4.1. Hétérogénéité montrée ou masquée

Je m'appuie sur la théorisation du dialogisme que l'on trouve dans Bres *et al.* (2005), Bres et Nowakowska (2006) et qui fait l'objet de nouvelles précisions dans l'introduction de ce numéro. Je rappellerai donc très brièvement que le dialogisme interdiscursif désigne le fait que chaque discours est traversé par les discours antérieurs tenus sur le même objet et qu'il y fait peu ou prou écho, pour s'en autoriser ou pour les contester, de façon consciente (hétérogénéité montrée) ou inconsciente (hétérogénéité constitutive[11]) ; le dialogisme interlocutif désignant quant à lui l'orientation du discours vers son destinataire et se divisant en deux catégories :

- le dialogisme citatif fait écho à des propos tenus par l'interlocuteur ou anticipe sur ce qu'il pourrait dire ;
- le dialogisme responsif anticipe sur ses questions ou ses demandes d'éclaircissement et ne comprend donc pas à proprement parler d'énoncés rapportés.

Il faut y ajouter l'autodialogisme, lorsque le locuteur reprend ou fait allusion à ses propos antérieurs. Précisons enfin que l'énoncé avec lequel dialogue le

11. On sait que ces deux sortes d'hétérogénéité ont été théorisées par Authier-Revuz (1995).

locuteur-énonciateur peut être rapporté de façon plus ou moins fidèle, mais peut aussi faire l'objet d'une mention plus implicite, voire d'une simple allusion.

La mention explicite de sources autres est possible dans les *si* P qui peuvent comporter du discours indirect ou des incidentes précisant l'attribution des propos à autrui ou à L_0 en t_{-1} : « comme le dit x », « comme on l'entend dire », « comme j'ai pu l'écrire ». De telles *si* P ne sont pas rares, comme l'a souligné Achard-Bayle (2006 : 409 et 413-414) et comme j'ai pu le vérifier par un rapide sondage dans mon corpus, mais l'attribution de P à autrui ne semble pas affecter la construction de la relation « *si* P, Q » qui reste assertée par le locuteur. Au demeurant, la présence de modalisateurs énonciatifs semble plus rare pour les *si* P non conditionnelles que pour les autres. Je ferai l'hypothèse que la présence, comme en (10), de tels modalisateurs a tendance à brouiller l'interprétation de la construction : en effet, les *si* P non conditionnelles renvoient à des faits avérés, or attribuer la prise en charge de ces faits à un autre énonciateur – ici, à l'INSEE – tend à affaiblir leur caractère vérifiable et incontestable et à faire basculer la *si* P vers l'hypothèse :

10. Alors que les grandes entreprises annoncent de bons résultats 2007, les revendications salariales se multiplient, sur fond de débat sur la défense du pouvoir d'achat. *Mais si, comme l'affirme l'Insee, elles ont embauché l'an dernier à un rythme « inédit »*, les entreprises sont limitées dans leur politique salariale pour des questions de compétitivité. (*Le Figaro*, 16 février 2008)

Lorsque l'énoncé rapporte les propos d'un autre locuteur, il est du coup préférable que le discours attributif soit à la périphérie de « *si* P, Q » qui échappe ainsi à toute modalisation :

11. Des rumeurs prédisent aussi l'envoi d'un cosmonaute chinois sur le sol lunaire à l'horizon 2020. « En réalité, dit Mme Soubès-Verger, *si les Chinois ont en effet annoncé leur intention d'aller sur la Lune*, ils n'ont jamais dit s'ils comptaient y envoyer des hommes ou une mission robotisée ! » (*Le Monde*, 25 septembre 2008)

Alors que le discours médiatique se caractérise bien souvent par un montage de propos d'origines diverses (Moirand 2007), les énoncés « si P, Q » non conditionnels présentent généralement une homogénéité apparente assez remarquable, imputable, me semble-t-il, au rôle qui leur est dévolu et que cet article a pour but d'analyser. Le dialogisme y est très présent mais il fonctionne sur le mode de la reformulation et de l'allusion sans distinction explicite des sources. Je classerai mes exemples selon les formes de dialogisme observées en P, mais nous verrons que Q est également le lieu d'un dialogisme interdiscursif important.

4.2. La *si* P anticipe sur des objections de l'allocutaire ou active sa mémoire discursive

Dans un premier cas de figure, P est une objection imputée par le locuteur/énonciateur principal E1 à un énonciateur secondaire e2 qui n'est autre que le destinataire de l'article. « *Si* P », qui relève de E1, fait état en P d'une objection anticipée par le locuteur à partir des lieux communs circulant sur l'objet de discours. P est donc employé à la fois en usage et en mention, ce qui confirme l'analyse de de Vogüé. Il y a en l'occurrence superposition du dialogisme interlocutif responsif et du dialogisme interdiscursif – tel est le cas en (4), (5) et (8) repris ici :

4. *Si des données précises et globales sont difficiles à établir*, un consensus existe pour affirmer que les espèces animales et végétales disparaissent à une cadence beaucoup plus rapide que ne le voudrait le rythme naturel. (*Le Monde*, 3 juin 2008)

5. Ils [les électeurs] refusent de faire les frais d'une politique motivée avant tout pour séduire l'électorat le plus extrême de la droite. *Si les sondages ne font pas une élection*, leur orientation à la baisse pour Nicolas Sarkozy confirme que ces ficelles populistes ne suffisent pas ou plus. (*L'Humanité*, 25 février 2008)

8. *Si le rôle de la prison est de punir les condamnés*, il est aussi de leur permettre de s'amender, en vue d'une rédemption et d'une réinsertion. (*Le Monde*, 14 juin 2008)

Les trois énoncés mettent en scène en P une objection que l'allocutaire pourrait faire en se basant sur des discours en circulation : en (4), P reprend l'objection des anti-écologistes qui trouvent qu'on exagère la gravité des menaces pesant sur l'environnement. En (5), P est un avertissement fréquemment opposé à la manie des sondages. En (8), on reconnaît dans P une opinion largement partagée. Je fais l'hypothèse que par l'emploi de *si*, le locuteur invite dans les trois cas l'allocutaire à valider l'objection mais à considérer qu'elle n'empêche pas, bien au contraire, l'énonciation de Q. Les trois énoncés offrent un bel exemple d'effacement énonciatif (Rabatel 2004) de L1/E1[12] qui n'empêche nullement la forte orientation argumentative de l'énoncé en faveur du point de vue exprimé dans l'apodose. En (4) et en (8), l'énoncé se trouve en début de paragraphe, après un premier paragraphe introductif qui a simplement posé le contexte : conférence des Nations Unies sur la biodiversité, condamnation de la France par le Conseil de l'Europe à propos de la surpopulation carcérale. « *Si* P, Q » permet tout à la fois de rappeler et de minimiser une objection qui risquerait d'amoindrir la thèse que la suite de l'article va défendre. L'intérêt de la *si* P est double : tout d'abord, le locuteur, en formulant l'objection comme une sorte de question introduite par *si*, se tourne vers l'allocutaire pour valider le contenu de P et se construit donc un ethos conciliant, puisqu'il apparaît ouvert à des points de vue opposés aux siens ; ensuite il présente le contenu de P comme le cadre permettant d'énoncer Q de manière pertinente, alors qu'en réalité Q apporte sinon un démenti du moins une forte limitation à P. Ainsi l'allocutaire, parce qu'il est associé en co-énonciateur à la mise en place de P, se trouve subrepticement entraîné à participer aussi à la validation ultérieure de Q.

Souvent présents en début d'article pour prévenir une objection, ces systèmes « si P, Q » concessifs servent aussi à changer de partie en enchaînant

12. L1/E1 se borne en effet à mettre P, attribué à e2, sous *si* sans l'assortir d'aucun commentaire.

deux contenus anti-orientés donnés comme indissociables l'un de l'autre. Ce mouvement est très net dans un article consacré à la loi sur la « rétention de sûreté » dont je reproduis ici le troisième paragraphe :

12. Ce projet rend tout à fait illusoires les chances de réinsertion et l'idée même que la sanction pénale ait la moindre valeur rédemptrice. Les défenseurs du texte de Rachida Dati mettent en avant son caractère protecteur de la société, mais aussi des victimes (...) ; ils se félicitent (...) ; ils soulignent (...) Mais c'est oublier que, *si la détention est une punition*, elle a aussi pour but la réinsertion du coupable. (*Le Monde*, 9 janvier 2008)

Dans ce paragraphe, les arguments du journaliste, hostile au projet de loi, sont formulés dans le premier énoncé et la nécessité d'assurer la réinsertion du condamné est reprise dans l'apodose du système concessif. Après le rappel au discours indirect des arguments des partisans du texte, le système « *si* P, Q » reprend non pas les propos précis des défenseurs et opposants du projet mais les éléments de doxa qui sous-tendent ces positions. Dans ce rappel, la prédication effectuée en Q est, pour reprendre l'expression de de Vogüé, le « mode d'emploi » du contenu propositionnel énoncé en P qui se trouve de la sorte « soumis à évaluation » (2004 : 105). Ainsi P, attribué à un énonciateur e2 indéterminé, se trouve-t-il réévalué au regard de Q qui en livre en quelque sorte l'interprétation correcte, toujours amoindrissante.

Dans bien des exemples du corpus, le passage par le point de vue contraire s'inscrit dans une progression où l'apodose reprend sous une forme légèrement différente une assertion émise dans l'énoncé précédent :

13. (A) Le foot doit se débarrasser de cette gangrène. Et (B) *si le foot français est proportionnellement moins touché que les stades espagnols, italiens ou d'autres en Europe de l'Est,* (C) ce n'est pas une raison pour ne rien faire. (*Libération,* 1er mars 2008)

14. (A) L'Italie est « la » terre du Siège de Pierre et, (B) *si elle ne fournit plus systématiquement le successeur du premier des Apôtres,* (C) elle porte dans ses gènes cette proximité, inévitablement passionnelle... (*La Croix,* 25 février 2008)

On constate dans ces exemples que C est une sorte de paraphrase de A : on ne peut rester inactif face à la violence de certains supporters ; l'Italie a un lien quasi physique avec l'Église. La contradiction apportée par B n'est que passagère, et il s'agit moins d'orchestrer une polémique que de rappeler une information qui limite l'argument énoncé en A sans le remettre en cause. Le dialogisme interlocutif, s'il anticipe sur des objections que pourrait faire le destinataire de l'article en se basant sur les lieux communs circulant sur l'objet de discours, est ici peu polémique car le locuteur valide l'objection en l'intégrant à son raisonnement.

Il arrive aussi que la *si* P rappelle des informations nécessaires pour bien comprendre les enjeux du problème mais que le lecteur risque d'avoir oubliées : elle présente comme un acquis du savoir partagé un élément qui va entrer dans une relation concessive avec un élément nouveau. Le schéma le plus fréquent de l'argumentation consiste alors à poser dans un énoncé A l'assertion principale que le journaliste veut communiquer au lecteur puis, dans l'énoncé B de la forme « *si* P, Q », à orchestrer l'opposition entre la thèse énoncée en A et reprise en Q et une thèse contraire énoncée en P mais présentée comme périmée ou de moindre importance :

15. (A) DU NOUVEAU SUR LA GÉNÉTIQUE DES SCHIZOPHRÉNIES, CES PSYCHOSES DONT (...). (B) *Si de multiples facteurs (environnementaux, infectieux, etc.) concourent à l'apparition de cet ensemble de troubles*, plusieurs groupes de recherche privilégient l'hypothèse selon laquelle cette pathologie (...) serait causée par une combinaison de mutations communes. (*Le Figaro*, 31 mars 2008)

Dans cet exemple, le journaliste commence, dans le chapeau, noté ici en petites majuscules, par formuler l'idée clé qu'il veut communiquer à ses lecteurs : les schizophrénies auraient une origine génétique. Cette idée, il va la développer longuement tout au long de l'article, mais auparavant il préfère rappeler une information qui, certes, renvoie à des éléments présents dans l'interdiscours, mais qui n'a pas, comme dans les exemples 4, 5 ou 8, le statut de topos. On observe le même phénomène en (1) qui résume une des idées clés du Livre blanc sur la défense : le rôle de la *si* P est de présenter comme un cadre discursif partagé une information ancienne mais non saillante dans l'esprit du lecteur de l'article, que l'apodose Q ne va pas annuler complètement, mais relativiser, en prolongeant sur un mode positif l'énoncé A selon lequel la France n'a plus les moyens d'être présente partout. Le détour par la *si* P permet de présenter l'information nouvelle énoncée en A dans le prisme des discours déjà existants sur la question. On aurait pu imaginer que le locuteur se dissocie totalement du point de vue énoncé en P, et que le cotexte permette d'interpréter la protase comme ironique. Or je n'ai pas d'exemples de *si* P ironiques, ce que je rattacherai au fait que cette construction me semble utilisée pour donner à l'assertion de Q un cadre P qui, quoique en opposition avec Q, est présenté comme un élément partagé et consensuel[13].

On peut ranger dans cette catégorie de dialogisme les systèmes comparatifs qui font état en P d'éléments qui, de même que (1) analysé ci-dessus, n'ont pas été précédemment introduits dans le discours mais qui sont présentés par le locuteur – de façon plus ou moins justifiée – comme appartenant à la mémoire discursive :

16. [reprenant 6]. Les propos de Nicolas Sarkozy sont une pétition d'ultralibéralisme, embrassant les années Thatcher jusqu'à aujourd'hui. C'est aussi un programme. *Si la Dame de fer a bien été de fer pour les pauvres et pour les syndicats britanniques*, elle a été de velours pour les riches. (*L'Humanité*, 29 mars 2008)

17. On termine rarement une bataille avec les certitudes que l'on avait à l'aube du combat. Celle de Mésopotamie n'échappe pas à la règle. *Si la Navy comme*

13. Même dans des énoncés plus polémiques – absents de mon corpus – tels que « S'il y a quelqu'un qui n'écoute pas l'autre, c'est bien toi ! », la polémicité tient précisément au fait que P est validé *conjointement* par le locuteur et l'allocutaire mais sert ensuite à piéger l'allocutaire puisqu'il est donné comme entraînant indiscutablement Q.

> *l'Air Force, riches de leur supériorité écrasante, adaptent leur doctrine, mais sans crise existentielle majeure,* il en va autrement de l'US Army. Le patron du Pentagone a reconnu que si l'armée de terre n'était pas « cassée » par le cauchemar irakien, comme certains le suggèrent, elle était « sous grande tension », en « déséquilibre ». (*Le Figaro,* 21 mars 2008)[14]

En (6) repris sous (16), c'est la première fois que le surnom de Mme Thatcher et sa politique antisociale sont évoqués. Quant à (17), il s'agit des premières phrases de l'article, titré « Cinq ans après son intervention en Irak, l'armée américaine se prépare au conflit d'après ». Dans les deux cas, on a donc affaire à la mobilisation d'une mémoire discursive : les lecteurs sont censés savoir que Mme Thatcher a été surnommée la Dame de fer et que la guerre d'Irak implique l'armée de l'air et la marine britanniques désignées respectivement comme Air Force et Navy. La *si* P pose un cadre nouveau mais présumé accessible dans lequel va s'énoncer Q. L'énoncé Q est alors interprété en fonction de P, ce qui produit une dramatisation née du contraste fortement souligné par le lexique : « fer/pauvres » s'oppose à « velours/riches » et « supériorité écrasante » s'oppose à « sous grande tension » et « déséquilibre » dans l'énoncé suivant qui prolonge Q. On peut donc penser que le caractère nouveau de P au regard du cotexte ne gêne pas la cohésion textuelle car la nouveauté est facilement assimilée par l'allocutaire grâce à l'activation de ses connaissances préalables et à la relation forte qui s'établit entre P et Q. Dans cette mise en scène du contraste ou de la similitude, l'enjeu est bien souvent de montrer au lecteur par une quasi iconicité de l'énoncé que deux phénomènes différents possèdent des traits communs, comme en (2), ou au contraire qu'une même situation peut se dédoubler en aspects diamétralement opposés (ex. 6, 9, 17). La schématisation discursive (Grize 1996) prend ici le pas sur l'argumentation explicite et une fois l'accord de l'allocutaire acquis en P, Q bénéficie du caractère apparemment objectif de l'enchaînement « si P, Q ».

4.3. La *si* P reprend des propos du locuteur

Le dialogisme interlocutif responsif apparaît surtout dans les systèmes « *si* P, Q » concessifs. L'autodialogisme auquel je vais à présent m'intéresser concerne toutes les variétés de *si* P non conditionnelles. Je l'envisagerai essentiellement dans les systèmes concessifs et explicatifs et je montrerai que dans ce cas de figure, P a été énoncé précédemment par le locuteur mais que son insertion dans le système « *si* P, Q » a pour effet de le faire prendre en charge par l'allocutaire. L'autodialogisme est donc dans ces tours inséparable de la co-énonciation.

Dans les systèmes concessifs, la reprise de P dans la *si* P est suivie de l'assertion en Q d'un argument qui vient contrarier l'inférence que l'allocutaire aurait été en droit de former à partir du contenu de P. Ce cas est très fréquent et se manifeste notamment par le nombre très élevé d'énoncés Q négatifs, portant en

14. Le deuxième système « si P, Q » a lui une valeur concessive et P y est clairement attribué à un autre énonciateur que E1.

creux l'énoncé positif que le lecteur aurait pu inférer à partir de P[15]. Dans les deux premières pages du sous-chapitre « Régime de la barbarie », le sociologue Lipovetsky développe l'idée selon laquelle, avec l'avènement de l'État, la guerre « se dissoci[e] du code de la vengeance », puis il poursuit :

18. *Si la guerre et l'État ne s'ordonnent plus autour de la dette envers les morts,* cela ne signifie nullement que la société ait renoncé à la pratique de la vengeance. (Lipovetsky, *L'Ère du vide,* p.210, édition de 1989)

La *si* P permet ici de résumer ce qui vient d'être dit par le locuteur, avant un nouveau développement amorcé par Q qui va limiter la portée du développement antérieur. Mais il ne s'agit pas d'un autodialogisme dans lequel le locuteur renierait un point de vue qu'il aurait antérieurement défendu. Le contenu de P est acquis et ce sont simplement certaines inférences de P qui sont combattues. Le choix de *si* répond avant tout à un souci pédagogique : appelé par *si* à valider P, l'allocutaire est amené à concevoir l'idée clé résumée en P comme la réponse à une question qu'il aurait pu se poser et que les développements précédents avaient pour but d'éclaircir. Une telle construction me semble typique des textes explicatifs qui rejouent une découverte progressive des savoirs procédant par avancées et rectifications, prenant par là un tour pseudo-dialogal propre à faciliter leur assimilation par le lecteur. Il est symptomatique qu'elle soit en partie idiolectale et prolifère dans les textes de Foucault et Lipovetsky alors qu'elle est quasi absente des essais de Sartre et de Barthes. Elle caractérise sans doute au sein des essais des discours qui se pensent comme explicatifs plus que proprement argumentatifs. La multiplication des « *si* P, Q » où P reformule un élément énoncé antérieurement par le locuteur correspond à la volonté de faire partager à l'allocutaire la validation des savoirs apportés précédemment par le locuteur tout en l'alertant sur le risque de mal les interpréter en les prenant pour base d'inférences fausses. « *Si* P, Q » serait ainsi caractéristique d'un ethos « pédagogique » plus que polémique où la *si* P reformule et intègre dans la mémoire discursive partagée une assertion jusqu'ici prise en charge par le seul locuteur, et ceci grâce au statut présuppositionnel de la *si* P extraprédicative antéposée.

Les travaux antérieurs qui ont plutôt mis en évidence l'hétérogénéité énonciative des *si* P reprenant le point de vue de la doxa ou de l'adversaire n'ont à mon sens pas suffisamment souligné ce phénomène d'auto-reformulation dont on trouve maints exemples dans mon corpus. Je citerai encore :

19. Pour une personne handicapée comme pour une personne valide, le théâtre peut être une source de reconnaissance, d'expression de soi, d'existence dans le regard des autres. [...] Mais *si le théâtre peut avoir des vertus thérapeutiques,* il n'est en aucun cas un soin, un médicament en lui-même. (*La Croix,* 21 mars 2008)

Ces énoncés « *si* P, Q » jouent un rôle charnière dans le passage d'une partie à une autre d'un même article et ils ont avant tout une valeur de réorientation

15. Q est dans ce cas un bon exemple de dialogisme citatif où le locuteur E1 s'oppose par la négation à l'énoncé positif que l'allocutaire e2 aurait émis en se fiant à P.

du discours par limitation en Q des conséquences qu'on aurait pu tirer de P qui ne se trouve pas remis en question puisqu'il est précisément le cadre à partir duquel s'énonce Q. Ce rôle de charnière textuelle existe aussi quand il s'agit de rendre compte non pas de l'évolution de la pensée du locuteur mais de celle d'autrui :

20. *S'ils sont demandeurs d'un encadrement par la loi et les règlements des assemblées,* les parlementaires restent toutefois conscients des limites de l'exercice. (*Le Monde*, 21 juin 2008)

Tout entier consacré à résumer l'opinion des députés sur le lobbying, l'article se divise en deux parties articulées par l'énoncé ci-dessus où Q n'est pas négatif mais s'oppose à un point de vue naïf perceptible en creux qui consisterait à croire qu'un encadrement du lobbying résoudrait tous les problèmes.

En fin de compte, les systèmes concessifs en « *si* P, Q » ont ceci de caractéristique qu'ils construisent de la coénonciation[16]. Que la *si* P résume les propos du locuteur (ou d'un énonciateur secondaire comme en [20]) ou qu'elle reprennent des savoirs ou des topoï circulant dans l'interdiscours et pouvant alimenter les objections de l'allocutaire, son rôle est toujours de faire valider par le destinataire un énoncé qui, auparavant, était le fait du seul locuteur ou d'un adversaire sur le plan argumentatif. La thèse du locuteur ou celle de ses adversaires tombe de ce fait dans le domaine public et va pouvoir servir d'appui à l'énoncé Q engageant, lui, le seul locuteur.

Dans les systèmes comparatifs, dont je ne développerai pas l'analyse faute de place, la reprise dans la protase d'éléments connus apportés précédemment par le locuteur est également très fréquente, comme on peut le voir en (2), (7) et (9). L'autodialogisme prédomine et le système « *si* P, Q » sert essentiellement à faciliter l'enchaînement textuel en rhétorisant, au moyen de parallélismes syntaxiques et de synonymies ou antonymies lexicales, la présentation de Q à la lumière de P[17].

Venons-en à présent à l'autodialogisme dans les systèmes explicatifs. Ces énoncés sont proches des pseudo-clivées en « *ce qui… c'est que…* » qui permettent à la fois une topicalisation et une rhématisation. Ils peuvent se paraphraser par « Pourquoi P ? parce que Q ». L'examen du cotexte montre que P n'est pas nouveau mais reprend des éléments déjà énoncés :

21. *Si la folie forme exemple dans le monde de l'internement, si on la manifeste alors qu'on réduit au silence tous les autres signes de la déraison*, c'est qu'elle en porte toute la puissance de scandale. (Michel Foucault, *Histoire de la folie à l'âge classique*, 1972, Gallimard TEL, p. 211)

---

16. J'aurais tendance à penser, notamment en raison de certaines particularités syntaxiques que j'ai pu observer dans mon corpus – j'ai en effet relevé à des fins de comparaison les concessives « classiques » contenues dans les éditoriaux et articles d'opinion de mars à juin 2008 –, que dans les subordonnées en *bien que* et *quoique* la gestion du dialogisme n'est pas exactement la même et pourrait être analysée en termes de surénonciation (position surplombante du locuteur qui impose à l'interlocuteur sa gestion des discours convoqués). Mais ceci devrait faire l'objet d'une autre étude.

17. On trouvera des analyses détaillées de ces systèmes comparatifs dans Achard-Bayle (2009).

22. La gauche pavoise. On peut la comprendre. […] Mais cette victoire est aussi lourde de menaces. Outre que l'opposition profite, sans avoir fait grand-chose, de la déconfiture présidentielle, elle doit, elle aussi, comprendre le message de l'électorat. *Si la gauche gagne*, c'est en raison d'une configuration très particulière. […] (*Libération*, 17 mars 2008)

L'énoncé (21) se situe à la fin d'un long chapitre sur l'internement à l'époque classique qui cherche à cerner la place faite aux fous internés aux côtés des « libertins, profanateurs, débauchés, prodigues » (p.210) : Foucault rassemble ici ses conclusions sur le rôle exemplaire de la folie. En (22) le système explicatif se situe au début d'un nouveau développement : après avoir stigmatisé l'échec de la droite, le journaliste veut montrer à la gauche que rien n'est gagné. Le rôle de « *si* P, *c'est* Q » est donc bien de faciliter les enchaînements textuels en soulignant par *c'est* soit une conclusion soit le début d'une partie. Mais on observe que bien souvent Q est polémique, ou du moins pourrait prêter à contestation. Tel est le cas dans l'exemple (3) que je reprends ci-dessous en le contextualisant :

3. L'interdiction d'un parti, qui a remporté haut la main les élections législatives en 2007 avec 46,6 % des voix, constituerait un véritable coup d'État juridique. […]
Si l'AKP a été reconduit au pouvoir en 2007, porté par ses couches populaires, c'est incontestablement parce que son bilan a plaidé en sa faveur - stabilité politique, réforme en profondeur de l'économie - mais aussi parce qu'il a affiché sa volonté de s'arrimer à l'espace européen.
C'est cet ensemble qui risque aujourd'hui d'être menacé, à commencer par l'aspiration européenne. (*Le Monde*, 2 avril 2008)

La *si* P joue bien son rôle de thématisation d'un élément déjà énoncé plus haut ; quant à Q, il se révèle dialogique puisque le locuteur oppose à une première raison – le bon bilan de l'AKP – une deuxième – l'ouverture vers l'Europe – qui apparaît comme un élément clé de l'argumentation du locuteur dans la suite de l'article. Or l'existence même de deux raisons pour expliquer le succès de l'AKP montre qu'on pourrait discuter sur leur importance respective. Je fais donc l'hypothèse que le choix de la structure « *si* P, *c'est que* Q » est dicté au moins en partie par le désir de donner comme certain, indiscutable, ce qui est énoncé en Q. En effet, par rapport à une phrase clivée qui aurait la forme « *c'est parce que* Q *que* P », le système avec *si* offre un double avantage :

- respecter l'ordre thème/rhème usuel en laissant P en tête de phrase, ce qui permet à la *si* P de jouer à plein son rôle de reprise ;
- indiquer qu'avec le thème P, seul Q était possible[18].

Dans les exemples que j'ai rassemblés, on observe que *c'est* introduit souvent un rhème qui n'est pas nouveau mais qui est présenté comme contrastant fortement avec les idées communes :

18. La clivée quant à elle laisse entendre que d'autres choix étaient possibles (cf. Nowakowska 2004 et ici même).

23 On ne voulait plus, tout simplement, d'une société corsetée par le double héritage autoritaire de la vieille morale et du gaullisme. (...) Plaquée sur le mouvement par des militants courageux mais irréalistes, la rhétorique de l'extrême gauche a masqué ce fait fondamental. *Si la masse se mit en mouvement*, c'était pour des raisons culturelles, et non directement politiques : il fallait en finir avec l'archaïsme des mœurs et des mentalités. (*Libération*, 1er février 2008)

La protase reprend ici le macro-thème du discours – l'ébranlement des masses en 1968 – dont elle fait, par le recours à *si*, une question que le lecteur se serait posée et à laquelle le texte viendrait répondre. Son rôle se borne en fait à feindre le dialogal. Quant à l'apodose, elle condense de façon frappante les développements antérieurs, en soulignant le contraste entre les idées courantes sur la question et la « réalité » que le locuteur prétend dévoiler. Contrairement aux phrases clivées où le dissensus s'exhibe, Q est dans les systèmes explicatifs le lieu d'un dialogisme interdiscursif intense mais masqué sous les apparences d'un dialogisme interlocutif largement fictif. La construction offre ainsi un double intérêt :

- d'une part, elle problématise P qui apparaît comme quelque chose d'étonnant, propre à susciter un questionnement du destinataire, ce qui donne au texte l'apparence d'un discours explicatif, alors qu'il est au fond argumentatif ;
- d'autre part, elle présente Q comme la seule réponse possible à la question posée en P.

5. VALEUR EN LANGUE DE *SI* ET FONCTIONNEMENT PRAGMATIQUE DES « *SI* P, Q »

L'étude du dialogisme dans les systèmes « *si* P, Q » et « *si* P, *c'est* Q » m'a permis de mettre en évidence deux fonctionnements différents : dans le premier, qui concerne essentiellement les systèmes concessifs, le dialogisme de la *si* P consiste à faire figurer en P soit un énoncé réellement tenu par un autre énonciateur, soit une objection que l'allocutaire pourrait faire au locuteur en s'appuyant sur les discours circulant dans la doxa. Mettre P sous *si*, c'est indiquer que ces objections sont prises en compte de façon anticipée par le locuteur, qui en fait son cadre discursif, mais qu'elles ne l'empêchent pas, bien au contraire, d'énoncer Q. Lorsque la relation P/Q est de type comparatif et non pas concessif, mettre P sous *si*, c'est s'appuyer sur ces éléments de mémoire discursive pour mieux faire admettre le contraste ou la ressemblance qui unit Q à P. Dans le second cas, majoritaire dans mon corpus, et qui apparaît aussi bien dans les systèmes concessifs qu'explicatifs ou comparatifs, P reprend des propos tenus par le locuteur en amont et le fait de placer sous *si* ces énoncés déjà validés a pour effet d'en suspendre à nouveau la validation avant d'énoncer Q.

Mais ces différences ne doivent pas occulter le point commun essentiel de tous les tours « *si* P, Q » ou « *si* P, *c'est* Q » et qui découle, me semble-t-il, du sémantisme de *si* : en mettant au premier plan grâce à *si* l'orientation vers l'allocutaire, ces tours déplacent les positionnements attendus dans les genres discursifs où ils apparaissent. La position conflictuelle égocentrée propre à bon nombre de discours argumentatifs fait place dans les éditoriaux[19] et les essais analysés à la prise en compte de l'allocutaire et à la récupération de ses éventuelles objections, tandis que le monologue explicatif prend une apparence pseudo-dialogale en présentant des énoncés déjà validés comme dépendant *hic et nunc* de l'acquiescement de l'allocutaire.

Du point de vue pragmatique, le locuteur s'efface ainsi doublement dans les énoncés « *si* P, Q » et « *si* P, *c'est* Q » que je viens d'étudier : d'une part, parce qu'il remet au co-énonciateur le soin de valider la reprise effectuée dans la *si* P, d'autre part, parce que la force de la construction réside dans le caractère apparemment objectif de l'enchaînement P-Q[20]. Nous avons observé en effet que le rappel effectué dans la *si* P n'a jamais valeur polémique : rien ne marque que le locuteur se distancie du point de vue énoncé, et cela même si ce point de vue sert d'étayage à une thèse opposée à la sienne comme dans les exemples (4), (5), (8) ou (12). Contrairement à des reprises non consensuelles observables dans le dialogue ou dans les subordonnées introduites par *puisque*, les reformulations opérées dans les *si* P intègrent le contenu de P dans une *vox populi* ou une mémoire discursive dont le locuteur ne se détache pas et qui inclut l'allocutaire[21]. Du fait de la relation d'entraînement entre P et Q, il importe en effet d'admettre et de faire admettre le contenu de P, puisque c'est à partir de P que Q peut et doit être envisagé. Si donc il y a bel et bien dialogisme interdiscursif lorsque P reprend une objection circulant dans la doxa, ce dialogisme n'est pas polémique, et par ailleurs, la reprise faite en P a plus souvent pour effet de verser dans une doxa co-construite avec l'allocutaire les propos antérieurement tenus par le locuteur. L'insertion des propos du locuteur dans une construction « *si* P, Q » les naturalise et élargit leur prise en charge à une communauté incluant l'allocutaire.

Celui-ci se trouve doublement sollicité : implicitement convié à activer sa mémoire discursive en reconnaissant la reprise autodialogique ou interdiscursive effectuée en P, il est d'autre part invité à refaire le parcours jusqu'à la validation de P en prenant en charge la réponse à la question ouverte par *si*. La remise en question fictive des contenus propositionnels de P favorise la co-énonciation : le contenu de P apparaît comme le résultat d'un dialogue, d'une négociation entre locuteur et allocutaire, la confirmation de P appartenant à ce dernier. Mais le plus souvent, on l'a vu, cette (pseudo) négociation est aussi un coup de force. C'est pourquoi je parlerais volontiers ici de « dramatisation consensuelle » : le contenu de P est présenté comme acquis mais après un

19. Les éditoriaux sont classés par Moirand (2001) dans les genres journalistiques à énonciation subjectivisée.

20. Peut-être est-ce là une des raisons qui explique la relative fréquence de ces tours dans les textes journalistiques cherchant à produire un effet d'objectivité.

21. À cet égard, le choix de *si* relèverait dans la théorie praxématique de la subjectivité en *même* qui ne distingue pas les deux pôles de la relation énonciative (cf. Barbéris 1998).

questionnement qui aurait pu l'invalider et dont *si* garde la trace, cependant que la place de la subordonnée en tête de phrase permet de montrer que cette interrogation est dépassée et que le contenu de P fait désormais partie de la mémoire discursive partagée. C'est pourquoi se mêlent inextricablement dans ces *si* P une valeur thématisante de reprise, et une valeur énonciative de mise en suspens. C'est dans la contradiction entre ces deux valeurs – dont l'une exploite le rôle informationnel dévolu aux subordonnées antéposées[22], et l'autre l'altérité énonciative signifiée en langue par *si* – que résident toute la complexité et l'intérêt pragmatique des *si* P non conditionnelles.

Cette place essentielle dévolue à l'allocutaire qui devient effectivement co-énonciateur s'enracine dans le sens de *si* tel qu'il est analysé par les théories énonciatives de Guillaume et de Culioli. L'emploi de *si* fait de la protase une assertion fictive – une « supposition », dirait Guillaume – qui laisse ouverte la possibilité que le contenu propositionnel énoncé en P ne se réalise pas. Il se produit ainsi une tension entre la validation dont les contenus évoqués en P ont *déjà* fait l'objet en amont ou dans l'interdiscours et le suspens qu'opère *si* concernant les contenus propositionnels présentés en P. Ce suspens « invite le lecteur sinon à renégocier leur valeur de vérité supposée acquise, du moins à se rappeler les termes de cette négociation » (Achard-Bayle 2009 : 15) et à les faire siens. Dans les cas d'autodialogisme, le caractère fictif de cette renégociation est patent, mais la participation du co-énonciateur à la construction du sens n'en est pas moins sollicitée et le tour produit un surcroît d'expressivité bien analysé par Guillaume. Dans les cas de dialogisme interlocutif, le suspens peut être plus perceptible et il faut parfois attendre l'assertion de Q et le rôle désambigüisant des tiroirs verbaux pour être sûr que le contenu de P n'est pas de l'ordre de l'éventuel ou de l'imaginé mais qu'il est, quoique réel, soumis à la validation du co-énonciateur.

J'ajouterai pour terminer que ces tours « *si* P, Q » et « *si* P, *c'est* Q » non conditionnels où la *si* P est toujours détachée en position frontale exploitent pleinement l'interaction entre la valeur propre de *si* et la position de la *si* P. En effet, l'altérité énonciative inhérente à *si* et supposant le maintien d'une incertitude s'y trouve en quelque sorte équilibrée par le rôle de repère que P joue par rapport à Q : l'allocutaire sait par la place de la *si* P qu'une valeur a bel et bien été choisie même s'il est invité à refaire mentalement le parcours des deux branches de l'alternative ayant précédé le choix de cette valeur.

Ainsi les *si* P non conditionnelles exploitent-elles de façon exemplaire dans des effets de sens dialogiques variés le sémantisme invariant de leur mot introducteur : la remise en question d'énoncés antérieurs ou circulants pris en mention en P, le mouvement vers l'allocutaire invité à valider P et l'aspect évident, naturel, de Q y découlent pleinement du potentiel sémantique de *si* et de la mise en relation qu'il opère entre P et Q.

---

22. L'article de Geneviève Salvan ici même montre bien lui aussi le potentiel dialogique de certaines positions syntaxiques.

Bibliographie

ACHARD-BAYLE G., (2006), « *Si Polysémique et si Polyphonique* », *in* Perrin L. (éd.), *Le sens et ses voix, Recherches linguistiques* 28, Metz : Université de Metz, 407-434.

— (2008), « Si poly… quoi ? Pour un traitement discursif de la diversité des Si », *in* O. Bertrand *et al.* (éds), *Discours, diachronie, stylistique du français, Études en hommages à Bernard Combettes*, Berne, Peter Lang, 55-73.

— (2009), « Détachement topical et organisation en écho du texte : le cas des 'Si P'contrastives », *in* Apothéloz D., Combettes B. et Neveu F. (éds), *Les linguistiques du détachement*, actes du colloque de Nancy de juin 2006, Berne, Peter Lang 3-19.

ANSCOMBRE, J.-C., (2005), « Quelques remarques sur l'existence et le fonctionnement d'un *si* concessif en français contemporain », *in* Donaire M.L. (dir.), *Dynamiques concessives*, Madrid : Arrecife, 41-74.

AUTHIER-REVUZ J., (1995), *Ces mots qui ne vont pas de soi. Boucles réflexives et non-coïncidences du dire*, Paris, Larousse, 2 vol.

BARBÉRIS J.-M. (1998), « Pour un modèle de l'actualisation intégrateur du sujet » *in* Barbéris J.-M., Bres J. et Siblot P. (éds.) *De l'actualisation*, Paris : CNRS, 239-261.

BRES J., HAILLET P., MELLET S., NØLKE H., ROSIER L. (eds), 2005, *Dialogisme, polyphonie : approches linguistiques*, Bruxelles : de Boeck/Duculot.

BRES J. et NOWAKOWSKA A., (2006), « Dialogisme : du principe à la matérialité discursive », *in* Perrin L. (éd.), *Le sens et ses voix, Recherches linguistiques* 28, Metz : Université de Metz, 21-48.

CULIOLI A. (1990), « Stabilité et déformabilité en linguistique » in *Pour une linguistique de l'énonciation. Opérations et représentations*, (tome 1) Gap/Paris : Ophrys, 127-134.

— (1999), « De la complexité en linguistique » *in Pour une linguistique de l'énonciation. Domaine notionnel*, (tome 3) Gap/Paris : Ophrys, 153-163.

DUCROT O., (1972), *Dire et ne pas dire*, Paris : Hermann.

GRIZE J.-B., (1996), *Logique naturelle et communication*, Paris : PUF.

GUILLAUME, G. (1970 [1929]), *Temps et verbe* suivi de *L'architectonique du temps dans les langues classiques*, Paris, Champion.

— (1982 [1948-1949]), *Leçons de linguistique série C*, publiées par R. Valin et C. Veyrat, Québec : Presses de l'Université Laval et Paris : Klincsieck.

HAIMAN, J. (1978), « Conditionals are topics », *Language* 54 : 564-589.

JESPERSEN, O. (1940), *A Modern English grammar on historical principles*, London : George Allen & Unwin.

LE GOFFIC, P. (1993), *Grammaire de la phrase française*, Paris : Hachette, coll. Supérieur.

MOIGNET, G. (1981), *Systématique de la langue française*, Paris : Klincsieck.

MOIRAND, S. (2001) « Du traitement différent de l'intertexte selon les genres convoqués dans les événements scientifiques à caractère politique », *Semen* 13, *Genres de la presse écrite et analyse de discours*, Besançon : Presses universitaires de Franche-Comté.

MOIRAND, S., (2007), *Les discours de la presse quotidienne*, Paris : PUF.

NOWAKOWSKA, A. (2004), « Syntaxe, textualité et dialogisme : clivage, passif, *si z c'est y* », *Cahiers de praxématique* 43, 25-55.

RABATEL A., (2004), « L'effacement énonciatif dans les discours rapportés et ses effets pragmatiques », *Langages* 156, 3-17.

RIEGEL M., PELLAT J.-C. et RIOUL R., 1996 (2e éd.), *Grammaire méthodique du français*, Paris : PUF.

VAIREL H. (1982), « Les phrases conditionnelles/hypothétiques en français : la valeur de SI A, B », *L'Information grammaticale* 14, 5-10.

DE VOGÜÉ, S. (1992), « *Si*, la syntaxe et le point de vue des opérations », in *La Théorie d'Antoine Culioli. Ouvertures et incidences*, Gap/Paris : Ophrys, 123-144.

— (1999), « Le champ des subordonnées dites conditionnelles du français : conditions, éventualités, suppositions et hypothèses », *LINX* 41, 93-118.

— (2004), « *Si*, au centre et aux marges de la condition », *in* C. Hare (coord.), *L'hypothèse au miroir des langues*, Paris : L'Harmattan, 85-117.

Sylvie Garnier
Université de Chicago et SYLED-Université Paris 3 Sorbonne nouvelle,
et **Frédérique Sitri**,
Université Paris Ouest Nanterre La Défense et SYLED-Université Paris 3 Sorbonne nouvelle

Certes, un marqueur dialogique ?[1]

Dans le cadre d'une réflexion sur l'apport de la notion de dialogisme à la description de certains faits de langue, nous nous intéresserons ici au morphème *certes*, dont la caractérisation repose, dans les approches polyphoniques, sur l'hypothèse d'un dédoublement énonciatif. Ainsi, son emploi très récurrent en français contemporain dans la configuration *certes* (...) *mais* en fait un marqueur prototypique de la concession argumentative. Nous voudrions ici reprendre la question de la description de *certes*, en prenant en compte le fait qu'il peut apparaître dans trois configurations différentes :

(1) « Le problème de la tarte aux pruneaux, c'est le jus », prévient Rosette Courtois. **Certes**. Et sous peine de transformer son moule à gâteaux en soupière, mieux vaut trouver des combines pour éponger. (*La tribune de Genève*, 5/09/08)

(2) Dans les cimetières de la vie psychologique, chez de pauvres déments où l'esprit ne laisse que ruine, ou simplement dans des états déficients, comme l'aura épileptique, certaines extases morbides, les intoxications par les stupéfiants, on trouve un état de « béatitude » épanouie que le rayonnement de la force psychologique n'égale **certes** pas en assurance. L'imbécile heureux est en ce sens plus « heureux » que le saint. On voit que le sentiment est toujours ambigu et que sa signification doit toujours être confrontée avec l'ensemble de la conduite. Si chez le même individu, force et tension psychologiques coïncident généralement, les états d'hypotension sont spécifiquement différents des états d'asthénie. (E. Mounier)

(3) Bien vieillir, ça se mérite [titre]

1. Cet article a bénéficié des discussions que nous avons eues avec Annie Bertin et Sarah de Vogüé, et de la relecture attentive de Jacqueline Authier. Nous remercions particulièrement Sylvie Mellet et Jacques Bres pour leur accompagnement dans l'élaboration de ce travail ainsi que les participants au numéro, pour la qualité des échanges lors de la journée d'études préparatoire.

> Pas question de voir s'installer les rides, se rouiller les articulations, s'enfuir la mémoire. Mourir, **certes**, il le faut, mais mourir en détail, comme le disait Voltaire, non ! (*Le Nouvel Observateur*, 31 mai-6 juin 2001)

En emploi absolu (1), *certes* est employé de façon autonome, construisant à lui seul une phrase. Pour Bally, il est analysable comme un mot-phrase[2]. En emploi seul (2), il fait partie d'une phrase et n'est pas suivi d'un marqueur d'opposition ou de concession. En emploi lié (3), il est suivi d'un marqueur d'opposition ou de concession, qu'il constitue à lui seul une phrase ou non.

Après avoir dressé un rapide bilan des descriptions récentes de ce marqueur, nous proposerons une description unifiée de ces trois emplois, en distinguant ce qui relève du signifié de base et des valeurs contextuelles. On se demandera donc quelle est l'opération effectuée par *certes* et en quoi elle relève du dialogisme : quelle est la part, pour reprendre les distinctions exposées dans l'introduction du numéro, d'une altérité en langue et d'une mise en œuvre dialogique en discours, comment s'opère l'articulation de l'une à l'autre. On montrera enfin comment différents types de dialogisme (interdiscursif, interlocutif, intralocutif) sont construits, suivant l'énoncé dans lequel s'insère *certes*.

Compte tenu de notre objectif, qui implique la prise en compte du cotexte[3], nous avons fait le choix de travailler sur un corpus d'énoncés attestés, ce qui est relativement rare chez les linguistes qui ont décrit ce marqueur[4]. Partant du constat que *certes* était moins attesté à l'oral[5], nous avons réuni un corpus écrit, constitué de « genres non fictionnels », différents mais comparables. Il comprend des articles de presse, des rapports du Sénat et des extraits de la base Frantext classés dans la catégorie « essais »[6]. Nous avons complémentairement fait appel, pour réunir des occurrences de *certes* en cotexte dialogal[7], au texte théâtral.

À partir d'un certain nombre d'observables[8] que nous expliciterons un peu plus loin, nous avons fait apparaître dans le corpus ainsi constitué des récurrences cotextuelles liées à certains « genres ».

---

2. « Il s'agit partout de phrases monorèmes, plus ou moins exclamatives, qui interrompaient le cours de la phrase et ont fini par y être absorbées » (Bally, p. 57 cité par Adam, 1997, p. 5).

3. Les exemples fournis seront donc suffisamment longs pour permettre cette mise en évidence.

4. À notre connaissance, seuls Adam (1997) et Cojocariu (2004) procèdent de la sorte, cette dernière se limitant à des exemples de *certes* absolu ou seul. On citera également l'étude de Somolinos (1995), qui porte sur *certes* en ancien français.

5. On pourrait cependant prolonger ce travail par une étude de *certes* à l'oral prenant en compte les phénomènes intonatifs.

6. Les articles de presse sont extraits de la base Factiva. Les extraits de la base Frantext sont identifiés par le nom de l'auteur, ceux du Sénat le sont par le numéro et la date des rapports consultables à l'adresse suivante : http://www.senat.fr/rapsen.html.

7. Pour la distinction dialogal/dialogique et monologal/monologique, voir l'introduction à ce numéro.

8. Notre démarche s'inspire ici de celle de Mellet *et al.* (2008, pp. 13-15).

I. BILAN DES APPROCHES DE *CERTES*

Les descriptions récentes de ce marqueur se situent pour l'essentiel dans le cadre de l'approche polyphonique, en prolongement de Ducrot (1984). Celui-ci décrit *certes* dans la configuration *certes* (...) *mais* en dissociant les rôles du locuteur et de l'énonciateur : « Les énoncés du type « certes il fait beau mais j'ai mal aux pieds » mettent en scène deux énonciateurs successifs E1 et E2 qui argumentent dans des sens opposés, le locuteur s'assimilant à E2 et assimilant son allocutaire à E1. Bien que le locuteur se déclare d'accord avec le fait allégué par E1, il se distancie cependant de E1 : il reconnaît qu'il fait beau mais ne l'asserte pas à son propre compte » (1984, p. 229).

Outre les questions théoriques que soulève cette description, fondée sur une conception du sujet pleinement maître de son discours « mettant en scène » différents énonciateurs dont le locuteur se distancie plus ou moins, et de la langue comme outil d'une communication efficace[9], elle n'apparaît pas satisfaisante pour décrire les autres emplois de *certes* (*certes* seul et *certes* absolu) car il paraît difficile de considérer à chaque fois que le locuteur L ne fait que donner, avec *certes*, un accord partiel à un énonciateur dont il se distancierait. Ainsi en (1) comme en (2), un tel dispositif ne peut se concevoir à moins de postuler, comme le font certains linguistes, un *mais*, même si ce dernier n'est pas présent dans le cotexte. Anscombre soutient cette hypothèse dans la théorie de la dérivation : « *certes* dériverait un acte de concession d'un renforcement de l'assertion » (1980, p. 118). Pour lui, *certes* passe donc d'un usage de renforcement où il est très proche de *certainement* à un usage concessif (très souvent avec *mais*) : « le simple fait [de]renforcer une assertion, c'est par là même signaler que cette assertion avait besoin de l'être, et qu'elle pouvait donc être combattue » (1980, p. 118). Même si le *mais* n'est pas explicité, il est attendu dès que l'on dit *p certes* ou *certes* p. L'hypothèse d'Anscombre est, semble-t-il, reprise par Nojgaard pour qui « si l'on insiste sur la certitude du premier élément, c'est que celle-ci reste en fait problématique : plus on insiste, moins l'interlocuteur y croit. C'est ainsi que *certes* a pu passer de la fonction énonciative (*certainement*) à la fonction concessive : « vous avez beau affirmer » (1992, p. 465).

Charolles (1986), qui se situe dans une perspective synchronique, traite surtout de *certes* seul mais considère les trois emplois de l'adverbe qu'il unifie dans une théorie de l'incomplétude (séquence ouverte par *certes* qui a besoin d'être fermée). Pour lui, *certes* absolu suggère certaines réserves du locuteur, même si cet emploi est plus conclusif que les deux autres. Avec *certes* seul, qui « peut difficilement figurer à l'initiale d'un échange ou d'un texte », sauf « allusion à un discours ambiant (connu de tous) » (1986,

9. Voir Authier (1995, p. 60-66), sur la critique de « la conception intra-linguistique de l'énonciation de Ducrot » ainsi que Paillard (à paraître b), p. 3) qui critique « une conception 'instrumentale' des MD [Mots du Discours], outils par définition fiables mis au service d'une vision d'une communication postulée comme transparente et efficace, où le locuteur déploie en toute liberté sa stratégie en direction de l'interlocuteur ».

p. 89)[10], la séquence a besoin d'être fermée, elle est incomplète. *Certes p* laisse en effet entendre une correction à venir. Enfin, dans *certes p mais q* (emploi lié), *certes* annonce une correction.

Cette théorie de l'incomplétude est critiquée par Adam et Cojocariu, qui proposent un certain nombre d'exemples dans lesquels *certes p* ne laisse pas attendre un *mais* : *certes,* pour Adam, cité par Cojocariu (2004, p. 200), « n'apparaît pas toujours en compagnie d'autres connecteurs dans des parenthésages concessifs ».

Ces deux derniers auteurs proposent donc d'unifier l'analyse de *certes* en étendant la description polyphonique à tous les emplois. Pour Adam, tout énoncé en *certes* construit une dissociation entre locuteur et énonciateur. Il y a un passage graduel de l'assertion à la concession en passant par la rectification, en fonction du degré de prise en charge de l'assertion par le locuteur, la distance étant maximale dans le cas de l'énoncé concessif.

Pour Cojocariu, dont l'étude est centrée sur *certes* absolu, la particularité de *certes* est de signaler la « mise à jour » d'une évidence par l'interlocuteur du dialogue, par le locuteur lui-même ou par un allocutaire construit par l'énoncé dans le cas de *certes* lié. Pour elle, du fait que *certes* signale la mise à jour d'une évidence, il contient un certain « potentiel reproche » (Cojocariu, 2004, p. 184).

En conclusion, l'approche polyphonique pose, à notre sens, un problème de description dans le cas de *certes*. Comment en effet un même morphème peut-il à la fois marquer un accord plein et entier dans certains emplois (*certes* absolu) et un accord partiel dans d'autres (*certes* (...) *mais*) ? Cette variation n'est-elle pas le fait du cotexte, tout particulièrement de l'orientation argumentative des segments X, Y et Z, si l'on note Y le segment qui est dans la portée de *certes,* X le segment cotextuel qui précède et Z le segment qui suit ?

De même, la notion de reproche et les effets de « reprise d'un déjà-dit » ou d'évidence rattachés à *certes* ne peuvent-ils pas être corrélés à l'interaction entre *certes* et certains types de cotextes ?

Enfin, s'il est entendu que *certes* met en jeu d'une façon ou d'une autre la relation à l'allocutaire, cette relation est-elle envisageable seulement en termes de « reprise » ou d'« effet de reprise » d'un énoncé prêté à l'allocutaire, ce qui ne permet pas de rendre compte de tous les emplois ?

2. PROPOSITION DE DESCRIPTION DE *CERTES*

C'est pour tenter de répondre à ces questions que nous avons adopté une méthode d'analyse qui examine minutieusement l'ensemble cotextuel XYZ ; nous avons défini les divers observables suivants, de type syntaxique,

10. La base de données Factiva consultée pour le sous-corpus « presse » fournit cependant de nombreuses occurrences de *certes* en début d'article ou dans les titres. Nous n'en avons pas cependant relevé, il est vrai, en début de titre.

énonciatif et argumentatif, qui permettent de cerner le niveau de prise en charge énonciative dans le segment Y et ses interactions avec son cotexte immédiat. Il est à noter que le segment sur lequel porte *certes*, qui peut être un mot, un syntagme, une phrase ou un paragraphe entier, peut se trouver après ou avant lui (*certes* est donc anaphorique ou cataphorique). Dans le cas de *certes* absolu, Y précède toujours *certes*.

1. la forme de Y
- vérité générale (énoncés génériques)
- présence d'évaluatifs, notamment *être* + évaluatif
- présence de quantifiants, en particulier données chiffrées
- modalisateurs (*sembler*, *pouvoir*, etc.)
- prédicats indiquant un constat ; *il y a, il existe, il s'agit de,* etc.
- temps et mode des verbes
- présence explicite de marques référant à L[11]
- présence de marques de discours rapporté, en particulier avec sujet *on*
- présence de marques de restriction/limitation

2. Le cotexte : XYZ
- présence/absence de X (*certes* en début de texte ou de paragraphe)
- présence de marqueur oppositif en Z
- relations de reprise entre X et Y : Y reprend un élément de X
- changement d'interlocuteur entre X et Y en contexte dialogal
- relations argumentatives entre X, Y et Z : co-orientation ou anti-orientation.

Si l'on ne souscrit pas à la dissociation locuteur/énonciateur posée par l'approche polyphonique en raison des difficultés soulevées plus haut – c'est-à-dire une description qui n'apparaît pas opératoire pour tous les emplois et une théorie du sujet et de la langue sous-jacente qui semble discutable – il n'en reste pas moins que *certes* fait entendre une altérité[12] qu'il faut caractériser pour comprendre comment son signifié de base lui permet d'avoir un fonctionnement dialogique en discours.

Certes appartient à un paradigme d'adverbes comme *bien entendu, bien sûr, d'accord, soit, oui, en effet, effectivement, certainement, assurément, sans doute* catégorisés comme adverbes de validation ou adverbes modaux qui, comme lui, peuvent apparaître dans le premier terme d'un système concessif (Morel, 1980)[13]. Par

11. L désigne le locuteur de l'énoncé dans lequel se trouve *certes*. On désignera par l celui dont le discours est repris ou représenté, ou l'interlocuteur du dialogue.

12. Le terme *altérité* est à comprendre ici non pas comme *altérité discursive* mais comme la capacité d'un morphème à signaler d'autres formulations possibles ou d'autres points de vue sur un état de choses (voir introduction et Mellet ici-même).

13. « Dans le premier terme du système concessif apparaissent des lexèmes appartenant à la classe des adverbes de phrase ou des groupes lexicaux qui permettent normalement, en proposition principale ou indépendante, au locuteur de se prononcer sur la valeur de vérité de ce qu'il ➤

rapport aux autres adverbes du paradigme, *certes* présente la particularité de pouvoir être inséré avant *oui*, fait remarquable dans la mesure où « *oui* n'accepte pas l'insertion de beaucoup d'adverbes de phrase entre la question et la réponse qu'il fournit » (Cojocariu, 2004, p. 207). Or cette propriété semble partagée, dans une moindre mesure, par *certainement* et *assurément*[14]. À la différence cependant de ces deux adverbes, qui présentent la proposition sur laquelle ils portent comme une chose certaine et assurée, *certes* laisse entendre la subjectivité du locuteur face à son dire, en introduisant cette proposition dans un espace d'évaluation. Ainsi Cojocariu remarque-t-elle que *certes* (en emploi absolu) apparaît après un jugement et est difficilement acceptable après une assertion centrée sur un état ou un évènement[15]. Elle oppose ainsi (4) et (5) (*op. cit.* p. 199) :

(4) – Jean est à la bibliothèque.
? – Certes.

(5) – Oui, nous le retrouverons, répondit Glenarvan. Thalcave nous a mis sur ses traces, et j'ai confiance en lui.
– Un brave indien Thalcave, dit l'enfant
– Certes. (Verne, *Les Enfants du capitaine Grant*)

Cette propriété de *certes* de porter sur une proposition qui évalue un état de choses semble faire entrer ce marqueur dans la classe des mots du discours « point de vue » tels que les décrit Paillard (à paraître a et b) : *certes* confèrerait à la proposition sur laquelle il porte le statut de « point de vue »[16] opposable à d'autres points de vue : « dans la notion de point de vue, l'élément central est sa dimension plurielle : un point de vue est toujours un point de vue **parmi d'autres** (cf. l'expression « *examiner une situation de différents points de vue* »). Sur un état de choses, il peut y avoir multiplication de points de vue, aucun ne pouvant prétendre exprimer l'état de choses R jusqu'au bout » (Paillard, p. 10 [c'est l'auteur qui souligne]). En fonction de son signifié lexical, *certes* présente la proposition sur laquelle il porte (Y) comme un point de vue dont L est certain, par rapport à d'autres points de vue possibles. Il délimite ainsi[17] une zone de certitude ponctuelle et produit dans le discours un consensus provisoire avec lequel

➤ dit (*évidemment, bien sûr, sans doute, peut-être*, etc.) ou de porter un jugement sur la validité de l'énoncé (*je sais que, je reconnais que*, etc.) » (1980, p. 674).

14. Ainsi une vérification rapide dans Frantext fait apparaître que, si l'on prend en compte les occurrences sans virgule (une seule énonciation), on trouve (1940-2008, tous genres) 2 occurrences pour *certes oui*, 18 de *certes non*, aucune pour *en effet oui / non, effectivement oui / non*, 4 occurrences de *assurément non* et 4 de *certainement non*. Même s'il s'agit là d'un sondage qui doit être relativisé, il donne des indications sur des usages de la langue.

15. *Op. cit.*, p. 197. Cette observation pourrait prolonger celle de Ducrot (1984) pour qui on ne peut avoir « ils (des skis) sont certes longs mais ils sont légers » dans le cadre d'une description.

16. Ici il ne s'agit pas du point de vue d'un autre énonciateur mais du fait que « sur un état de choses il peut y avoir multiplication de points de vue, aucun ne pouvant prétendre exprimer l'état de choses R jusqu'au bout. A ce titre la sémantique du point de vue (dans son rapport à la notion de reformulation) actualise la propriété qu'a le « à dire » de ne pouvoir jamais être dit jusqu'au bout, de façon exhaustive : le dire est toujours en position d'échec relatif pour ce qui est d'arriver à dire le monde » (Paillard, à paraître b, p. 10).

17. Il est à noter que *certes* vient du latin *certus* qui est lui-même formé sur *cernere*, discerner, discriminer, trancher.

l'allocutaire est associé de différentes façons. L'altérité qu'il fait entendre le distingue de *certainement* qui, lui, marque l'adéquation pleine et entière du locuteur à son dire[18].

Suivant les cotextes, la zone de certitude délimitée par *certes* apparaît plus ou moins explicitement bornée.

Quand *certes* est en emploi absolu (exemples 4 et 5), il porte sur la proposition précédente : dans ce cas il manifeste un accord avec l'énonciateur de l'énoncé précédent, donc un accord avec l'interlocuteur en contexte dialogal et à la jonction de deux tours de parole. Constituant ce qui précède en point de vue « certain » sur fond d'autres points de vue possibles, l'accord marqué par *certes* absolu peut sonner comme relatif, provisoire, comporter une nuance de réserve. Cette altérité des points de vue est rendue manifeste par l'emploi de signes de ponctuation (points de suspension, point d'exclamation) ou l'intonation à l'oral. En (6), les points de suspension ne seraient pas la marque d'une interruption dialogale/de tour de parole, mais la trace de l'évaluation ouverte par *certes*.

(6) Le Maréchal. – Mais elle, la pauvrette ! Elle existe. Elle a une âme. Elle a un corps. Elle n'est pas qu'un nom dans un contrat glacé.
Le Cardinal. – Vous avez dit qu'elle a un corps. C'est bien ce que vous avez dit ?
Le Maréchal. – **Certes**...
Le Cardinal. – Tant pis pour vous. Tant pis pour elle. Sur le corps de la jeune personne, puisqu'on est allé jusqu'à le mettre, tout chaud, dans le débat, j'ai, là, quelque chose... *(il frappe sur sa serviette.)* (Audiberti, Jacques, *Théâtre. T. 1*, p. 162).

Cojocariu, nous l'avons vu, note que *certes* apparaît majoritairement après un jugement. Il nous semble cependant que ce marqueur peut apparaître après un état ou un évènement : accompagné de marques suprasegmentales notées par la ponctuation, il fait ressortir les inférences possibles de l'assertion et d'une certaine façon la transforme en jugement. On pourrait ainsi commenter l'exemple (4) avec une intonation particulière sur *certes*, marquée par exemple par des points de suspension : « Jean est à la bibliothèque mais ça ne veut pas dire pour autant qu'il travaille, Jean est à la bibliothèque et alors, quelles conclusions peut-on en tirer sur sa capacité de travail ? ».

Quand X et Y sont anti-orientés comme en (7) (*culture élitiste/moyens de diffusion de masse*), la zone de certitude se constitue dans cette opposition entre deux points de vue. Elle apparaît donc transitoire avant la remise en question de Y par Z (*il a toujours existé une distinction entre culture élitiste et culture populaire*), remise en question le plus souvent marquée par un oppositif :

(7) **M. Pierre Fauchon** :

La question de la culture est protéiforme. Je voudrais rappeler que les ballets de Lully ou les opéras de Monteverdi n'attiraient pas beaucoup de

18. On retrouverait ici la dérivation observée par Paillard, à partir d'une même base lexicale, de deux mots du discours, l'un de type « point de vue » et l'autre de type « garant » (Paillard, à paraître b, p.13).

public à leur époque. Je crois que la culture est indiscutablement élitiste. **Certes**, il existe aujourd'hui des moyens de diffusion de masse. **Mais** il a toujours existé une distinction entre la culture élitiste et la culture populaire, entre l'opéra et le folklore. On regarde toujours avec admiration les peintures de Vermeer, alors qu'il y avait certainement des peintres plus connus à son époque. (213 : 2000-2001)

Quand X n'est pas présent dans le cotexte gauche (*certes* Y en début de texte par exemple), c'est l'inversion argumentative en Z qui conduit à saisir l'altérité des points de vue et à reconstruire le point de vue – co-orienté avec Z – par rapport auquel *certes* Y constitue une zone de certitude. En (8), c'est l'opposition entre responsabilité disciplinaire et responsabilité civile qui organise la séquence et permet de reconstruire X :

(8) [début d'article]
Certes, la profession d'avocat a toujours été encadrée ne serait-ce que par sa déontologie garantie par la responsabilité disciplinaire. Mais que sait-on de la responsabilité civile de l'avocat contemporain dont les compétences et le champ d'activité se sont étendus depuis la fusion des professions d'avoué et d'avocat [...] ? (*Ouest-France*, 1er août 2008)

En emploi seul (*i.e.* non suivi d'une inversion argumentative), aucune altérité en cotexte ne vient borner la certitude exprimée par *certes* qui constitue Y en point de vue « certain » sur fond d'autres points de vue possibles. *Certes* Y est alors fréquemment suivi d'une série de propositions qui argumentent en faveur de Y, comme en (9) ou en (2) :

(9) Que l'homme est né pour le bonheur, **certes** toute la nature l'enseigne. Une éparse joie baigne la terre, et que la terre exsude à l'appel du soleil – comme elle fait cette atmosphère émue où l'élément déjà prend vie et, soumis encore, échappe à la rigueur première... on voit des complexités ravissantes naître de l'enchevêtrement des lois : saisons ; agitation des marées ; distraction, puis retour en ruissellement, des vapeurs ; tranquille alternance des jours ; retours périodiques des vents ; tout ce qui s'anime déjà, un rythme harmonieux le balance. Tout se prépare à l'organisation de la joie et que voici bientôt qui prend vie, qui palpite inconsidérément dans la feuille, qui prend nom, se divise et devient parfum dans la fleur, saveur dans le fruit, conscience et voix dans l'oiseau [...] (Gide, *Les Nourritures terrestres*, p. 254)

Le marquage explicite d'un point de vue Z remettant en question Y peut intervenir après la séquence justificative plus ou moins longue qui suit *certes* (tout un paragraphe), conduisant après coup à une réinterprétation de l'orientation argumentative du texte. Ainsi en (10) le consensus construit par *certes* s'étend sur l'ensemble du premier paragraphe ; il s'appuie d'une part sur un point de vue communément partagé relevant de la doxa au sujet du commerce équitable et d'autre part sur les propos précis attribués à un tiers. Mais cette zone de certitude partagée est bornée par l'interrogation clivée qui, au début du deuxième paragraphe, rhématise le parcours d'autres points de vue possibles et oriente argumentativement le propos vers une conclusion limitant l'impact de Y et laissant entendre que, préalablement à *certes* Y, le locuteur avait déjà un avis mitigé sur le bien fondé des prix élevés des produits issus du commerce équitable :

(10) [début du texte] **Certes**, le commerce équitable assure un meilleur revenu au producteur. Selon l'exemple rappelé par Jean-Louis Zeien, grâce au commerce équitable, le producteur de bananes équatorien augmente son salaire mensuel entre 50 et 70 dollars. Ce qui, dans la composition du prix final, à Luxembourg par exemple, ne représente pas encore grand-chose. Est-ce cela qui justifie, au magasin, en Europe ou ailleurs, des prix qui peuvent paraître élevés ? Aussi élevés dans la mesure où, bien souvent, le commerce équitable élimine les très onéreux intermédiaires ? Où pas mal de monde, dans la filière, travaille bénévolement ? (*Le Jeudi*, 2 octobre 2008)

Sur la base de cette altérité des points de vue, *certes* construit un espace dans lequel le point de vue (Y) sur lequel il porte prévaut sur tous les autres points de vue concurrents, qui peuvent être explicitement présents ou non en contexte. *Certes* construit ainsi un espace de consensus plus ou moins partiel ou provisoire pour lequel il sollicite un allocutaire, conçu non pas comme l'interlocuteur « réel » du dialogue, mais comme l'autre à qui tout discours est adressé[19] (Benveniste), ou pour reprendre Bakhtine, « l'indice substantiel (constitutif) de l'énoncé, c'est le fait *qu'il s'adresse* à quelqu'un, qu'il est tourné *vers l'allocutaire* » (1984, p. 302)[20].

L'observation des indices cotextuels, principalement de la forme de Y, permet de saisir comment *certes* Y met en jeu différentes figures d'allocutaires et rend possible différents effets dialogiques, de reprise d'un déjà-dit ou d'une évidence, de concession à l'adversaire, etc.

3. FORMES DE Y ET EFFETS DIALOGIQUES

En discours, les effets dialogiques vont être liés à un cotexte favorisant la manifestation des autres points de vue et, au premier chef, aux enchaînements *certes (…) mais*, ainsi qu'à la présence de marques attribuant Y à un autre locuteur, explicitement identifié ou assimilé de façon plus vague à l'allocutaire du discours. Sans prétendre à l'exhaustivité, nous dégagerons maintenant certaines configurations livrées par le corpus.

---

19. « Immédiatement, dès qu'il se déclare locuteur et assume la langue, il implante l'autre en face de lui, quel que soit le degré de présence qu'il attribue à cet autre. Toute énonciation est, explicite ou implicite, une allocution, elle postule un allocutaire » (Benveniste, « L'appareil formel de l'énonciation », *Problèmes de Linguistique Générale* I, p. 82).Voir Authier-Revuz (1995) pour un parcours historique de cette notion dans un sens « non-interactionniste ».

20. « Ce destinataire peut être le partenaire-interlocuteur immédiat du dialogue dans la vie courante, il peut être l'ensemble différencié de spécialistes dans quelque domaine spécialisé de l'échange culturel, il peut être l'auditoire différencié des contemporains, des condisciples, des adversaires et ennemis, des subalternes, des directeurs, des inférieurs, des proches, des étrangers, etc. – il peut même être, de façon absolument non indéterminée, l'autre non concrétisé […] » (Bakhtine, *op.cit.*).

3.1. Marques explicites de présence d'un discours autre

Y peut être attribué de façon plus ou moins explicite à un autre locuteur. C'est le cas bien entendu en emploi dialogal, quand *certes* absolu porte sur l'intervention de l'interlocuteur (Y) comme en (5) : on a affaire à un dialogisme interlocutif « faible », celui du dialogue de L avec l dans l'interaction conversationnelle.

En emploi monologal, l'interaction peut être représentée par des marques de discours rapporté :

- discours direct en (1) que nous reproduisons ci-dessous, où la journaliste de la *Tribune de Genève* répond « *certes* » à la cuisinière expérimentée Rosette Courtois dont elle a rapporté les propos et qui construit ainsi un consensus provisoire avec non seulement ladite cuisinière mais aussi et surtout avec le lecteur ou la lectrice :

  (1) « Le problème de la tarte aux pruneaux, c'est le jus », prévient Rosette Courtois. **Certes**. Et sous peine de transformer son moule à gâteaux en soupière, mieux vaut trouver des combines pour éponger. (*La tribune de Genève*, 5/09/08)

- discours indirect en (11) où l'allocutaire, ici le lecteur du texte, est invité à s'inclure dans le « on » dont le discours est représenté sous la forme d'une objection anticipée par L (« nous »), exemple typique de dialogisme interlocutif anticipatif :

  (11) Lorsque le chasseur voit soudain le tigre, lorsque le condamné à mort apprend la sentence, on ne voit pas que des issues demeurent encore ouvertes. Ce n'est pas que la pensée manque de s'exercer, mais c'est qu'elle s'exerce à vide, parce que les objets lui font défaut. Nous objectera-t-on que la pensée se crée souvent l'illusion de ce vide, et qu'une forte peur empêche précisément de fuir qui pourrait encore s'y risquer et trouver le salut ? **Certes** ! Mais en quoi cette pensée qui s'obnubile et s'affole elle-même ressemble-t-elle autrement que par ses concomitants physiques à l'automatisme ? (J. Vuillemin)

De façon moins explicite, le dialogisme interlocutif se manifeste dans les pseudo-dialogues où *certes* (seul ou accompagné de *oui* ou *non)* constitue la réponse à une question qui n'est pas explicitement attribuée à un autre mais qui fait émerger la figure d'un allocutaire contradicteur :

(12) En insistant ainsi, nous ne perdons pas de vue notre dessein, qui est pour l'instant de confronter Erasme et Marguerite, la piété de l'un et celle de l'autre. (...) J'ajoute de suite que, sur quelques articles, Marguerite se sépare dans *le Dialogue*, nettement, de la pensée d'Erasme. Articles secondaires ? Non pas **certes**. On a noté plus haut dans *le Dialogue*, un curieux passage de Marguerite sur le libre arbitre. Il ne dépend pas de l'homme, dit l'âme de Madame Charlotte, de « mettre fin à la guerre » de ses péchés, si Dieu « n'y met respit » (L. Febvre)

Ce dispositif est fréquent dans le sous-corpus « essais » de Frantext, car il permet aux auteurs de dynamiser un texte théorique, rendant manifestes les différentes étapes de leur raisonnement en les faisant valider par un allocutaire qui est ici le lecteur ainsi invité à participer activement au cheminement de la pensée. En (12), l'allocutaire et le locuteur dissociés dans le couple question/réponse sont ensuite associés dans le *on* qui, comme on l'a noté plus haut, initie une séquence justificative. Dans d'autres exemples, il est difficile de discerner si l'on a affaire à du dialogisme interlocutif ou intralocutif, L pouvant s'adresser à lui-même la question. Dans tous les cas cependant, l'interrogation ouvre une altérité ; l'énoncé contenant *certes* réduit cette altérité en imposant un point de vue associant locuteur et allocutaire, point de vue éventuellement argumenté dans la proposition suivante.

3.2. Enoncé doxique

Lorsque Y se présente comme un énoncé doxique, *certes* constitue en point de vue cet énoncé qui circule dans une communauté dans laquelle L s'inscrit de ce fait. De la sorte, puisque – rappelons-le – un point de vue n'est jamais qu'un point de vue parmi d'autres possibles, L rejoue d'une certaine manière avec l'allocutaire le consensus autour de cet énoncé, et remet ainsi en jeu l'adéquation entre la valeur de vérité de l'énoncé proverbial et l'état de choses que cet énoncé est censé décrire. Dans ce cas de reprise d'un énoncé répété et répétable[21], on a affaire à du dialogisme interdiscursif :

(13) [début de l'article] **Certes**, les goûts et les couleurs... Pour les Gromperekichelcher et la Bouneschlupp, la bintje ; pour la Gromperenzalot et le Judd mat Gaardebounen, la désirée ; pour la frite, la bintje ; pour la pomme de terre en robe de chambre, la charlotte, la nicolas, la plate de Florenville ; pour la purée et le gratin dauphinois, la bintje ou la désirée ; pour le gibier, la corne de gatte. (*Le Jeudi*, 4 septembre 2008)[22]

Sans constituer un énoncé proverbial, Y peut comporter des marques de généricité (déterminants, temps des verbes, absence d'embrayeurs et de déictiques). *Certes* présente Y comme l'objet d'un consensus posé comme étant *a priori* partagé par l'allocutaire : dans les traités, en particulier philosophiques, où cet emploi est relativement fréquent, *certes* Y donne accès aux fondements théoriques ou idéologiques du discours de L :

(14) Disons, pour dire vite, que le capitalisme est responsable **certes** de la majeure partie de nos maux, mais qu'il n'en est pas l'unique responsable. (G. Halimi)

Dans un tel exemple, on voit qu'en raison de l'extrême mobilité de *certes* dans la proposition il est parfois difficile de cerner, avant de lire le cotexte droit, ce qui est précisément dans la portée du marqueur : en (14) est-ce la question de la responsabilité ou le contenu de cette responsabilité[23] ?

---

21. On pourrait parler de modalisation autonymique d'emprunt non marquée (Authier-Revuz, 2001). Voir également la notion d'hyperénonciateur proposée par Maingueneau, 2008.

22. On signale que notre corpus présente deux fois la même expression proverbiale tronquée, précédée de *certes* :
« Certes, les goûts et les couleurs... Il n'empêche, la mode capillaire à venir n'a rien de très réjouissant. Du moins, selon la tendance lancée par les professionnels helvétiques du ciseau. » (*La Tribune de Genève*, septembre 2008).

23. La question de la place de *certes* mériterait une étude approfondie.

Le statut de vérité admise ou de soubassement théorique d'une démonstration peut être explicitement marqué par des formes de discours rapporté qui en renvoient l'origine à un énonciateur indéfini (un On-énonciateur selon la formule de Berrendonner, 1981) (15) ou à une formulation, un acquis ou un présupposé théoriques, évoqués dans une étape antérieure de la démonstration (16) (cas de dialogisme intralocutif) :

(15) Patronyme [titre]
Certes, il est souvent admis que les fautes soient pardonnables en ce qui concerne les noms propres. Mais lorsque ceux-ci sont célèbres, avec le temps, des rectifications sont souhaitables. Ainsi, à proximité de l'usine Braquier, est située la rue Gérard-Philipe (1922-1959), acteur talentueux, qui triompha avec le Théâtre national populaire et dans de nombreux films. Or, depuis plusieurs décennies, les plaques émaillées mentionnent Philippe avec deux « P ». En 1978, des riverains avaient signalé l'anomalie en mairie. Ils réagissent à nouveau, en posant la question au maire actuel : l'erreur ne pourrait-elle pas être corrigée à l'occasion du cinquantième anniversaire de la mort de cet acteur mythique ? (*L'Est Républicain*, 2 septembre 2008)

(16) La volonté ne meut que sous la condition d'être mue. Cette métaphore, de tonalité aristotélicienne, prêtait à moins d'équivoques au temps où la notion de mouvement n'était pas épuisée par l'expérience empirique du mouvement dans l'espace, du " mouvement local", mais englobait tout changement d'un contraire en l'autre. Sous l'influence des sciences exactes, cette marge de signification s'est rétrécie et le surplus de sens s'est réfugié dans la métaphore : quel motif l'a poussé ?... J'incline à penser que... le motif est le *clinamen* du vouloir. **Certes**, et nous l'avons assez dit, la motion par la valeur diffère de la motion physique comme la raison de la cause et reste l'autre face d'une détermination de soi par soi. (P. Ricœur)

Si dans les cas de figure ci-dessus, Y présente des marques plus ou moins explicites de reprise d'un discours autre, il n'en est pas de même dans ce qui suit, où les effets de reprise sont produits par un parcours interprétatif appuyé sur des indices linguistiques et génériques.

3.3. 3.3. Constat ou apport d'informations

Dans d'autres cas, Y se caractérise par l'absence d'embrayeurs, la présence d'une part de formes telles que *il existe, il y a,* l'emploi des temps présent et passé composé, et d'autre part de quantifications chiffrées, cette dernière caractéristique étant très fréquente dans la presse. Y décrit un état de choses présenté comme établi préalablement au discours en train de se tenir. Et *certes* le constitue en point de vue susceptible d'un consensus partiel. C'est de ce consensus partiel établi par *certes* et de l'altérité des points de vue manifestés en cotexte par le concessif que naît le dialogisme, comme on le voit en (6) que nous reproduisons ici sous (17) :

(17) **M. Pierre Fauchon** :
La question de la culture est protéiforme. Je voudrais rappeler que les ballets de Lully ou les opéras de Monteverdi n'attiraient pas beaucoup de public à leur époque. Je crois que la culture est indiscutablement élitiste. **Certes**, il existe aujourd'hui des moyens de diffusion de masse. **Mais** il a

toujours existé une distinction entre la culture élitiste et la culture populaire, entre l'opéra et le folklore. On regarde toujours avec admiration les peintures de Vermeer, alors qu'il y avait certainement des peintres plus connus à son époque. (213 : 2000-2001)

Certes Y apparaît, dans ce contexte, comme la reprise par L d'un constat simple et largement partagé, y compris par l'allocutaire, constat qui pourrait constituer un argument émis préalablement par un contradicteur.

Dans la presse, Y peut présenter une densité informative importante, en particulier sous la forme de données chiffrées :

(18) **Certes**, en données brutes, les ventes particulières de voitures neuves (103 404 unités) reculent de 7,1 %, en août 2008, par rapport à août 2007. Mais, à nombre de jours ouvrables comparables, il s'agit inversement d'une hausse de 2,2 %. Sur les huit premiers mois de l'année, la progression est même de 2,9 %. Si l'on s'en tient au seul mois d'août, les ventes de Peugeot Citroën régressent de 4,9 % et celles de Renault de 0,2 %. (*Ouest France*, 2 septembre 2008 [début du texte])

On peut parler ici d'une stratégie d'apport d'informations, reposant sur un acte de présupposition fort : il est peu probable que l'information contenue dans Y soit « déjà connue » du lecteur ; c'est un des objectifs de l'article que de faire connaître ces chiffres au lecteur. Cependant, par la vertu de *certes*, l'apport d'information est subrepticement transformé en un présupposé connu, au statut ambigu puisqu'il est à la fois objet d'un consensus temporaire (il associe l'allocutaire à la prise en charge énonciative de Y) et amorce une remise en cause interprétative (il transforme des faits apparemment objectifs et incontestables en point de vue soumis à réévaluation).

3.4. Présence de modalisations

Dans le corpus Sénat, on observe fréquemment en Y des modalisations en *pouvoir, sembler* souvent dans des tournures impersonnelles (*on peut*, passif, tournures pronominales), parfois au conditionnel. L'assertion Y est une simple éventualité ou possibilité à laquelle L n'adhère pas complètement. *Certes* la présente comme un point de vue à prendre en compte dans l'argumentation :

(19) En définitive, les SDAP ressentent un sentiment d'isolement et d'abandon et regrettent leur peu de relations avec la DAPA en espérant vivement pouvoir constituer un jour un échelon déconcentré du ministère de la culture à l'image des DRAC. Face à une situation qui n'est manifestement pas stabilisée, votre rapporteur spécial n'est pas en mesure d'indiquer des pistes de réforme, dans la mesure où, aussi nécessaire soit-il, l'échelon de base de l'administration du patrimoine dépend de ce qui sera fait aux autres niveaux. **Certes**, des progrès peuvent être envisagés, et l'enquête montre que certains services départementaux s'adaptent pour se comporter au moins autant comme une administration de conseil et de services que comme un gendarme ; mais la redéfinition des missions et du métier des SDAP supposent notamment que l'on sache comment vont évoluer les compétences des ACMH et des CRMH, et, en tout premier lieu, comment vont

se répartir les compétences entre échelons centraux et locaux de l'administration du patrimoine. (378 : 2001-2002)

Dans un genre discursif comme celui des rapports du Sénat dans lequel le texte est élaboré et doit présenter les différentes opinions et propositions recueillies sur une question, la configuration *certes* (…) *mais* permet au rapporteur de nuancer, d'équilibrer ses affirmations, en mettant en débat diverses opinions, en en faisant ressortir la pluralité et, dans une certaine mesure, la partialité : le tour *certes* Y *mais* Z construit la figure d'un contradicteur (qui peut être l'allocutaire) dont L reprend les arguments en les modalisant. Dans certains cas, des formes explicites de discours rapporté sont présentes :

(20) Cette faillite des journalistes conduit à s'interroger sur leur formation. En effet, comme celui de psychanalyste, le métier de journaliste ne requiert aucun diplôme particulier. Seul un journaliste en activité sur cinq sort d'ailleurs d'une école labellisée par la Commission nationale paritaire de l'emploi des journalistes ! **Certes,** on peut reprocher à ces écoles de fournir des professionnels formatés qui auront du mal à rendre compte d'une société en perpétuel mouvement. Mais dans un secteur où, quelle que soit la gravité de l'erreur ou de l'approximation, le soupçon de l'incompétence alimente la crise de confiance, le passage par ces établissements reconnus constitue la meilleure garantie d'un niveau de connaissances homogène et minimum. (13 : 2007-2008)

3.5. Y réduit à un mot ou un syntagme

On signalera pour terminer la configuration particulière dans laquelle *certes* porte sur un mot, ou un syntagme, qui se trouve corrigé, réévalué, redéfini par *mais* Z. Cette configuration opère donc un retour sur un mot pour redéfinir les qualités ou la caractérisation d'un objet, d'une notion, produisant différents types de dialogisme. On peut avoir une opposition comme en (21) entre deux lexèmes ou comme en (22) entre SN et SN + expansion.

(21) Je terminerai par la question du dispositif anti-concentration, évoquée par Étienne Mougeotte. Nous sommes ici, encore une fois, dans le cadre de la loi, pas de la régulation. La différence entre 49 % et 51 % n'est peut-être pas tellement importante, effectivement, dans le cas de TF1en l'occurrence. Mais sommes-nous prêts en France à ce qu'une télévision comme M6 soit à 60 ou 65 % entre les mains d'un opérateur, européen **certes**, mais allemand ? Du point de vue du droit européen, oui, selon la règle d'égalité de traitement des entreprises européennes. Du point de vue de l'esprit public, en France particulièrement aujourd'hui, cela me paraît difficile à concevoir. (352 : 2002-2003)

(22) Bref, le CRMH responsable de l'entretien et de la restauration des monuments historiques d'une région, est **certes** un chef d'orchestre, mais un chef d'orchestre qui doit composer avec toute une série d'intervenants qui ont tendance à jouer leurs propres partitions. (378 : 2001-2002)

En (21), le retour sur un mot signale, pour reprendre Ducard (2002), un « conflit des représentations » entre le droit européen et l'esprit public français en matière de concentration des médias. En (22), la configuration *certes* (…) *mais* opère une limitation de la notion « chef d'orchestre » et « dessine une image de l'objet de référence ». Dans ce dernier exemple, L corrige une dénomination métaphorique dans un mouvement de dialogisme intralocutif, alors qu'en (21), il revient sur une qualification qui relève de l'évidence, d'un savoir partagé, construisant alors un espace de dialogisme interdiscursif. Cet emploi de *certes* (...) *mais* par lequel le locuteur évalue l'adéquation du mot à la chose manifeste d'une certaine façon son activité méta-énonciative et pourrait être rapproché des configurations qui produisent une opacification (*au sens de, pas au sens de*)[24].

CONCLUSION

L'ensemble des observations menées sur notre corpus nous a permis de saisir comment les différents types de dialogisme sont construits en discours. C'est l'interaction entre *certes* et la forme de Y, la présence d'un oppositif, voire le genre de discours en tant qu'il participe à la définition de l'allocutaire, qui produit certains effets : L concède un argument à un adversaire, prend en compte une objection. C'est parce que *certes* transforme l'énoncé sur lequel il porte en point de vue, qu'il présente comme une certitude partagée (ou partageable) par l'allocutaire, et que ce point de vue est opposable à d'autres points de vue, qu'il va créer en discours un espace de dialogue. Cette altérité en langue rend possible la construction d'effets dialogiques. Une telle description permet de rendre compte de tous les emplois de *certes* et de sa spécialisation en français contemporain dans des emplois concessifs. C'est en effet la manifestation en contexte de façon plus ou moins perceptible de points de vue opposables ou opposés à Y qui donne à *certes* sa coloration concessive, dans la mesure où la zone de consensus qu'il délimite apparaît dès lors plus ou moins bornée. *Certes* n'est pas en lui-même l'instrument d'une stratégie argumentative mais une marque de la position du locuteur sur l'adéquation de son énoncé au monde.

Bibliographie

ADAM J.-M., 1990, *Éléments de linguistique textuelle : théorie et pratique de l'analyse textuelle*, Paris, Mardaga.

ADAM J.-M., 1997, « Du renforcement de l'assertion à la concession : variation d'emploi de *certes* », *L'information grammaticale*, 73, 3-9.

ANSCOMBRE J.-C., 1980, « Marqueurs et hypermarqueurs de dérivation illocutoire : notions et problèmes », *Cahiers de linguistique française*, 3, 75-124.

AUTHIER-REVUZ J., 1982, « Hétérogénéité montrée et hétérogénéité constitutive : éléments pour une approche de l'autre dans le discours », *DRLAV*, 26, 91-151.

AUTHIER-REVUZ J., 1996, *Ces mots qui ne vont pas de soi*, Tome 1, Paris, Larousse.

AUTHIER-REVUZ J., 2001, « Le discours rapporté », in *Grands repères culturels pour une langue : le français*, Paris, Hachette, 192.

24. Voir sur ce point Julia, 2001. La configuration en *certes* (...) *mais* n'est pas en elle-même opacifiante car elle ne comprend pas de mot métalinguistique.

BAKHTINE M., 1952/1979/1984 « Les genres du discours », *in Esthétique de la création verbale*, Paris, Gallimard, 265-308.

BERRENDONNER A., 1981, *Éléments de pragmatique linguistique*, Paris, Minuit.

BERTIN A., 2002, « L'émergence du connecteur *en effet* en moyen français », *Linx* 46, 37-50.

BRES J., « Sous la surface textuelle, la profondeur énonciative. Ebauche de description des façons dont se signifie le dialogisme de l'énoncé » *in* Haillet P.-P. et Karmanoui G. (eds), *Regards sur l'héritage de Mikhaïl Bakhtine*, Amiens, Encrage Édition, 11-34.

BRES J., HAILLET P. P., MELLET S., NØLKE H., ROSIER L., 2005, *Dialogisme et polyphonie. Approches linguistiques*, actes du colloque de Cerisy, De Boeck Duculot, col. Champs linguistiques.

CHAROLLES M., 1986, « La gestion des orientations argumentatives dans une activité rédactionnelle », *Pratiques* 49, 87-99.

COJOCARIU C., 2004, « Les adverbes de validation. Quelques hypothèses », *in* Rossari *et al.*, *Autour des connecteurs*, chapitre 5, Berne, Peter Lang, 183-214.

DUCARD D., 2002, « Concession, écart et transaction », *in* C. Dardy, D. Ducard et D. Maingueneau, *Un genre universitaire : le rapport de soutenance de thèse*, Presses universitaires du Septentrion, 85-98.

DUCROT O., 1984, *Le dire et le dit*, Paris, Minuit.

CATHERINE J., 2001, *Fixer le sens*, Paris, Presses de la Sorbonne nouvelle.

MAINGUENEAU D., 2008, « Hyperénonciateur et 'particitation' », *Langages*, 156, 111-125.

MELLET S. *et al.*, 2008, *Concession et dialogisme, les connecteurs concessifs à l'épreuve des corpus*, Berne, Peter Lang.

MOREL M.-A. 1996, *La concession en français*, Paris, Ophrys.

NØJGAARD M., 1992, *Les adverbes français : essai de description fonctionnelle*, Copenhague, Munksgaard.

PAILLARD D., à paraître a), « *Déjà* : adverbe ou marqueur discursif », Actes du colloque *Chronos*, 6.

PAILLARD D., à paraître b), « Marqueurs discursifs et scène énonciative ».

RODRÍGUEZ SOMOLINOS A., 1995, « *Certes, voire* : l'évolution sémantique de deux marqueurs assertifs de l'ancien français », *Linx* 32, 61-77.

Stéphane Bikialo
Université de Poitiers

Est-ce bien sérieux ? Dialogisme et modalisation pseudo-objective

Dans *Esthétique et théorie du roman*, Bakhtine donne plusieurs exemples de ce qu'il nomme, sans en approfondir la description linguistique, « motivation pseudo-objective » :

> La motivation pseudo-objective est, de façon générale, caractéristique du style romanesque, se présentant comme une variante de la construction hybride, sous forme de discours « étrangers » cachés. Les conjonctions subordonnées et les conjonctions de coordination (puisque, car, à cause de, malgré, etc.) et les mots d'introduction logique (ainsi, par conséquent, etc.) se dépouillent de l'intention directe de l'auteur, ont un ton étranger, deviennent réfractants, ou même s'objectivent totalement. (Bakhtine, 1934-1935/1978 : 126)[1]

M. Bakhtine emprunte la notion à Léo Spitzer qui, dans un article de 1918 repris dans *Stilstudien* (1928), s'attache à décrire « la motivation pseudo-objective chez Charles-Louis Philippe », en particulier dans le roman *Bubu de Montparnasse* (1901), ouvrage dont l'action se situe dans le milieu de la prostitution. Spitzer y relève un usage singulier de la locution prépositionnelle *à cause*

1. M. Bakhtine précise un peu plus loin ce qu'il entend par « discours réfractant » : « Le polylinguisme introduit dans le roman (quelles que soient les formes de son introduction), c'est *le discours d'autrui dans le langage d'autrui*, servant à réfracter l'expression des intentions de l'auteur. Ce discours offre la singularité d'être *bivocal*. Il sert simultanément à deux locuteurs et exprime deux intentions différentes : celle – directe – du personnage qui parle, et celle – réfractée – de l'auteur. Pareil discours contient deux voix, deux sens, deux expressions. En outre, les deux voix sont dialogiquement corrélatées, comme si elles se connaissaient l'une l'autre [...], comme si elles conversaient ensemble. Le discours bivocal est toujours à dialogue intérieur. Tels sont les discours humoristique, ironique, parodique, les discours réfractants du narrateur, des personnages, enfin les discours des genres intercalaires » (p. 144-145).

de mais aussi de *parce que, puisque, car* (et de *on*) qui non seulement introduisent, dans un écrit littéraire, le « langage parlé, non littéraire [...], prosaïque et quotidien », « comme s'il y avait une reproduction mimétique, voire de singerie du discours entendu », mais expriment « une certaine généralité évidente », ou plutôt « l'illusion de cette évidence », nous faisant « croire à une évidence qui n'existe pas »[2]. Spitzer s'arrête notamment sur l'exemple suivant.

(1) Le Quatorze juillet arriva [...]. Le peuple, ***à cause de*** l'anniversaire de sa délivrance, laisse ses filles danser en liberté.

La causalité introduit une raison qui n'a une validité objective qu'en apparence, dans la mesure où cette validité n'est acquise que pour les personnages du roman et non pour le lecteur. C'est donc à la fois la dimension pseudo-objective que pointe L. Spitzer (« le mode de présentation de Philippe est pseudo-objectif, il renonce à des évaluations, il se comporte face à ses personnages comme un référent impassible ») et la dimension dialogique (« on pourrait détacher par des guillemets des morceaux de discours direct ») en l'occurrence interdiscursive, reposant sur la mise en jeu d'un discours populaire.

C'est sur cette seconde dimension que va insister Bakhtine quand il se réapproprie la notion. Selon lui, la motivation pseudo-objective met en jeu et en relation deux éléments : des connecteurs logiques et un fait de présence du discours autre, comme en témoigne l'exemple qu'il propose :

(2) «... Mais M. Tite Bernicle était un homme boutonné jusqu'au menton et, ***en conséquence***, un homme de poids... »

> Voici un exemple de *motivation pseudo-objective*, qui apparaît comme l'un des aspects des paroles cachées « d'autrui », dans le cas présent, de « l'opinion publique ». Tous les signes formels indiquent que cette motivation est celle de l'auteur, et qu'il en est formellement solidaire, mais en fait, elle se place dans la perspective subjective des personnages ou de l'opinion publique. (Bakhtine, *ibid.*)

On est donc dans ces cas face à un énoncé en apparence formellement monologique (« tous les signes formels indiquent que cette motivation est celle de l'auteur »), mais dont l'interprétation en discours révèle le caractère dialogique, soit, pour l'exemple précédent, et pour reprendre les modalités descriptives proposées par J. Bres (2007 : 39-41) :

- acte d'énonciation enchâssant X issu d'un énonciateur E1 : « Mais M. Tite Bernicle était un homme boutonné jusqu'au menton » ;
- acte d'énonciation enchâssé Y issu d'un énonciateur e1, non explicité (relevant de « la perspective subjective des personnages ou de l'opinion publique ») : « et, en conséquence, un homme de poids ».

2. L. Spitzer, « La motivation pseudo-objective chez Charles-Louis Philippe », dans *Etudes de style*, trad. Jean-Jacques Briu, Ophrys, 2009. Je tiens à remercier J.-J. Briu de m'avoir donné accès à sa traduction non encore publiée au moment de la rédaction de cet article. Je renvoie aussi à l'article de J.-J. Briu (2003) pour un commentaire de l'article de Spitzer.

La motivation pseudo-objective consiste donc à lier deux parties d'un énoncé par une relation logique formulée par E1 mais attribuable à e1. Selon la nature de cette autre instance e1, la relation énonciative entre E1 et e1 relèvera du dialogisme interlocutif, interdiscursif ou de l'auto-dialogisme. Elle est une forme de « construction hybride » dans la terminologie de Bakhtine :

> Nous qualifions de construction hybride un énoncé qui, d'après ses indices grammaticaux (syntaxiques) et compositionnels, appartient au seul locuteur, mais où se confondent en réalité deux énoncés, deux manières de parler, deux styles, deux « langues », deux perspectives sémantiques et sociologiques. (Bakhtine, *ibid.*, p. 125-126)

L'hétérogénéité énonciative, si elle n'est pas marquée formellement, est toutefois repérable interprétativement au conflit discursif entre le connecteur et le contexte discursif. Le connecteur tente d'imposer un lien logique objectif (d'équivalence, de cause à effet, de justification) mais le discours autre (forcément interprétatif pour que l'interprétation objective demeure possible) dément ce lien logique, transformant ce qui serait une motivation objective en motivation « pseudo-objective ». Si les analyses de Spitzer et de Bakhtine permettent d'envisager et de décrire la dimension dialogique et l'effet discursif de la motivation pseudo-objective, ils ne permettent pas une véritable réflexion sur le statut sémiotique de cette configuration. L'objectif du présent travail consistera donc à donner corps à cette « motivation pseudo-objective », en explicitant son statut théorique, ses caractéristiques formelles et la nature du dialogisme qu'elle met en œuvre.

I. CADRE THÉORIQUE : DU SÉMIOTIQUE AU SÉMANTIQUE

On partira de la définition suivante que ce premier temps aura pour but d'expliciter :

> La modalisation[3] pseudo-objective (ou MPO) est une configuration linguistico-discursive dont le statut sémiotique complexe s'explique par la conjonction d'une forme de langue (le connecteur logique) et d'un fait de discours (présence d'un discours autre).

S'il n'existe pas de « marqueur » de MPO, au sens linguistique de forme spécialisée dans, et réservée au marquage de, cette configuration[4], un certain nombre de connecteurs logiques apparaissent comme des « signaux » dialogiques de MPO, au sens où ils disposent (en langue) d'un fort potentiel dialogique qui semble les disposer tout particulièrement à l'interprétation en modalisation pseudo-objective.

3. Le passage de la « motivation » à la « modalisation » sera explicité en 1.3.

4. C'est pourquoi, en accord avec les contributeurs de ce volume, nous parlerons de « signaux » de modalisation pseudo-objective pour les connecteurs analysés, appelés parfois dans la littérature linguistique « marqueurs discursifs » ou « marqueurs pragmatiques », et plus spécifiquement pour ce qui nous concerne « marqueurs de raisonnement », syntagmes ambigus quant à leur statut, le mot « marqueur » renvoyant à la langue et les expansions au discours.

Dans la mesure où ces « signaux » introduisent une forme de « double énonciation », qui modalise la dimension objective du connecteur logique par une présence de discours autre, donc de dialogisme, on parlera désormais de « modalisation » pseudo-objective.

1.1. La modalisation pseudo-objective comme forme d'hétérogénéité montrée

> Dans la langue objet de la linguistique n'existe et ne peut exister aucun rapport dialogique.
>
> [Linguistique et translinguistique] doivent se compléter, non se mélanger. Or, dans la pratique, très souvent, leurs frontières ne sont pas respectées.[5]

La « motivation pseudo-objective » relève du discours et non de la langue, mais rendre compte de cette configuration discursive implique une approche complémentaire de ces « deux manières d'être langue » (Benveniste, 1974 : 224), la langue comme sémiotique et comme sémantique :

> La langue combine deux modes distincts de signifiance, que nous appelons le mode SÉMIOTIQUE d'une part, le mode SÉMANTIQUE de l'autre. Le sémiotique désigne le mode de signifiance qui est propre au SIGNE linguistique et qui le constitue comme unité [...]. Toute l'étude sémiotique, au sens strict, consistera à identifier les unités, à en décrire les marques distinctives et à découvrir des critères de plus en plus fins de la distinctivité [...]. Avec le mode sémantique, nous entrons dans le mode spécifique de signifiance qui est engendré par le DISCOURS. Les problèmes qui se posent ici sont fonction de la langue comme productrice de messages [...]. En deuxième lieu, le sémantique prend nécessairement en charge l'ensemble des référents, tandis que le sémiotique est par principe retranché et indépendant de toute référence. L'ordre sémantique s'identifie au monde de l'énonciation et à l'univers du discours [...]. Le sémiotique (le signe) doit être RECONNU ; le sémantique (le discours) doit être COMPRIS. (Benveniste, 1974 : 63-65)

Dans la configuration qui nous intéresse, le signe qui doit être « reconnu », c'est le connecteur logique à la fois au niveau de son signifié (le rapport logique qu'il crée) et de la conjonction syntaxique qu'il effectue. L'élément formel par lequel passe la modalisation pseudo-objective est donc bien une forme de langue, mais son sens dialogique (introduisant une parole autre, voire une forme d'ironie du rapport logique) relève bien du discours, de la compréhension.

Les signaux de modalisation pseudo-objective que sont les connecteurs seront donc analysés comme des formes de langue, dont le signifié (en langue) permet l'activation (en discours) d'un emploi dialogique. Une telle démarche repose sur une conception du discours comme nécessairement affecté d'extérieurs à la linguistique, telle que l'a posée J. Authier-Revuz en s'appuyant

---

5. M. Bakhtine (1963-1970), *Problèmes de la poétique de Dostoïevski*, cité par J. Authier-Revuz (1982), p. 105.

notamment sur Bakhtine, et qui ne se comprend que si l'on accepte de penser l'homogénéité, le UN de la langue[6] :

> La prise en compte de l'hétérogénéité constitutive est, à mes yeux, pour la description linguistique des formes d'hétérogénéité montrée, un ancrage, nécessaire, à l'extérieur du linguistique. (Authier-Revuz, 1982 : 100[7])

Il est donc nécessaire de prendre en compte comment la langue et l'énonciation à la fois s'articulent, se complètent, sans se confondre. C'est à partir de cette hétérogénéité constitutive du mode sémantique, lui-même prenant appui sur l'homogénéité du mode sémiotique, que l'on pourra aborder la dimension dialogique des signaux de modalisation pseudo-objective.

1.2. Modalisation pseudo-objective et lissage syntaxique

La modalisation pseudo-objective, étant donné sa double caractérisation (présence d'un signal discursif et d'un discours autre), même si elle est une structure discursive et interprétative, repose sur certaines contraintes morphosyntaxiques[8]. Bakhtine insiste, dans sa caractérisation du « discours hybride », sur l'homogénéité formelle :

> Il faut le répéter : entre ces énoncés, ces styles, ces langages et ces perspectives, il n'existe, du point de vue de la composition ou de la syntaxe, aucune frontière formelle. Le partage des voix et des langages se fait dans les limites d'un seul ensemble syntaxique, souvent dans une proposition simple. (M. Bakhtine, *ibid.*, p. 126)

J. Bres a accordé une grande attention aux différentes structures syntaxiques dans lesquelles apparaît le dialogisme, proposant

> une ébauche de classement des différentes formes que prend la double énonciation en discours, depuis son marquage explicite – par une forme de dualité syntaxique ou par un signifiant d'hétérogénéité énonciative – jusqu'à son implicitation, voire la dilution totale de ses signifiants. (2007 : 40)

Ainsi, la dualité énonciative est maximalement explicitée dans le cas du discours direct, qui fonctionne par juxtaposition et dont « l'hétérogénéité concerne

6. J. Authier-Revuz (1995) : « C'est bien dans le souci de s'inscrire dans cette démarche qui, reconnaissant l'ordre de la langue comme affecté par des éléments qui lui sont extérieurs, part des formes de la langue (et non pas, basculant du côté de ces extérieurs et au risque d'y perdre l'objet langue, de catégories relevant de ces extérieurs) que [...] se rejoignent des travaux situés aux "frontières" énonciatives de la langue, comme, par exemple, ceux de J. et J.-C. Milner, d'A. Grésillon [...], ceux de C. Fuchs, de P. Le Goffic [...], et, à la suite de ma propre étude des formes de discours rapporté, le présent travail consacré à une configuration (méta-)énonciative particulière. », p. 56. Voir aussi M. Bakhtine, cité par T. Todorov (1981), p. 43.

7. La présentation de ces « extérieurs » et de cette hétérogénéité constitutive est reprise de manière synthétique dans J. Authier-Revuz (1984), « Hétérogénéité(s) énonciative(s) », *Langages* n° 73, p. 98-111.

8. La nature de la relation entre les connecteurs ou plus généralement la structure linguistique et l'interprétation polyphonique est l'objet des travaux des polyphonistes scandinaves réunis autour d'H. Nølke dans le cadre théorique de la SCAPOLINE.

tout d'abord le plan sémiotique, entraînant celle des plans syntaxique, énonciatif et discursif » (Authier-Revuz, 2001 : 196). Cette dualité énonciative est moins nette dans le cas du discours indirect qui se caractérise par une forme d'homogénéité syntaxique (Authier-Revuz, 2001 : 198) marquée par la subordination, et où « la subordination syntaxique offre ses services à la subordination énonciative » (Bres, 2007 : 41).

La modalisation pseudo-objective (désormais MPO) est une forme interprétative repérable – comme le discours indirect libre qu'elle introduit souvent – à certains signaux. Si la liste de ces signaux n'est pas close[9], certains connecteurs sont privilégiés, dans la mesure où ils semblent intégrer la possibilité dialogique qui permet l'activation en discours de l'effet de sens pseudo-objectif. Ils se présentent morphologiquement sous la forme de conjonctions de subordination (*parce que, puisque*), de coordination (*car, ou plutôt*), ou d'adverbes conjonctifs[10] (*donc, par conséquent, c'est-à-dire*).

La MPO va donc se caractériser par un contraste entre l'homogénéité syntaxique (marquée par la subordination ou la coordination) et l'hétérogénéité énonciative. La caractéristique et l'intérêt de cette configuration semblent même reposer sur ce contraste, l'effet pseudo-objectif étant renforcé voire permis par l'homogénéité syntaxique. Pour que le NON-UN apparaisse – condition de la perception de l'effet de MPO – il convient que le UN soit renforcé. S'opère ainsi une incidence de la valeur syntaxique de base de ces morphèmes (la conjonction) sur leur valeur sémantique : la conjonction syntaxique impose un lien sémantique (d'équivalence, de justification, d'explication ou de conséquence) aux deux éléments. C'est dans ce conflit entre la valeur en langue, qui repose sur l'homogène (syntaxique), et l'effet en discours, qui présente une hétérogénéité forte, que naît la MPO. Le signal permet en effet d'inscrire l'hétérogénéité, le dialogisme, dans des connecteurs dont le signifié est habituellement décrit comme recherchant à fixer le sens, à produire de l'homogène.

1.3. De la motivation à la modalisation pseudo-objective

L'effet d'objectivité de l'énoncé – comme son interprétation pseudo-objective dans un second temps – provoqué par le connecteur et la présence d'un discours autre font de la MPO une forme de modalisation épistémique, en particulier de cette forme de modalisation épistémique dialogique que représente la modalisation par discours autre. Comme l'écrit en effet J. Authier-Revuz,

> Les formes du type *selon X* sont à intégrer au paradigme des modalités d'énoncé « épistémiques » qui, entre les deux pôles du vrai/faux, inscrivent une riche palette de nuances. [...] Leur spécificité est que la modalisation y passe par le renvoi de l'assertion à un autre discours. (Authier-Revuz, 2001 : 200)

9. Des adverbes comme *visiblement* ou des expressions modales comme *il est clair* (voire certains pronoms personnels à portée générale comme le *on* et le *nous* selon L. Spitzer) peuvent marquer la MPO.

10. Terminologie proposée par M. Piot (1993), « Les connecteurs du français de France », *Linguisticae Investigationes* XVII-1.

La pseudo-objectivité se manifeste précisément dans ce « renvoi de l'assertion à un autre discours » que celui-ci soit interprété comme en (1) et (2), ou explicité comme en (3) :

(3) Si Dom Coursier voulait/Ne point celer sa maladie,/Lui loup gratis le guérirait ;/ ***Car*** le voir en cette prairie/Paître ainsi sans être lié/Témoignait quelque mal, **selon** la médecine. (La Fontaine, « Le cheval et le loup », *Fables*)

Le discours « pseudo-objectif » du loup, signalé par *car*, s'appuie sur le discours de la médecine, qui fonctionne ici comme une « modalisation en assertion seconde » (Authier-Revuz) introduite par *selon*. Le discours d'évidence est référé à une source extérieure, ce qui rapproche la modalisation pseudo-objective des « marqueurs évidentiels » au sens où les définissent P. Dendale et L. Tasmowski dans leur présentation au numéro de *Langue française* qu'ils ont consacré aux « Sources du savoir et leurs marques linguistiques » :

> Un marqueur évidentiel est une expression langagière qui apparaît dans l'énoncé et qui indique si l'information transmise dans cet énoncé a été empruntée par le locuteur à autrui ou si elle a été créée par le locuteur lui-même, moyennant une inférence ou une perception. [...] On peut accorder cette fonction à certains adverbes de phrase, tels *apparemment, visiblement* (constatation), *certainement, sûrement* (inférence, supposition), à des constructions impersonnelles telles que *il semble que, il paraît que* (ouï-dire), aux verbes modaux *devoir, pouvoir* dans leur acception épistémique, à des verbes pleins tels que *voir, entendre, sentir*, aux verbes de déclaration, aux prépositions *d'après, selon, pour*, aux morphèmes du futur conjectural et du conditionnel d'ouï-dire, aux guillemets de citation[11].

Dans la MPO, la source dialogique n'est le plus souvent pas indiquée – en dehors des cas de modalisation en assertion seconde – ce qui distingue les deux types de construction, l'apparente homogénéité énonciative contribuant à l'effet « pseudo-objectif ». C'est la nature de cette source (identifiée interprétativement) qui déterminera le type de dialogisme véhiculé par la MPO, qui est à ce titre un « mode du dire » au sens de J. Rey-Debove :

> Les modes du dire [...] sont caractérisés par la relation entre l'énonciateur et la source des paroles connotées. Elle est représentée par les pronoms personnels, et tous les noms de personnes, ou de groupes de personnages, de telle sorte que le langage de l'énonciateur (son idiolecte) soit situé par rapport aux paroles connotées qu'il n'assume pas entièrement. On peut ainsi envisager des modes aussi divers que ceux du *comme il dit, comme tu dis, comme on dit, comme disent les gens snobs, comme disent les savants, comme disent les Anglais*, et aussi, de l'étrange *comme je dis*. (Rey-Debove, 1978 : 267)

On pourra ainsi distinguer la MPO interlocutive, relevant du « comme tu dis », la MPO auto-dialogique, relevant du « comme je dis », et la MPO interdis-

11. P. Dendale et L. Tasmowski (1994), p. 5. Les auteurs précisent le lien avec la modalisation épistémique : « Dans la conception large, l'évidentialité englobe la notion de modalité comme expression de l'attitude épistémique du locuteur. Dans la conception étroite, l'évidentialité est le pendant et le complément épistémique de la modalité », p. 4.

cursive (majoritairement représentée dans les occurrences rencontrées) relevant du « comme il dit », « comme on dit », « comme dit/disent X ».

C'est cette convergence entre, d'une part, la motivation pseudo-objective et les formes de modalisation (épistémique et par discours autre) et, d'autre part, les notions de modalisation et d'énoncé dialogique, définies toutes deux par l'idée d'une « double énonciation »[12], que veut signifier la reformulation de la « motivation pseudo-objective » en « modalisation pseudo-objective ».

À la différence d'autres marqueurs ou signaux dialogiques étudiés dans ce volume qui portent en eux une valeur d'opposition ou de négation, les signaux de modalisation pseudo-objective relèvent d'une forme d'équivalence, voire d'identité, afin que se crée l'effet d'homogénéité porteur de « pseudo-objectivité ». C'est pourquoi nous nous concentrerons sur trois types de « marqueurs » : les marqueurs de conséquence (2), les marqueurs de cause (3) et les marqueurs de glose (4).

2. MODALISATION PSEUDO-OBJECTIVE ET « MARQUEURS » DE CONSÉQUENCE

De nombreuses MPO sont signalées par un « marqueur de consécution », en particulier ceux que C. Hybertie nomme, dans *La Conséquence en français*, les « marqueurs de raisonnement » qu'elle distingue des « marqueurs de consécution factuelle » (1996 : 2). Précisons immédiatement que si *donc* est un signal de MPO, il n'en est pas un marqueur et que de nombreux emplois de l'adverbe ne relèvent pas de la MPO :

> L'université devrait **donc** être aussi le lieu dans lequel rien n'est à l'abri du questionnement. (J. Derrida, *L'Université sans condition*, Galilée, 2001)

Le *donc* marque ici une étape du raisonnement, sans dialogisme.

Reste que l'origine temporelle de *donc* induit, selon Hybertie, que l'adverbe conjonctif

> n'exprime pas seulement qu'un fait x a produit, causé un fait y, mais que x et y sont toujours donnés en même temps. […] La concomitance place le mot du côté de la consensualité co-énonciative, c'est-à-dire qu'il impose la prise en charge de la relation par le co-énonciateur, co-énonciateur qui peut même être élargi à un auditoire universel. (Hybertie, 1996 : 8-9)

12. Cf. R. Vion (2001) : « Nous proposons d'appréhender la modalisation comme un phénomène mettant en œuvre une double énonciation : un locuteur met en scène dans son discours deux positions énonciatives différentes. L'une de ces énonciations va concerner le « contenu » et l'autre caractériser l'attitude modale. » (p. 220) ; et J. Bres (2007) : « On définira l'énoncé dialogique par la double énonciation, entendue comme le fait, résultant de l'enchâssement d'un acte d'énonciation dans un autre, que les opérations d'actualisation déictique et modale dudit énoncé, au lieu de s'appliquer, comme pour l'énoncé monologique, à un dictum, se sont appliquées à un énoncé [e], actualisé par un autre énonciateur (e1) », p. 13.

Qu'il s'agisse de son emploi comme adverbe de structuration, avec reprise de ce qui précède pour aller vers un mouvement conclusif – ce qui peut situer l'énoncé dans une perspective auto-dialogique – ou comme « marqueur pragmatique », introduisant un élément issu de la co-énonciation – relevant du dialogisme interlocutif ou interdiscursif –, *donc* semble disposer d'une disponibilité dialogique forte. Cette virtualité dialogique en fait un signal privilégié de modalisation pseudo-objective.

Ainsi, dans les emplois où *donc* introduit une idée nouvelle, la conclusion d'un raisonnement ou la clôture d'un mouvement discursif, Hybertie (1996 : 14-15) montre que la « causalité est présentée comme relevant de l'ordre du nécessaire [...] ; l'effet visé est d'imposer une conclusion purement subjective comme une vérité inscrite dans l'ordre des choses, comme une affirmation de type consensuel ». La MPO présente dans le raisonnement suivant de l'empereur Constantin s'appuie ainsi sur une forme de consensus (supposé, pseudo-objectif) qui relève du dialogisme interdiscursif :

(4) Voici comment il [l'empereur Constantin] raisonnait : Le baptême purifie tout ; je peux ***donc*** tuer ma femme, mon fils et tous mes parents ; après quoi je me ferai baptiser, et j'irai au ciel. (Voltaire, *Dictionnaire philosophique*, 1764, « Baptême »)

Trois actes d'énonciation coexistent ici : l'acte enchâssant E1 qui ouvre l'extrait (« Voici comment il raisonnait : »), puis un acte enchâssé e1 qui relève du discours direct en substance de Constantin (avec les déictiques temporels et personnels liés au mode de représentation du discours autre) et met en œuvre son raisonnement logique. Mais ce raisonnement s'appuie sur un acte enchâssé e2 qui relève de la doxa du discours religieux (« le baptême purifie tout ») avec présent de vérité générale. Si on accepte cette idée de purification par le baptême, on accepte alors la logique de Constantin : le but est de « l'imposer comme prise en charge par la co-énonciation », de créer un coup de force argumentatif qui serve sa logique cynique[13].

L'activation du potentiel dialogique de *donc* est toutefois plus fréquente avec la valeur qu'Hybertie nomme « d'identification », qui met en jeu la fonction métadiscursive du marqueur, correspondant « à la construction d'une équivalence sémantico-référentielle entre les termes mis en relation » avec « explicitation » : « l'énonciateur est évidemment seul responsable d'une telle équivalence, mais l'emploi de *donc* l'impose comme prise en charge par la co-énonciation » (Hybertie, 1996 : 11-12]. Ainsi en (5), c'est le discours gouvernemental (dialogisme interdiscursif) que reprend le quotidien *L'Humanité* dans son titre, pour poser à la fois une équivalence entre deux manières de dire et un lien de consécution :

(5) « grévistes ***donc*** hors la loi » (*L'Humanité*, 17/01/2009)

13. Je renvoie à Bikialo (2009) pour une analyse de cette motivation pseudo-objective dans le *Dictionnaire philosophique* de Voltaire, envisageant le rapport entre « discours sérieux », ironie et discours autre.

L'hétérogénéité énonciative entre X et Y, qui révèle la MPO, se situe ici au niveau des connaissances encyclopédiques liées au cadre discursif (le journal *L'Humanité*). En (6), le dialogisme interlocutif et le caractère ironique, non assumé, de la mise en relation des énoncés X et Y, est explicité par le début de l'énoncé (« m'sieurs dames de la France des plateaux »). Les énoncés entre guillemets se présentent comme des énoncés en modalisation en discours second (pouvant être introduits par un « comme ils disent ») :

(6) Si on les écoute, m'sieurs dames de la France des plateaux, je veux dire les plateaux de télévision et non les plateaux de la cantine, les paysans sont des pollueurs et des empoisonneurs. Les éleveurs, eux, sont des « tortureurs » de poulets et de cochons. Les vignerons sont des « saoûleurs » et ***donc*** des fabricants de chauffards, pendant que vous, les chasseurs, vous seriez des « viandards », des tueurs de Bamby ou de « Rox et Roucky ». (Jean-Marie Le Pen, Discours au forum Chasse et Ruralité, 20/02/07)

Le *donc* impose l'instauration d'une relation logique de consécution allant jusqu'à l'identification entre deux manières de dire.

Selon Hybertie, la différence entre *donc* et *par conséquent* serait que *par conséquent* est « un marqueur totalement univoque, qui indique une relation de consécution stricte » et qu'il « n'impose pas une validation consensuelle de la relation qu'il marque. Sa spécificité est précisément de désigner le seul énonciateur comme valideur de la relation consécutive et de la relation prédicative P2 » (1996 : 58). L'emploi de *par conséquent* en MPO semble invalider cette analyse puisque, dans les exemples suivants, on constate que *par conséquent* fonctionne de la même manière que *donc*, posant une relation consécutive non pertinente entre deux prédicats :

(7) Le roi devint amoureux de la jeune Sara, et donna au prétendu frère *beaucoup de brebis, de bœufs, d'ânes, d'ânesses, de chameaux, de serviteurs, de servantes* : ce qui prouve que l'Egypte dès lors était un royaume très puissant et très policé, ***par conséquent*** très ancien. (Voltaire, *Dictionnaire philosophique* « Abraham »)

(8) Maître Pangloss, le plus grand philosophe de la province, et ***par conséquent*** de toute la terre ». (Voltaire, *Candide*, chapitre 1)[14]

En (7), la relation consécutive entre « policé » et « ancien » apparaît comme un coup de force logique, qui relaie le « ce qui prouve » qui précède. Si la valeur de vérité n'est pas forcément en cause, la relation logique l'est, témoignant d'une hétérogénéité énonciative entre X et Y, e1 semblant attribuable à un « comme on dit ». En (8), l'extension spatiale de la « province » ne vaut que

14. Au-delà des deux marqueurs de consécution les plus fréquemment employés dans notre configuration, Voltaire utilise d'autres types de signaux comme *aussi*, *et* ou *par là* dans les exemples suivants : « Remarquez bien que les nez ont été faits pour porter des lunettes, ***aussi*** avons-nous des lunettes. Les jambes sont visiblement instituées pour être chaussées, ***et*** nous avons des chausses ». « Madame la baronne, qui pesait environ trois cent cinquante livres, s'attirait ***par là*** une très grande considération. » (*Candide*, chapitre 1). Le *aussi* et le *et* marquent un rapport de cause à effet qui relève de l'inversion logique, du raisonnement par l'absurde, attribuable au personnage qui prend en charge ce discours, Pangloss. Dans le second exemple, l'ironie vient de nouveau d'un rapport de cause à conséquence qui n'a rien de logique. Nous reviendrons sur la dimension ironique de la MPO en conclusion de ce travail.

dans le cadre de l'admiration sans bornes et irréfléchie que Candide porte à Pangloss : c'est donc la voix du personnage qui s'exprime, apparaissant comme un « discours réfractant » pseudo-logique au sein de la narration.

3. MODALISATION PSEUDO-OBJECTIVE ET « MARQUEURS » DE CAUSE

Nous repartirons de l'analyse fondatrice opérée par le groupe λ-1 qui, distingue, d'un point de vue syntaxique et énonciatif, d'une part, l'« opérateur » *parce que*, qui institue entre X et Y une relation de causalité instituée qui est l'objet même de la communication et, d'autre part, les « marqueurs de parole » *car* et *puisque*, qui marquent un acte de justification où le locuteur s'engage successivement sur X et Y. A ce titre, *parce que* s'avère beaucoup moins apte au dialogisme que *car* et *puisque* – ce qui est confirmé par l'étude de Ducrot (1980) qui se concentre sur les deux derniers, ou encore de Nølke et Olsen selon lesquels *puisque*, « à l'opposé de *parce que*, introduit une structure polyphonique assez subtile qui le rend tout à fait apte à jouer avec le DIL » (2002 : 135).

Or, on constate que *parce que* n'apparaît pas dans un contexte de modalisation pseudo-objective. Avec *parce que* en effet, X est « considéré comme une donnée incontestée », qu'il revient à Y d'expliquer : « or, il n'y a de sens à expliquer un fait à quelqu'un que si l'on est, préalablement, d'accord avec lui sur la réalité même de ce fait »[15]. *Parce que* présuppose donc une adhésion préalable de l'interlocuteur. « Au lieu d'affirmer brutalement un fait – ce qui pourrait susciter l'idée qu'il est incontestable – on en propose une explication, ce qui fait apparaître le fait comme hors de doute » (Groupe λ-1, 1975 : 260). Si *parce que* possède donc une dimension explicative qui le rend apte à introduire une explication « pseudo-objective », il ne possède pas ce potentiel dialogique, qui permettrait son emploi en MPO. C'est ainsi que dans l'énoncé suivant, Y est éminemment contestable (ou « pseudo-objectif ») mais n'introduit aucune parole autre que celle du locuteur :

(9) Mon père et mon grand-père, patrons pêcheurs exceptés en effet, des deux côtés des Le Pen, aussi loin que l'on remonte, on est paysans de père en fils. Donc ruraux. Donc le plus souvent chasseurs. Les miens sont les vôtres. Et quand je dis les miens, c'est ma famille, politique compris. ***Parce qu'***à Bruxelles et Strasbourg, au Parlement européen, ce sont les miens qui vous défendent depuis vingt ans. (Jean-Marie Le Pen, Discours au forum Chasse et Ruralité, 20/02/07)

La relation à l'autre fonctionne ici comme une adaptation démagogique à l'auditoire par les énoncés introduits par *donc* – voir exemple (6) – dont la valeur d'identification est rendue sensible par la reprise terme à terme du nom du forum lors duquel est prononcé ce discours (« Chasse et Ruralité ») dans le

15. Le Groupe λ-1 (1975), « Car, parce que, puisque », *Revue Romane* X 2, p. 259. Sur la valeur explicative de *parce que*, voir J.-M. Adam (1992), *Les Textes : types et prototypes*, Nathan, p. 132, qui fait de la conjonction l'opérateur prototypique de la séquence explicative.

discours introduit par les *donc* : « Donc ruraux. Donc le plus souvent chasseurs ». Le *parce que* impose comme une évidence (sans dialogisme) le fait que ce sont les élus FN au parlement européen qui défendent les chasseurs.

Avec *car* et *puisque*, dans la mesure où le locuteur s'engage successivement sur X et sur Y, la dissociation entre deux actes d'énonciation, nécessaire à la modalisation pseudo-objective, est potentiellement inscrite dans les marqueurs. Dans sa caractérisation « polyphonique » de ces deux marqueurs, O. Ducrot a proposé de distinguer *car*, où le locuteur assume, prend sous sa responsabilité X et Y, et *puisque* où, « le locuteur fait s'exprimer un énonciateur dont il se déclare distinct et qu'il identifie à l'allocutaire » (Ducrot, 1980 : 48). Dans l'énoncé suivant, le *puisque* sert clairement à introduire une MPO :

(10) « Je n'en avois nul droit, ***puisqu'***il faut parler net. » (La Fontaine, « Les animaux malades de la peste », *Fables*)

E1 (l'âne) fait explicitement référence au discours du lion en E2[16], ce que la modalité déontique (« il faut »), qui vient renforcer le *puisque*, confirme. La justification donnée par la conjonction n'est pas remise en cause par E1, elle est notée (dans la bonne foi de l'âne) comme s'appuyant sur une parole autre. En (11) et (12), ce n'est plus sur le mode interlocutif du « comme vous dites » mis en avant par Ducrot que le *puisque* est introduit, mais sur celui du « comme on dit » :

(11) Vous savez, les femmes, un rien les trouble ! la mienne surtout ! Et l'on aurait tort de se révolter là contre, ***puisque*** leur organisation nerveuse est beaucoup plus malléable que la nôtre. (Flaubert, *Madame Bovary*, 1857, chap. VI)

(12) On remit à causer des arrangements d'intérêt ; on avait, d'ailleurs, du temps devant soi, ***puisque*** le mariage ne pouvait décemment avoir lieu avant la fin du deuil de Charles, c'est-à-dire vers le printemps de l'année prochaine. (*ibid*, chap. III)

En (11), c'est Charles Bovary qui parle, et qui introduit par le *puisque* le stéréotype de l'« organisation nerveuse » différente des femmes, qui passe par un discours généralisant (article défini pluriel dans « les femmes », « on », présent de vérité générale) ; en (12), le mariage entre Emma et Charles est différé par la « décence » du temps du deuil de la première femme de Charles, le *puisque* introduit un dialogisme interdiscursif qui laisse place à la voix de la morale bourgeoise que porte l'adverbe *décemment*.

Si *puisque* semble essentiellement, en contexte de MPO, un marqueur de dialogisme interdiscursif[17], *car* introduit davantage du dialogisme interlocutif voire de l'autodialogisme.

16. Voici en effet le discours du lion quelques vers avant : « Ne nous flattons donc point, voyons sans indulgence / L'état de notre conscience ».

17. H. Nølke et M. Olsen (2002) analysent *puisque* (chez Flaubert en particulier mais aussi dans le discours philosophique) comme introduisant une « maxime » (p. 138-143). On soulignera la différence entre cette approche interdiscursive du *puisque* et la concentration de Ducrot (1980) sur sa dimension interlocutive.

C'est sans surprise, étant donné le caractère fortement égotiste et saturé de ce que L.-J. Calvet et J. Véronis nomment les « artifices oratoires »[18] du discours de N. Sarkozy, que nous avons pu constater la forte prédominance du *car* en contexte de modalisation pseudo-objective dans ses discours :

(13) Je vous propose de remplacer la logique du partage par celle de la croissance, ***car*** il faut créer la richesse avant de la distribuer. (N. Sarkozy, « Université d'été des jeunes populaires », 03/09/06)

L'énoncé X est clairement assumé par le « je » qui « propose » une orientation politique et économique et l'énoncé Y comme une justification de X : la formulation de cette justification ne passe plus par le « je » mais par une modalité déontique formulée de manière impersonnelle (« il faut »). Par la MPO marquée par *car*, le locuteur donne ainsi l'impression de s'appuyer sur une évidence, à la fois en raison de la valeur logique du *car* et de la dimension interdiscursive (en appui sur un « comme on dit », ou « comme dit le bon sens ») affichée de Y. Or, Y n'est que la reformulation présentée de manière « pseudo-objective » de X, relevant en fait d'un « comme je dis », d'un choix politique personnel (ou issu de la droite traditionnelle).

L'effet de modalisation pseudo-objective procède donc d'une justification qui n'est qu'apparemment logique. Dans les énoncés précédents, la pertinence de la justification, si elle peut être remise en cause par l'allocutaire, est assumée par le locuteur.

Un degré supplémentaire de distance est franchi avec les énoncés ironiques par antiphrase :

(14) Tous les conciles sont infaillibles, sans doute ; ***car*** ils sont composés d'hommes. (Voltaire, *Dictionnaire philosophique*, 1764, « Conciles »)

Y relève du paradoxe, inverse non seulement la logique commune mais également la doxa religieuse où l'infaillibilité est réservée au Pape : l'énoncé Y possède donc une dimension interdiscursive, relevant du « comme ils disent », le « ils » référant aux prêtres qui ne respectent pas même la religion selon Voltaire, dans la mesure où ils rendent les conciles auxquels ils participent « infaillibles ». On notera le jeu énonciatif sur la locution adverbiale *sans doute*, qui peut être attribuée au *ils*, à e1 (et dans ce cas, elle a valeur de modalisation épistémique de certitude), ou à E1 (elle aurait alors valeur de modalisation épistémique de doute). En (15), Y possède également une dimension dialogique interlocutive, puisque c'est la voix de ceux à qui s'adresse Baudelaire dans l'apostrophe (« bourgeois ») qui s'entend dans cet énoncé ironique :

(15) C'est donc à vous, bourgeois, que ce livre est naturellement dédié ; ***car*** tout livre qui ne s'adresse pas à la majorité, – nombre et intelligence, – est un sot livre. (Baudelaire, « Aux bourgeois », *Salon de 1846*)

Ce texte – comme le *Dictionnaire philosophique* de Voltaire – joue à merveille de la modalisation pseudo-objective, au point qu'il est parfois délicat de déter-

18. L.-J. Calvet et J. Véronis (2008), *Les Mots de Nicolas Sarkozy*, Seuil, p. 39 à 77 en particulier.

miner ce qui relève de ce qui est assumé par l'auteur et ce qui est attribuable aux « bourgeois ».

On peut enfin évoquer un degré de distance supplémentaire entre X et Y, lorsque *car* introduit un énoncé, assumé par un personnage, mais sans pertinence logique :

(16) Je l'appelais mon chou, ou Lulu, ou ma grosse, ou ma mie (celle du pain, pas l'autre), mais le plus souvent mon chou ***car*** elle avait, du chou, la rondeur presque parfaite, l'immobilité légumière et l'énigmatique beauté. (L. Salvayre, *La Conférence de Cintegabelle*, Seuil, 1999)

Le narrateur-personnage justifie par le *car* la dénomination affectueuse qu'il donne à sa compagne par une réactivation étymologique « légumière » contestable du diminutif hypocoristique « chou » (issu de « chouchou »). Il fait appel à la langue pour justifier son appellation.

4. MODALISATION PSEUDO-OBJECTIVE ET MARQUEURS DE GLOSE

Les marqueurs de glose peuvent signaler une MPO non seulement en raison de leur dimension explicative mais en ce qu'ils peuvent introduire un dédoublement énonciatif. Selon F. Douay et A. Steuckardt, par le biais des marqueurs de

> glose, les locuteurs – plus ou moins spontanément – retouchent ce qu'ils viennent de dire, reprenant une première expression X par une seconde expression Y, qu'ils la supposent plus claire pour leurs interlocuteurs ou qu'à leurs propres oreilles elle sonne plus juste, plus douce ou mieux choisie[19].

Ce commentaire met en avant le dialogisme latent de ces gloses, qu'il s'agisse d'une forme d'adaptation (supposée) aux interlocuteurs (dialogisme interlocutif ou interdiscursif), ou d'une recherche pour ses « propres oreilles » d'une meilleure formulation (auto-dialogisme). Dans les deux cas, le mouvement de spécification marqué par la glose favorise une double énonciation.

Citant Bakhtine qui évoque, face à « l'hétérologie sociale autour de lui, le mélange babylonien des langues qui se produit autour de tout objet », Todorov remarque que « la confrontation avec le discours d'autrui a ici un caractère 'paradigmatique': il s'agit en quelque sorte d'un conflit entre plusieurs appellations substituables d'un même objet ». (1981 : 112). Ce conflit dialogique est particulièrement visible dans la modalisation pseudo-objective. En témoignent ces deux extraits empruntés à S. Leroy (2005) qui analyse le *donc* marqueur de glose :

19. F. Douay et A. Steuckardt (2005), « Avant-propos », dans *Les Marqueurs de glose* (dir. A. Steuckardt et A. Niklas-Salminen), p. 9. On soulignera le lien entre ces marqueurs de glose et ce que J. Rey-Debove nomme la « figure autonymique » (1978 : 270). Sur ce sujet, voir aussi Steuckardt (2003) et Bikialo (2005), mais également C. Rossari (1990 et 1994) qui analyse notamment les « marqueurs de reformulation non paraphrastique » comme aptes à signifier un « changement de perspective énonciative » (1990 : 348-349).

(17) Un serin tenait mieux. Lâché dans la chambre des chats, toute nue, dépourvue de lustre, ***donc*** de perchoir, il ne pouvait s'accrocher à rien. (Bazin, *Le Bureau des mariages*, 1951, cité par S. Leroy, 2005 : 168)

(18) [Ce] n'est peut-être que le reflet d'une volonté opiniâtre de me convertir, et ***donc***, de son point de vue, de me sauver. (Rolin, *L'Organisation*, 1996, *Ibid.* : 165)

En (18), la double énonciation est soulignée par l'expression « de son point de vue » qui signale l'emprunt à une parole autre. En (17), la glose introduite par *donc* permet de passer de la voix du narrateur à celle du serin : « il y a transformation du point de vue sur X : un lustre est en fait, du point de vue du serin, un perchoir » (Leroy, 2005 : 168).

Dans ce type de MPO, *c'est-à-dire* fonctionne comme un signal privilégié, faisant référence par le métaterme même qui le compose à une parole. M. Murat et B. Cartier Bresson ont en effet montré que la « reprise interprétative » qu'il met en œuvre oriente et limite l'interprétation par la référence à une norme d'expression :

> Le point fondamental est donc la présupposition par *c'est-à-dire* d'une *norme d'expression commune* aux interlocuteurs, en fonction de laquelle la première formulation est reprise, avec tout ce que le mot comporte de dogmatisme (on dit "se reprendre", et aussi "reprendre quelqu'un"). Le locuteur allègue cette norme, se plaçant sous l'autorité soit du code proprement dit, soit des usages langagiers et des conceptions du monde qu'ils transmettent (M. Murat et B. Cartier-Bresson, 1987 : 7).

Sans que les auteurs explicitent ce rapport à l'autorité, c'est bien une forme de dialogisme qui est pointée ici. L'exemple suivant passe ainsi par les signaux dialogiques de MPO, *c'est-à-dire* reliant X et Y, et *ou* reliant Y et Z :

(19) Tandis qu'il [Charles] étudiait les équins, les varus et les valgus, ***c'est-à-dire*** la stréphocadopodie, la stréphendopodie et la stréphexopodie (***ou, pour parler mieux***, les différentes déviations du pied, soit en bas, en dedans ou en dehors), [...] M. Homais, par toute sorte de raisonnements, exhortait le garçon d'auberge à se faire opérer. (Flaubert, *Madame Bovary*, deuxième partie, chapitre XI.)

L'emprunt à la manière de parler du discours médical latin puis grec en X et Y crée un dialogisme interdiscursif. L'énoncé met en contact au moins deux voix : en X et Y, la voix du personnage (Charles tentant pathétiquement de comprendre un manuel de médecine ou Homais se gargarisant vaniteusement de ces formulations scientifiques) et en Z la voix du narrateur ironisant sur ses personnages, comme en témoigne la parenthèse et l'expression méta-énonciative *pour parler mieux*. Le caractère pseudo-objectif du *c'est-à-dire* est ici un des outils de l'ironie à l'égard des personnages et du discours médical qui est pastiché. Ce mouvement de spécification correspond en effet à la valeur habituellement mise en avant – et détournée dans le cas de la MPO – de la reformulation ou de la glose comme explicitation, recherche de l'univocité, notamment dans le cadre de la vulgarisation (scientifique), qui consiste à juxtaposer dans l'énoncé deux (ou plusieurs) noms, l'un savant, l'autre non – ce dernier fonctionnant comme « traduction » du premier à l'adresse d'un public non-spécialiste – et tous ensemble référant à la même réalité[20].

L'énoncé suivant se présente ainsi sur le même modèle dialogique de glose interdiscursive, mais sans MPO :

(19') les hernies de l'estomac qui se produisent par l'orifice oesophagien ou hiatus oesophagien, ***c'est ce qu'on appelle*** les hernies hiatales. (Quillet, cité par Bouverot, 2005 : 31)

Il s'agit par ce mouvement de spécification d'établir une norme commune d'expression, la reformulation pouvant être définie comme « le résultat du travail sur toute information afin de l'adapter à un type de destinataire précis et en fonction d'une action déterminée » (Pétroff, 1984 : 53). C'est ainsi que la reformulation paraphrastique a surtout été analysée dans une perspective pragmatique, comme moyen de surmonter les obstacles de la communication[21], de « fixer le sens »[22].

Cette manière qu'a le *c'est-à-dire* d'imposer une norme le rend particulièrement apte à la MPO dans la mesure où sa seule présence peut suffire à instaurer une équivalence entre deux énoncés qui n'en ont pas forcément (ou pas du tout) en apparence. L'équivalence renforce l'effet pseudo-objectif issu de la présence de deux sources énonciatives différentes.

C'est avec cette valeur de « fixation du sens » que joue la MPO utilisant *c'est-à-dire* ou d'autres formes de marqueurs de glose moins pour spécifier le sens à des fins interlocutives que pour mettre en scène une forme de renforcement du discours de E1 :

(20) Quant à l'action, qui va commencer, elle se passe en Pologne, ***c'est-à-dire*** Nulle Part. (« Discours d'A. Jarry », préface à *Ubu roi*)

(21) Certainement, je m'y entends, puisque je suis pharmacien, ***c'est-à-dire*** chimiste ! (Flaubert, *Madame Bovary*, chapitre 8)

(22) Je veux que l'on rende la parole, ***c'est-à-dire*** sa dignité, ***c'est-à-dire*** ses droits, ***c'est-à-dire*** sa légitimité à la représentation des Français, au parlement de la République. (François Bayrou, « Discours à Nice », 17/03/07

En (20), l'équivalence entre X et Y semble absurde par son caractère arbitraire – même si elle est justifiée ensuite par une proposition étymologique. En

20. M.-F. Mortureux (1984), « La dénomination : approche socio-linguistique », *Langages* n° 76, p. 103. J. Authier-Revuz (1982) a analysé ce type de discours de vulgarisation où « les deux discours montrés comme étrangers l'un à l'autre, images en discours du dialogue rompu entre communauté scientifique et public, sont mis en contact dans un discours un, dans son hétérogénéité, qui s'institue lui-même comme un lieu de rencontre – et non comme un simple instrument de transmission », p. 43.

21. E. Gülich et T. Kotschi (1983) : « *l'emploi d'une paraphrase permet de résoudre un certain nombre de problèmes communicatifs : problèmes de compréhension, problèmes concernant la prise en compte de l'interlocuteur, problèmes de menaces potentielles pour les faces des interlocuteurs, etc.* », p. 305. Voir aussi le numéro de *Langue française* consacré à « La reformulation du sens dans le discours » (n° 73, février 1987).

22. Voir C. Julia (2002), *Fixer le sens ? La sémantique spontanée des gloses de spécification du sens*, Presses de la Sorbonne nouvelle.

(21), l'équivalence paraphrastique posée par le *c'est-à-dire* entre « pharmacien » et « chimiste » sert la vanité d'Homais. En (22), la série d'équivalences se veut une revendication personnelle d'une vision de la politique sans que les termes reliés soient « objectivement » équivalents. Dans les trois cas, c'est une forme d'auto-dialogisme qui est sensible, un « comme je dis » permettant de poser une équivalence entre des termes ou notions distincts[23].

EN GUISE DE CONCLUSION : MPO, DISCOURS SÉRIEUX ET IRONIE

La modalisation pseudo-objective est une configuration discursive, interprétative, signalée par la présence de ce qui est appelé couramment un « marqueur discursif » qui introduit un discours autre, une autre voix. Nous avons ainsi cherché à montrer comment elle permettait d'activer le dialogisme latent de certains connecteurs, et comment l'hétérogénéité énonciative se manifestait au sein et/ou à partir de cette démarcation entre deux énonciations.

Au cours des différents exemples évoqués, deux types de modalisation pseudo-objective sont apparus : la plus fréquente est une « MPO ironique », où la relation logique comme la référence à une parole autre témoignent d'une distance de l'énonciateur par rapport aux propos énoncés en Y. À ce titre, la MPO donne la possibilité de prolonger l'étude de la dimension dialogique de l'ironie, de « l'ironie comme mention » initiée par D. Sperber et D. Wilson :

> Toutes les ironies sont interprétées comme des mentions ayant un caractère d'écho : écho plus ou moins lointain, de pensées ou de propos, réels ou imaginaires, attribués ou non à des individus définis. [...] Ces mentions sont interprétées comme l'écho d'un énoncé ou d'une pensée dont le locuteur entend souligner le manque de justesse ou de pertinence. (1978 : p. 408-409)[24].

Dans la MPO, l'ironie porte précisément sur la relation logique qui est instaurée entre deux énoncés. Cette forme très fréquente de MPO explique qu'il a été aisé d'en relever chez Voltaire, Flaubert, Baudelaire... où l'ironie repose essentiellement sur un dialogisme interdiscursif.

Mais il est aussi une forme de MPO, qu'on pourrait appeler « MPO gnomique », qui permet le passage en force, l'imposition d'évidence d'arguments par le double recours au connecteur logique et à un discours autre (ou à un ren-

23. Ce type de jeu avec la dimension dogmatique (objective) et dialogique des marqueurs de reformulation apparaît dans certains textes littéraires comme une manière de rendre problématique et progressive la construction de la référence en semblant au contraire la spécifier comme c'était le cas en (16) avec « mon chou ». Je renvoie à *Plusieurs mots pour une chose* (S. Bikialo, 2003) où est analysé ce leurre de spécification qu'on trouve dans les formes de « nomination multiple » (marquées par *ou plutôt*, *c'est-à-dire*, les parenthèses et tirets doubles, la forme *non pas... mais*), en particulier dans l'écriture de Claude Simon. Plus qu'un moyen de fournir une réelle spécification, ce type de configuration semble insister sur la présence du locuteur, ainsi que sur une mise en scène de cette recherche exhibée du UN, soulignant que la référence ne va pas de soi.

24. M. Braester (1995) a analysé ce lien entre connecteurs pragmatiques et ironie en particulier dans les écrits d'E. Ajar.

forcement du sien dans le cas de l'auto-dialogisme). Ce type de MPO, non ironique, est apparu en particulier dans le discours politique, chez Le Pen, Sarkozy ou Bayrou ou plus généralement (chez La Fontaine et Voltaire) dans les mises en scène d'un « discours sérieux » où, selon Ph. Hamon, la logique règne en maître ou plutôt s'efforce de régner, selon le principe d'une « mécanisation de la pensée (chaînes de raisonnement, d'argumentations ou de déductions) » (1996 : 67) :

> Il se veut « efficace », « réaliste », et se présente comme un discours vérifiable et crédible, comme un « pacte de créance » souscrit entre un auteur et un lecteur [...]. Les discours religieux, juridiques, scientifiques et politiques incarnent parfaitement ce discours sérieux. Ce sont tous des discours persuasifs, assertifs et argumentatifs [...], citationnels (ils se réfèrent toujours à quelque texte canonique sacré)[25].

La fin de cette caractérisation pointe explicitement le caractère dialogique de ce discours pseudo-objectif, donc peu sérieux.

Bibliographie

ADAM J.-M. (1992), *Les Textes : types et prototypes*, Nathan.

AUTHIER-REVUZ J. (1982a), « Hétérogénéité montrée et hétérogénéité constitutive : éléments pour une approche de l'autre dans le discours », *DRLAV* 26, p. 91-151.

AUTHIER-REVUZ J. (1982b), « La mise en scène de la communication dans des discours de vulgarisation scientifique », *Langue française* 53, p. 34-47.

AUTHIER-REVUZ J. (1987), « L'auto-représentation opacifiante du dire dans certaines formes de couplage », *DRLAV* 36-37, p. 55-103.

AUTHIER-REVUZ J. (1995), *Ces mots qui ne vont pas de soi. Boucles réflexives et non-coïncidences du dire*, Larousse.

AUTHIER-REVUZ J. (2001), « La représentation du discours autre », dans *Une langue : le français* (dir. R. Tomassone), Hachette, p. 192-201.

BAKHTINE M. (1934-1935/1978), *Esthétique et théorie du roman*, Gallimard, « Tel ».

BENVENISTE (1966 et 1974), *Problèmes de linguistique générale*, t. 1 et 2, Gallimard, « Tel ».

BERTHOMIEU G. (1990), « Discours intérieur et dissimulation dans *Aurélien* », *Revue d'histoire littéraire de la France*, vol. 90, n° 1, p. 18-33.

BIKIALO S. (2002), « De la prédication seconde à la prédication multiple », dans *Aspects de la prédication* (éd. S. Leroy et A. Nowakowska), Praxiling, « Langue et praxis », Université Paul Valéry, Montpellier III, p. 141-153.

BIKIALO S. (2003), *Plusieurs mots pour une chose. De la nomination multiple au style de Claude Simon*, thèse de doctorat, Université de Poitiers.

BIKIALO S. (2005), « De la reformulation à la glose : l'exemple de *ou plutôt* », dans *Les Marqueurs de glose* (dir. A. Steuckardt et A. Niklas-Salminen), P.U. Provence, p. 145-158.

BIKIALO S. (2009), « La motivation pseudo-objective dans le *Dictionnaire philosophique* de Voltaire », *L'Information grammaticale* 120, p. 33-37.

BOUVEROT D. (2005), « Les marqueurs formés sur *appeler* d'après le TLFi », dans *Les Marqueurs de glose* (dir. A. Steuckardt et A. Niklas-Salminen), P.U. Provence, p. 29-36.

25. Ph. Hamon (1996), *L'Ironie littéraire*, Hachette, p. 59-63.

BRAESTER M. (1995), « Connecteurs pragmatiques, connecteurs ironiques », dans *Tendances récentes en linguistique française et générale. Volume dédié à D. Gaatone* (éd. H. B. Z. Shyldkrot et L. Kupferman, J. Benjamins, p. 111-119.

BRES J. (1998), « Entendre des voix : de quelques marqueurs dialogiques en français », dans *L'Autre en discours* (eds. J. Bres, R. Delamotte-Legrand, F. Madray-Lesigne, P. Siblot), Praxiling, p. 191-212.

BRES J. (2007), « Sous la surface textuelle, la profondeur énonciative. Les formes du dialogisme de l'énoncé », dans *Sproglog Polyfoni* (dir. R. Therkelsen, N. Møller Andersen et H. Nølke), Aarhus Universitetsforlag, p. 37-54.

BRIU J.-J. (2003), « 1928 : Léo Spitzer enquête sur l'implicite des formes linguistiques dans Bubu de Montparnasse de Charles-Louis Philippe », dans *Lire entre les lignes : L'implicite et le non-dit* (dir. N. Fernandez Bravo), Presses Sorbonne Nouvelle, p. 211-216.

CALVET L.-J. et VERONIS J. (2008), *Les Mots de Nicolas Sarkozy*, Seuil.

CULIOLI A., (1990), « Donc », dans *Pour une linguistique de l'énonciation. Opérations et représentations*, t. 1, Ophrys, p. 169-176.

DENDALE P. et TASMOWSKI L. (1994), « Présentation : l'évidentialité ou le marquage des sources du savoir », *Langue française* 102, p. 3-7.

DOSTIE G. et PUSCH C.-D. (2007), « Présentation : les marqueurs discursifs. Sens et variation », *Langue française* 154, p. 3-12.

DUCROT O. *et alii* (1980), *Les Mots du discours*, Minuit.

GÜLICH E., KOTSCHI T. (1983), « Les marqueurs de la reformulation paraphrastique », *Cahiers de linguistique française* 5, p. 305-351.

HAMON Ph. (1996), *L'Ironie littéraire. Essai sur les formes de l'écriture oblique*, Hachette.

HYBERTIE C. (1996), *La Conséquence en français*, Ophrys.

JULIA C. (2001), *Fixer le sens ? La sémantique spontanée des gloses de spécification du sens*, Presses de la Sorbonne nouvelle.

LE GROUPE Λ-1 (1975), « Car, parce que, puisque », *Revue romane*, X, 2, p. 248-280.

LEROY S. (2005), « *Sécurité, donc sûreté*. L'emploi de *donc* comme marqueur de glose », dans *Les Marqueurs de glose* (dir. A. Steuckardt et A. Niklas-Salminen), P.U. Provence, p. 159-170.

MORTUREUX M.-F. (1984), « La dénomination : approche socio-linguistique », *Langages* 76, p. 95-112.

MURAT M., CARTIER-BRESSON B. (1987), « C'EST-À-DIRE ou la reprise interprétative », *Langue française* 73, p. 5-15.

NØLKE H. (1994), « La dilution linguistique des responsabilités. Essai de description polyphonique des marqueurs évidentiels *il semble que et il paraît que* », *Langue française* 102, p. 84-94.

NØLKE H. et OLSEN M. (2002), « *Puisque* : indice de polyphonie ? », *Faits de langue* 19, p. 135-146.

PETROFF A.-J. (1984), « Sémiologie de la reformulation dans le discours scientifique et technique », *Langue française* 64, p. 53-67.

PIOT M. (1993), « Les connecteurs du français de France », *Linguisticae Investigationes* XVII : 1, p. 142-160.

REY-DEBOVE J. (1978), *Le Métalangage*, Armand Colin/Masson.

RIEGEL M., TAMBA I. (dir.) (1987), *Langue française* 73, « La reformulation du sens dans le discours ».

ROSSARI C. (1990), « Projet pour une typologie des opérations de reformulation », *Cahiers de linguistique française* 11, p. 345-359.

ROSSARI C. (1994), *Les Opérations de reformulation. Analyse du processus et des marques dans une perspective contrastive français-italien*, Berne, Peter Lang.

ROSSARI C. et JAYEZ J., 1997, « Connecteurs de conséquence et portée sémantique », *Cahiers de linguistique française* 19, p. 233-266.

SPERBER D. et WILSON D. (1978), « Les ironies comme mention », *Poétique* 36, p. 399-412.

SPITZER L. (1928), « La motivation pseudo-objective chez Charles-Louis Philippe », dans *Stilstudien*, Munich, Hueber, traduction française par J.-J. Briu à paraître chez Ophrys, 2009.

STEUCKARDT A., NIKLAS-SALMINEN A. (dir.) (2003), *Le Mot et sa glose*, Aix-en-Provence, Publications de l'Université de Provence.

STEUCKARDT A., NIKLAS-SALMINEN A. (dir.) (2005), *Les Marqueurs de glose*, Publications de l'Université de Provence.

TODOROV T. (1981), *Mikhaïl Bakhtine. Le principe dialogique*, suivi de *Écrits du Cercle de Bakhtine*, Seuil, « Poétique ».

VIGNAUX G. (1988), *Le Discours acteur du monde. Enonciation, argumentation et cognition*. Ophrys.

VION R. (2001), « Modalités, modalisations et activités langagières », *Marges linguistiques* 2, p. 209-231.

ZENONE A. (1981), « Marqueurs de consécution : le cas de *donc* », *Cahiers de linguistique française* 2, p. 113-139.

ZUFFEREY S. (2006), « Connecteurs pragmatiques et métareprésentation : l'exemple de *parce que* », *Nouveaux Cahiers de linguistique française* 27, p. 161-179.

Sylvie Mellet
BCL, Université de Nice-Sophia Antipolis, CNRS, MSH de Nice

Dialogisme, parcours et altérité notionnelle : pour une intégration en langue du dialogisme ?

ENJEUX ET OBJECTIF

Le dialogisme a-t-il une place en langue ? Ou, plus exactement, le dialogisme qui – si l'on en croit Bakhtine – ne relève pas de la linguistique, mais de ce qu'il appelle la « translinguistique »[1], est-il un fait purement discursif sans aucun soubassement linguistique, ou a-t-il un support en langue ? L'hypothèse qui sous-tend cette contribution est que le dialogisme, cette présence dans un énoncé d'autres voix porteuses d'énoncés auxquels l'énoncé en cours fait écho, est à ce point inhérent au langage humain qu'il ne saurait reposer sur de simples effets contextuels liés à l'actualisation en discours, mais qu'il doit nécessairement s'appuyer, en amont de la production langagière, sur des opérations énonciatives stables qui ont intégré et formalisé en langue ce processus dialogique[2]. Mon objectif sera donc de cerner ces opérations et d'analyser leurs rapports avec le fait dialogique. Car même si le dialogisme est un phénomène très couvrant et polymorphe, son expression et son interprétation sont nécessairement portées par des marqueurs, entendus au sens précis que nous lui avons donné dans l'article introductif de ce numéro. On voit alors comment la question liminaire, générale et théorique, conduit à une réflexion sur les liens entre

1. « Les rapports dialogiques [...] sont un objet de la translinguistique. [...] Dans la langue, objet de la linguistique, n'existe et ne peut exister aucun rapport dialogique », *La poétique de Dostoïevski* [1963] (trad. I. Kolitcheff), Paris, Seuil, 1970, p. 239. Cité par Vladimir Mikhaïlovitch Alpatov *in* R. Therkelsen, N. Møller Andersen et H. Nølke (éds.), 2007 : 209.

2. Sur l'articulation entre linguistique et translinguistique, voir aussi Moirand (2004), en particulier pp. 200-201.

dialogisme et grammaire : car, sans occulter que le dialogisme traverse aussi le lexique[3], on constate que la liste des marqueurs privilégiés jusqu'ici répertoriés est principalement constituée de marqueurs grammaticaux[4]. La réponse à la question initialement posée passera donc par l'étude de quelques-uns d'entre eux et par la recherche de ce que Culioli appelle leur « forme schématique », dans l'espoir de mettre au jour ce dont ils sont constamment et unanimement la trace : leur éventuel point commun pourra, s'il est sémantiquement et énonciativement pertinent, fournir l'ancrage linguistique du dialogisme. Conséquemment, cette mise en dialogue de l'approche dialogique et de la Théorie des Opérations Enonciatives (désormais TOE) permettra peut-être de mieux appréhender où passe la frontière entre ce qui, au sein de la grammaire, est nécessairement dialogique et ce qui peut ne pas l'être, entre marqueur et simple signal de dialogisme.

I. CADRE THÉORIQUE ET CHOIX TERMINOLOGIQUES

La notion bakhtinienne de dialogisme a été présentée en introduction de ce numéro, je n'y reviens donc pas. En revanche, il convient de préciser que, sans être aussi stricte que Bres et Nowakowska, pour qui l'énoncé [e] « rapporté » [*i.e.* dont l'énoncé dialogique se fait l'écho] a nécessairement, pour le locuteur, « le statut d'un énoncé actualisé[5] » (2006 : 29), je me situe néanmoins dans cette même mouvance qui confère au dialogisme la vertu de donner à entendre, non pas seulement des points de vue, mais des énoncés assertables, c'est-à-dire susceptibles d'être pris en charge par un énonciateur. Je reviendrai ultérieurement sur cette notion de prise en charge, cruciale pour mon propos. Convenons seulement, pour l'instant, que le dialogisme au sens strict, par lequel un énoncé répond à d'autres « énoncés qui l'ont précédé ou qui lui succèderont » (Bakhine 1952/1979/1984b : 355) ne saurait se contenter de prendre appui sur des contenus sans expression, sur de simples signifiés propositionnels désincarnés.

L'autre postulat théorique a déjà été évoqué en introduction : toute opération énonciative laisse une trace en discours sous la forme de divers marqueurs, lexicaux et grammaticaux, qui fournissent au linguiste les observables à partir desquels il peut reconstruire un modèle méta-linguistique susceptible de rendre compte de l'opération initiale, en elle-même inatteignable et inobservable. C'est donc en partant de l'étude d'un certain nombre de marqueurs grammaticaux réputés pour être associés de façon particulièrement fréquente et transparente à l'expression du dialogisme que l'on peut espérer modéliser les

---

3. Cf. Siblot (2001) : « De la dénomination à la nomination. Les dynamiques de la signifiance nominale et le propre du nom », *Cahiers de praxématique* 36 : 189-214.

4. Voir par exemple Bres 1999 et 2007.

5. C'est ce terme « actualisé » qui me paraît ici excessif – sauf à entendre simplement par là que la relation prédicative « rapportée » est bien repérée par rapport à une situation de référence qui définit ses repérages déictiques et donc sa valeur référentielle, condition qui, dans ma terminologie, est contenue dans la définition même de l'énoncé.

quelques opérations cognitivo-linguistiques qui sont à la base de celui-ci et sont susceptibles de rendre compte – parmi d'autres modèles possibles – de la puissance dialogique de ces marqueurs. On commencera par deux marqueurs appartenant au champ de la concession, bien connu pour être un lieu d'expression dialogique par excellence.

2. *QUAND MÊME* ET *QUAND BIEN MÊME*

Quand même et *quand bien même* sont deux marqueurs formellement proches, mais de statut morphosyntaxique différent. Ils engagent cependant les mêmes opérations énonciatives de base et illustrent à merveille l'un des postulats de la TOE selon lequel « toute forme synthétique complexe – à savoir une forme que l'on peut appréhender en termes de constituants, dont on peut retracer en diachronie la genèse – conserve, au moins en partie, les propriétés fonctionnelles de ses unités constitutives »[6].

En effet, sans être à proprement parler compositionnel, le signifié de *quand même* repose sur deux opérations énonciatives qui sont respectivement portées par chacun de ses deux formants : une opération de parcours sur une classe d'occurrences temporelles exprimée par *quand*[7] et une opération de repérage par identification exprimée par *même*[8]. Etymologiquement le parcours opère sur la classe des instants *t* ; l'usage a élargi les emplois pour couvrir tout ensemble de procès, temporellement situés, susceptibles de servir de cadre circonstanciel à la relation prédicative. Quant à l'opération d'identification, elle présuppose qu'une valeur de la relation prédicative a préalablement été stabilisée, à laquelle puisse être identifiée la prédication en cours. Le dialogisme d'un énoncé incluant *quand même* consiste donc à exploiter ces deux opérations de la manière suivante : l'énonciateur primaire reprend et valide un énoncé précédent après avoir envisagé tout un ensemble d'énoncés opposés ou contraires, et il donne explicitement à entendre que son assertion représente une nouvelle prise en charge, plus consciente et plus critique, de l'énoncé initialement posé. Illustrons ce fonctionnement par l'exemple suivant[9] :

[1] *Ça m'étonnerait* qu'elle ne rentre pas de toute la nuit. Notez que ça lui arrive *quelquefois* ; elle a une amie chez qui elle va coucher *quelquefois*. Mais *ça m'étonnerait* ***quand même***. (Le Clézio, *Le Procès*)

6. Lebaux et Mee Rhee 2000 : 70. Pour l'étude de *quand même*, voir Mellet et Ruggia, sous presse et Veland 1998.

7. *Quand* appartient à l'ensemble des termes en *qu-* issus du thème indo-européen $*k^w$- dont la fonction fondamentale est précisément d'exprimer un parcours sur une classe d'occurrences ; ces termes se réalisent dans les différentes langues indo-européennes soit comme interrogatifs, soit comme indéfinis selon la modalité retenue pour trouver une issue à ce parcours ; ils fournissent aussi, secondairement, des subordonnants : voir Le Goffic 1994.

8. Rappelons que dans la TOE l'opération de repérage connaît trois valeurs de base : l'identification, la différenciation et la rupture, auxquelles peuvent s'ajouter des valeurs composites.

9. Nos exemples sont empruntés à un corpus de presse écrite récent ou à des romans français du XXe siècle : le relevé n'est pas exhaustif et le corpus n'a donc qu'un rôle illustratif.

Le mouvement argumentatif se décompose ainsi :

- « *Ça m'étonnerait* qu'elle (…) » : première assertion de *p*
- « Notez que ça lui arrive *quelquefois* ; elle a une amie chez qui elle va coucher *quelquefois* » : parcours d'événements temporellement situés contrariant *p* (rôle de l'indéfini)
- « Mais *ça m'étonnerait quand même* » : réorientation argumentative (*mais*) permettant d'asserter à nouveau *p*

Dans ce cas, tous les énoncés constituant la séquence argumentative propre à l'emploi de *quand même* sont explicités. Ils sont attribuables à un seul et même énonciateur (qui, en quelque sorte, persiste et signe) ; on a donc affaire à de l'auto-dialogisme.

Dans l'exemple [2], la première énonciation de *p* est sans doute attribuable à l'interviewer (sous forme interrogative : « Est-ce que cette politique fait du mal au PS ? »), mais elle n'est pas retranscrite en tant que telle dans l'article ; on en trouve cependant une trace développée dans le chapeau de l'article (*alarme, stress*). Le parcours des circonstances contrariant *p* est explicite (*la ficelle est grosse, l'opération tourne à vide*). La réorientation argumentative est introduite par un *pour autant* dont on notera qu'il n'est pas suivi de la négation[10]. Enfin le journaliste verbalise la prise en charge assertive de *p* par l'énonciateur (*admet*) :

[2] La politique de « l'ouverture », vue du Parti socialiste, c'est une sorte d'alarme qui se déclenche à intervalles réguliers et provoque un certain stress, même si personne ne s'en inquiète plus vraiment.
(…) Pour Manuel Valls, (…), la ficelle de l'ouverture est devenue très grosse. « Comme toujours, il s'agit d'accréditer l'idée selon laquelle Nicolas Sarkozy est un homme ouvert, alors qu'à l'opposé le PS est devenu sectaire. Mais l'opération tourne à vide. La preuve : ce sont toujours les mêmes noms qui circulent », souligne le député de l'Essonne. Pour autant, M. Valls admet que les alertes récurrentes à l'ouverture « font ***quand même*** du mal au PS ». (*Le Monde*, 23 décembre 2008)

Le plus souvent une ou deux étapes du processus argumentatif restent elliptiques et seule la présence de *quand même* oblige à reconstruire une première énonciation de *p*, que le cotexte ou le contexte situationnel permet d'attribuer à tel énonciateur particulier ou à un ensemble d'énonciateurs plus ou moins précis. Ainsi ce titre d'un article du *Monde* en date du 18 décembre 2008 :

[3] Champagne ***quand même*** !

Cette exclamation mimant les formules rituelles votives de soirs de fête[11] titre un descriptif des diverses marques de champagne (qualité, prix, etc.). Pas d'énoncé antérieur, donc, dans le cotexte immédiat. Mais l'emploi du connecteur oblige à reconstruire le parcours argumentatif suivant :

---

10. Cf. l'analyse de Geneviève Salvan et Sylvie Mellet dans Mellet (dir.) 2008 : 136-160.

11. La formule fait aussi probablement écho à la chute d'un sketch de Franck Dubosc « Pastis quand même ! » ; mais il s'agit là d'un dialogisme interdiscursif échoïque reposant sur la paronymie des énoncés qui ne doit rien au marqueur qui nous intéresse ici.

- [*Pensons au*] *champagne* [*pour les fêtes*] : énoncé de la proposition *p*, contextuellement pertinent vu la date de l'article ;
- *Nous sommes en période de crise et de diminution du pouvoir d'achat* : contre-argument, lui aussi contextuellement saillant, contrariant *p* ;
- [*Pensons au*] *champagne quand même* : élimination de l'altérité ainsi ouverte par le parcours des circonstances contraires à *p* et maintien de la proposition *p* explicitement identifiée, grâce au seul connecteur, comme reprise d'un énoncé antérieur.

Qu'en est-il de *quand bien même* ? Selon le principe rappelé au début de cette section, son signifié doit cumuler ceux de ses trois formants, c'est-à-dire ajouter à la valeur de *quand* et de *même* celle de l'adverbe *bien*. À dire vrai, si l'on s'en tient à l'analyse proposée par Culioli[12], celle-ci est largement redondante avec les deux autres. En effet, *bien* suppose une altérité préconstruite (c'est-à-dire la reconnaissance d'au moins deux valeurs possibles concurrentes) et identifie la valeur de la relation prédicative qu'il soutient à l'une des deux valeurs préconstruites, généralement sur le ton de la confirmation. Il s'agit donc d'une particule assertive qui pose *p* sur fond de coexistence (*p*, *p'*)[13] : *p* a déjà été envisagée, voire énoncée, puis elle a été soumise à questionnement avant d'être définitivement assertée[14]. L'exemple [4] en donne une illustration claire, dans lequel l'altérité est explicitement préconstruite par le cotexte antérieur :

[4] La ministre de la santé met en avant l'augmentation de 3,2 % de l'enveloppe budgétaire de l'hôpital (...), mais aussi les 7 500 places nouvelles et les 5 200 embauches réalisées de 2003 à 2007. Pourtant en novembre, dans une démarche inédite, l'ensemble des présidents des comités consultatifs médicaux des 37 hôpitaux de l'AP-HP ont dénoncé « l'étranglement financier délibéré » de leurs établissements et des « restrictions budgétaires sans objectifs médicaux », aboutissant à « une paupérisation de nos hôpitaux et à un découragement de l'ensemble des personnels ». Qui a raison ? « Les deux affirmations sont exactes, répond Edouard Couty, ancien directeur des hôpitaux au ministère, (...). Il y a ***bien*** une augmentation au niveau macro-économique, mais depuis 2008, la tarification à l'activité est devenue la seule source de financement pour les activités de court et moyen séjours, ce qui a plongé tous les CHU dans le rouge. » (*Le Monde*, 31 décembre 2008)

Le connecteur adverbial *quand bien même* est en outre un connecteur intégratif qui « cheville »[15] deux propositions autour d'une circonstance construite par élimination ou absorption de l'altérité au terme d'un parcours sur l'ensemble des circonstances envisageables. Soit l'exemple [5] :

[5] Les lois dites de bioéthique (1994, 2004), opposent des garde-fous aux prouesses scientifiques. Avec le respect de la dignité humaine. L'anonymat du don. La gratuité. La commercialisation du vivant est ainsi interdite.

---

12. Culioli 1990 :157-168.

13. On rappelle que, dans la TOE, p' symbolise le complémentaire de *p*, *i.e. non-p* et *autres-que-p*.

14. Cf. Morel 1996 : 42.

15. Terminologie empruntée à P. Le Goffic.

> Ovules et spermatozoïdes ne se négocient pas, ***quand bien même*** seriez-vous prix Nobel ou miss Monde. (*Ouest France*, 5 janvier 09)

- L'énonciateur primaire S_0 asserte une proposition à portée générale (Ovules et spermatozoïdes ne se négocient pas)
- Il assortit cette assertion d'un cadre circonstanciel qui la renforce en prenant en compte l'objection d'un autre énonciateur qui, au terme d'un parcours de toutes les circonstances envisageables (*quand*) retiendrait l'hypothèse (conditionnel) la plus défavorable à la validation de la principale ; cette hypothèse est clairement attribuée à un autre énonciateur grâce à l'inversion du sujet (*seriez-vous*) qui manifeste le désengagement partiel de l'énonciateur primaire et grâce au pseudo-dialogue instauré par le vouvoiement (et déjà sous-jacent dans la forme négative de la principale) ; notons aussi que tout en se faisant l'écho d'une pensée eugéniste diffuse, l'hypothèse en question prend ici la forme d'un énoncé clairement articulé et actualisable.
- S_0 reprend donc cette hypothèse pour confirmer (*bien*) que son assertion reste valide : *même* permet de résorber l'altérité en intégrant à la classe des circonstances favorables à p un cas de figure extrême qui paraissait devoir créer une exception.

À travers l'ensemble des opérations énonciatives ainsi mises en place se construit un dialogisme qui peut d'ailleurs être aussi bien interdiscursif qu'interlocutif anticipatif (le genre journalistique faisant sans doute pencher la balance en faveur de la première interprétation). Récapitulons : les opérations énonciatives dont les marqueurs sont la trace sont :

- le parcours sur une classe d'occurrences,
- la prise en compte de l'altérité,
- puis la résorption de celle-ci par identification de l'occurrence autre (relevant *a priori* de *p'*) à l'ensemble des occurrences favorables (relevant de *p*).

Notons aussi l'importance, pour passer de ces opérations à l'interprétation dialogique, des modalités de la prise en charge énonciative qui permet d'attribuer une source à chacun des énoncés en présence et de positionner l'assertion de S_0 par rapport à un discours autre.

Bien sûr, tous les emplois de la locution *quand bien même* ne s'articulent pas à un cotexte aussi explicite : en lieu et place du conditionnel – majoritaire cependant –, la subordonnée peut accueillir à peu près tous les temps de l'indicatif, y compris le futur. L'inversion du sujet n'y est pas systématique : l'ordre /sujet-verbe/ accompagné de l'indicatif manifeste alors l'engagement énonciatif de S_0 qui prend en charge l'énoncé secondaire (ou « rapporté ») : on a donc affaire soit à du pur auto-dialogisme, soit à du dialogisme interdiscursif pour lequel S_0 souscrit à l'opinion commune, s'intègre à la communauté des ON-locuteurs[16]. Enfin, l'ordre des propositions peut admettre l'antéposition de la

16. Terme emprunté à Anscombre (voir par ex. 2005), mais inspiré aussi du concept de ON-vérité de Berrendonner.

subordonnée ; celle-ci devient alors une concessive logique très proche des concessives en *bien que*[17]. Comme ces dernières, la subordonnée en *quand bien même* peut être purement thématique [6] ou être intégrée au rhème et en supporter le focus [7], voire constituer une assertion indépendante [8] :

[6] ***Quand bien même*** l'heure est aux économies, la crise, qui est sur toutes les lèvres et dans toutes les bourses, n'a pas eu raison des illuminations. (*Presse Océan*, 31 décembre 08, accroche-résumé en début d'article)

[7] Or, « son rôle [de la Commission Européenne] consiste à faire des propositions ***quand bien même*** celles-ci déplaisent aux capitales », insiste l'un de ses membres, qui regrette un manque d' « ambition » de l'institution. (*Le Figaro*, 30 décembre 08 ; noter l'absence de virgule avant la subordonnée)

[8] Pas question, annonce la municipalité, d'engager des fonds publics à la légère alors que L'Avventura demande 176 000 euros de subvention annuelle. ***Quand bien même*** cela représenterait 25 % de moins que les 233 000 euros alloués jusque-là au Jean-Vigo. (*Sud Ouest* 22 décembre 08)

Mais quoi qu'il en soit de ces variations cotextuelles, dans tous les cas que j'ai relevés[18], le dialogisme fonctionne par reprise d'un énoncé susceptible de contrarier l'assertion de l'énonciateur primaire et par réintégration de cet énoncé au sein de la classe des circonstances compatibles avec le propos de S_0 : soit une altérité reconnue et assimilée.

3. LA COMPARAISON AVEC ALTÉRITÉ

Les formes de la comparaison sont multiples ; celle qui m'intéresse ici est la comparaison avec altérité déjà signalée par J. Bres comme porteuse de dialogisme (Bres 2007 : 44-45)[19]. Elle s'exprime dans une structure corrélative, complète ou incomplète en surface, mais qui, dans tous les cas, confronte la proposition *p* à l'une des propositions autres qui font partie de son complémentaire notionnel, *p'*.

Comme on l'a déjà dit en effet, dans le cadre de la TOE tout domaine notionnel génère un ensemble de propositions *p* exprimant la propriété définitoire de la notion (et, à ce titre, identifiables les unes aux autres) et un ensemble complémentaire de propositions *p'*contraires à *p* ou qui, tout en ayant un rapport avec *p*, sont jugées différentes de *p*, non identifiables à *p*[20]. Dans ce cadre, la comparaison avec altérité consiste donc pour l'énonciateur à se placer d'abord dans une position décrochée qui lui permet d'envisager l'ensemble du

17. Exemple [propos d'un sportif avant un match] : « ***Quand bien même*** j'ai des douleurs et je manque d'entraînement, je vais tout faire pour tirer mon épingle du jeu. » (*L'Equipe*, 20 décembre 08).

18. Relevé de la presse française parue entre le 5 décembre 2008 et 5 janvier 2009, grâce à la base Factiva.

19. Voir aussi les analyses de *pour autant* et de *néanmoins* dans Mellet (dir.) 2008.

20. D'où les notations symboliques (*p, p'*) pour le domaine notionnel et (*non-p, autre-que-p*) pour le complémentaire.

domaine notionnel structurant la propriété qui fera l'objet de la relation prédicative, à parcourir les classes d'occurrences qui instancient respectivement *p* et *p'*, puis, au terme de ce parcours, à retenir et asserter *p* de préférence à une autre proposition concurrente.

[9] L'attachement aux églises de village ***relève davantage de*** la mémoire ***que*** de la pratique. L'épiscopat réfléchit à la manière de les faire vivre. (*L'Est Républicain*, 9 novembre 2008)

[9'] L'attachement aux églises de village ***relève davantage de*** la mémoire ***que*** de tout autre chose.

Le parcours sur la classe d'occurrences est explicité en [9'] par l'indéfini *tout* ; l'altérité l'est aussi (*autre*). En [9], l'altérité est préconstruite et la valeur *p'*(*i.e. la pratique*) est déjà stabilisée. Une telle préconstruction suppose donc la présence, dans le cotexte, ou dans un contexte discursif antérieur, d'un énoncé – ou, du moins, d'un énonçable – qui a préalablement proposé la sélection de la valeur *p'*: c'est à un tel énoncé que répond nécessairement [9], l'altérité étant source d'un dialogisme dont il est difficile ici de déterminer s'il est intralocutif (auto-dialogisme), interlocutif ou interdiscursif.

En [9'] le dialogisme est moins net parce que la valeur de la proposition *p'*n'est pas stabilisée, non plus que la relation intersubjective qu'elle présuppose. Ce n'est donc pas un énoncé qui est mis en écho dialogique, mais une classe ouverte d'énoncés virtuels. Néanmoins, ceux-ci peuvent toujours être reconstruits, et même si leur inventaire n'est pas exhaustif, la formulation représente l'ensemble des énoncés susceptibles d'avoir été mis en avant par l'énonciateur lui-même ou par d'autres pour expliquer l'attachement avéré aux églises de village.

L'effet dialogique des comparaisons est souvent renforcé par d'autres procédés grammaticaux, notamment le détachement avec l'aide d'un présentatif et/ou la négation polémique :

[10] Si la pensée de Marx est révolutionnaire, ***c'est moins*** parce qu'elle est violente ***que*** copernicienne : elle est un geste de dévoilement théorique radical, une déconstruction des systèmes civilisationnels. (*L'Humanité* 5 janvier 2008)

[11] « Notre système territorial marche sur la tête », a de nouveau affirmé le chef de l'Etat, pour qui « la règle générale c'est l'enchevêtrement » et que « tout le monde se mêle de tout et personne n'est responsable de rien ». « Le plus grave », selon Nicolas Sarkozy, « ***n'est pas tant*** cette confusion des compétences ***que*** l'irresponsabilité à laquelle elle conduit, et c'est particulièrement vrai en matière de fiscalité locale ». (AFP 7 janvier 2008)

Il faut ici insister à nouveau sur le rôle des prises en charge énonciatives explicites ou implicites qui font passer de l'altérité au dialogisme. L'altérité est en effet constitutive de la construction même d'un domaine notionnel : partant d'une notion qui est une représentation complexe de propriétés physico-culturelles et qui n'est définissable qu'en intension, de manière quasi tautologique, la construction du domaine notionnel se fait grâce à la fragmentation de cette représentation continue et à son instanciation dans des occurrences qui, seules, permettent d'appréhender réellement la notion à travers des opérations d'identification et de différenciation : d'un fond qualitatif indifférencié, on passe ainsi à des formes différenciées dont certaines incarnent la notion et constituent l'intérieur du domaine tandis que d'autres ne possèdent pas – ou possèdent de manière altérée – la propriété définitoire de la notion et constituent donc l'extérieur du domaine ou sa frontière. Ce n'est qu'à ce stade de construction de la représentation que quelque chose peut être prédiqué de quelque chose. L'altérité est donc, ici aussi, constitutive ; elle est inhérente à notre représentation du monde et à notre système de référenciation : toute prédication, notamment de type existentiel, nécessite en effet qu'un énonciateur parcoure l'entier du domaine pour y sélectionner une valeur de la relation prédicative. Dans l'assertion positive simple (phrase affirmative liée sans renforcement), ce parcours ne laisse que fort peu de traces : la relation prédicative donne naissance, par ancrage sur une situation de référence, à un énoncé qui est pleinement et unilatéralement pris en charge par le sujet énonciateur : celui-ci s'engage sur la validité de la relation et, ce faisant, tente d'effacer au maximum l'altérité constitutive de toute nomination : l'altérité est masquée.

En revanche, dès que l'énoncé comporte des marqueurs qui exhibent les traces de cette altérité (y compris en assertion positive comme c'est le cas avec le détachement[21] ou avec le renforcement assertif par *certes*[22]), se pose aussitôt la question de la prise en charge énonciative[23] : si S_0 n'asserte pas purement et simplement *p*, mais suggère, sollicite en contrepoint *p'*, sachant qu'un même énonciateur ne peut prendre en charge simultanément deux propositions contraires, la question du statut énonciatif de *p'* se pose immanquablement : à qui l'énonciation de *p'* doit-elle être attribuée ? Et plus les marqueurs ont un lien fort avec l'altérité, plus la question se pose avec insistance et appelle à réception la quête d'un second énonciateur[24].

Le survol rapide de quelques autres marqueurs bien connus pour leur affinité avec le dialogisme va tenter de confirmer ce fonctionnement.

4. LES HYPOTHÉTIQUES EN *SI*

Il ne saurait être question de proposer ici l'analyse approfondie de toutes les variétés d'hypothétiques en *si* ; la littérature sur le sujet est extrêmement abondante et la contribution de M. Monte ici même illustre la complexité du problème dès qu'on veut bien s'attaquer sérieusement à la variété des exemples

21. Voir la contribution d'A. Nowakowska.

22. Voir la contribution de S. Garnier et F. Sitri.

23. Puisque, redisons-le, asserter consiste, pour l'énonciateur, à se porter garant de la valeur de vérité de la relation prédicative – l'assertion combinant donc l'opération de validation et celle de prise en charge.

24. Bien évidemment ce second énonciateur peut être une seconde facette du locuteur.

attestés. Je voudrais donc seulement rappeler quelques éléments justifiant la description qui est donnée de ces subordonnées dans la TOE[25].

Il existe à l'évidence en français – mais aussi dans de nombreuses autres langues – une parenté formelle entre l'interrogation et le système hypothétique[26] : le partage d'un même marqueur *si* d'enchâssement subphrastique en est un premier indice. Le recours possible à une interrogative pour exprimer la protase du système hypothétique en est un autre. Les marqueurs étant la trace en discours d'opérations mentales dûment répertoriées, cette parenté formelle repose nécessairement sur un fonctionnement énonciatif commun qui ne saurait se réduire à un effet pragmatique. En l'occurrence, il s'agit d'une opération de parcours sur l'ensemble du domaine notionnel, qui, après avoir balayé le champ des possibles, cherche une issue en faisant appel au coénonciateur dans le cas de l'interrogation ou se stabilise *provisoirement* sur une valeur de la relation prédicative dans le cas de l'hypothétique : là aussi le coénonciateur est sollicité pour accepter cette valeur comme point de départ de l'assertion de *q*, qui constitue l'apodose du système *si p, q*.

Encore une fois, qui dit parcours dit nécessairement position décrochée de l'énonciateur lui permettant d'envisager comme équipossibles toutes les occurrences du domaine[27] et de prendre en compte l'altérité constitutive de celui-ci. Mais l'hypothèse manifeste un rapport complexe à cette altérité : d'un côté, elle signale explicitement que la validation de *p* est suspendue (même si c'est de manière très momentanée, comme dans le cas des subordonnées en *si* concessives ou récapitulatives) ; d'un autre côté, elle manifeste un engagement assertif indéniable de l'énonciateur, la preuve en étant qu'on ne peut pas dire « s'il fait beau demain ou s'il ne fait pas beau »/« s'il faisait ou ne faisait pas beau demain », contrairement à ce que permet le subjonctif (« qu'il fasse beau demain ou pas »). On a donc une altérité sous-jacente, provisoirement mise de côté au profit d'un acte assertif conditionné et conditionnant : dans [*si p, q*], *p*, en position thématique, sélectionne *q*, mais l'assertion rhématique de *q* oblige à réévaluer *p* : les caractéristiques modales et sémantiques de *q* contraignent rétroactivement la valeur de *p* qui peut s'en trouver précisée [12], expliquée [13] ou au contraire limitée, minimisée [14], voire réfutée [15] :

[12] ***Si*** [Corneille] était sublime, il l'était alors dans le sens et selon la mode de son temps. (Sainte Beuve, *Port-Royal*, cité par Patard et Vermeulen, 2008)

[13] ***Si*** la pensée de Marx est révolutionnaire, c'est moins parce qu'elle est violente que copernicienne (déjà cité sous [10])

[14] ***S***'il est riche, il n'est pas milliardaire (ex. fabriqué emprunté à de Voguë)

[15] ***Si*** Rieux avait été plus frais, cette odeur de mort partout répandue eût pu le rendre sentimental. Mais quand on n'a dormi que quatre heures, on n'est pas sentimental. (Camus, *La Peste*)

25. Voir notamment Culioli 1990 : 127-134 et 1999 : 153-163, ainsi que de Voguë, 1992, 1999 et 2004.

26. Cf. Haiman 1978 et 1986, Le Goffic 1994.

27. Cet ensemble pouvant, bien sûr, se réduire à deux occurrences et offrir une simple alternative entre deux valeurs préconstruites (par ex. « faire beau » *vs* « ne pas faire beau »).

Le dialogisme volontiers associé aux hypothétiques trouve donc sa source principale dans cette prise en charge explicitement momentanée de *p* sur fond de (*p*, *p'*) : si l'assertion est provisoire, c'est que le sujet énonciateur a lui-même envisagé d'autres valeurs possibles pour la relation prédicative ou qu'il adopte pour un temps le point de vue d'un autre énonciateur pour l'évaluer à l'aune de l'assertion de *q*. Comme le montre M. Monte, le coénonciateur est nécessairement associé à cette prise en charge dans une co-construction de la relation [*si p*, *q*].

[16] Le chapeau, noir lui aussi et au large bord plat avait roulé sur la pente à l'envers, ridicule et inoffensif. ***Si** je précise inoffensif*, c'est parce que cette sorte de chapeau, depuis quelques années, était toujours portée par des êtres effrayants, au rire éteint, et qui nous méprisaient et nous opprimaient. (Pierre Magnan, *Un Grison d'Arcadie*, p.16)

Dans cet exemple, la subordonnée en *si* reprend une assertion préalable, pour l'expliquer et en évaluer la portée exacte. La valeur de la proposition *p* est donc provisoirement suspendue pour répondre à l'éventuelle interrogation d'un énonciateur qui n'en comprendrait pas le bien-fondé et qui susciterait un parcours sur les autres propriétés attribuables à un chapeau et, à ses yeux, plus appropriées : le dialogisme, ici interlocutif entre narrateur et narrataire, fait entendre un questionnement qu'on peut gloser ainsi : « pourquoi *inoffensif* ? Je ne comprends pas la pertinence de ce qualificatif ; pour un chapeau j'aurais pensé à d'autres propriétés. » Le parcours du domaine (ensemble des propriétés pouvant caractériser un chapeau) et l'altérité notionnelle (inoffensif *vs* autre-chose-qu'inoffensif) sont donc relayés par une prise en charge énonciative qui assure le dialogisme de l'énoncé. On retrouve très exactement ici le fonctionnement en « mini séquences conversationnelles mettant en scène une séquence question-réponse »[28] reconnu aux hypothétiques et, bien sûr, l'anticipation réactive propre au dialogisme interlocutif : « Un énoncé est relié non seulement aux maillons qui le précèdent mais aussi à ceux qui lui succèdent dans la chaîne de l'échange verbal. […] l'énoncé, dès son tout début, s'élabore en fonction de la réaction-réponse éventuelle, en vue de laquelle il s'élabore précisément. […] Tout l'énoncé s'élabore comme pour aller au devant de cette réponse »[29].

Dans le cas d'une subordonnée en tête de phrase, la prise en charge énonciative donne lieu à la construction d'un topique plus ou moins imposé au coénonciateur : le contenu de la proposition *p* est présupposé connu, ou du moins pouvant être intégré à l'univers de connaissance du coénonciateur de manière à permettre l'assertion de *q* dans un cadre argumentatif adéquat. L'exemple suivant en donne une illustration paradoxale, mais à nos yeux probante :

[17] Et pour Mariastella, ***si c'était bien*** son deuxième emploi, ***puisqu'***elle avait été durant tant d'années ménagère (…), ce fut aussi son premier amour. (Andrea Camilleri, *L'Odeur de la nuit*, traduit par Serge Quadruppani).

Rien dans le cotexte romanesque antérieur ne permet de savoir que Mariastella a été femme de ménage ; mais la fonction « topique » ou « cadra-

28. Charolles 2003 commentant Haiman et, au-delà, Jespersen.

29. Bakhtine 1984 [1952-1953] : 302, cité par Moirand 2004 : 199.

tive » de la subordonnée en *si* est néanmoins confirmée par l'insistance de la subordonnée en *puisque* qui, elle aussi, présuppose connu le fait rapporté (exemple typique de ce que Bakhtine appelle la « motivation pseudo-objective » : voir ici même la contribution de S. Bikialo).

Mais le dialogisme peut trouver à s'alimenter dans d'autres éléments du système hypothétique : on retrouve alors le cumul de marqueurs à orientation dialogique déjà noté à propos des comparaisons. En premier lieu, signalons le choix de la relation entre *p* et *q* qui fait entendre un topos ou, du moins, des inférences communément admises et dont l'orientation argumentative est exploitée [18] ou contrecarrée [19] :

[18] S'il est riche, il se montrera généreux (ex. fabriqué d'après Patard et Vermeulen)

[19] S'il est riche, il est pingre aussi et ne nous donnera rien

Ces deux énoncés font entendre l'énoncé sous-jacent attribuable à un ON-locuteur auquel s'associe S_0 : « quand on est riche on peut aisément se montrer généreux ».

L'emploi de certains tiroirs verbaux (imparfait et conditionnel notamment : voir ici même la contribution de J. Bres) renforce encore les potentialités dialogiques du système hypothétique. Ainsi, dans le cas d'un irréel, l'altérité sollicite un préconstruit reconnu comme tel par l'énonciateur et le coénonciateur : *si les poules avaient des dents, si j'étais toi, s'il avait fait beau* présupposent que les poules n'ont pas de dents, que je ne suis pas toi, qu'il n'a pas fait beau : autant d'énoncés partagés sous-jacents qui alimentent le dialogisme de la structure.

Certes, une subordonnée en *si* n'a peut-être pas exactement la même évidence dialogique selon qu'elle est purement hypothétique ou qu'elle est concessive ou adversative. Les divers éléments cotextuels avec lesquels la subordonnée entre en interaction favorisent ou non la saillance du fait dialogique. Mais dans la mesure où *si* conjugue la construction du domaine des valeurs possibles *(p, p')*, l'opération de parcours sur cet ensemble et la sélection provisoire de *p* sans que *p'*soit définitivement écartée, une telle configuration d'opérations énonciatives – une telle « forme schématique » – inscrit un potentiel dialogique dans le signifié en langue de *si* et en fait donc un ***marqueur*** de dialogisme à proprement parler.

5. DE QUELQUES AUTRES MARQUEURS DE PARCOURS ET D'ALTÉRITÉ

De la même façon, tous les autres marqueurs de parcours et d'altérité ont été répertoriés comme morphèmes à fort potentiel dialogique. Même si dans certains de leurs emplois ce potentiel semble faiblement, voire pas du tout exploité, ces marqueurs restent toujours la trace en discours des opérations énonciatives qui sollicitent et exhibent l'altérité notionnelle ; c'est en général au niveau de la prise en charge énonciative (c'est-à-dire à la dernière étape de l'actualisation discursive) que se joue la force, l'évidence plus ou moins grande du fait dialogique. On en donnera encore deux exemples.

5.1. Rappelons brièvement le cas de la négation : celle-ci est évidemment un marqueur d'altérité ; toutes les analyses l'ont relevé, quel que soit le cadre théorique adopté[30]. Pour le dire trivialement, on considère que tout énoncé négatif prend appui sur – et fait entendre – l'énoncé positif correspondant.

La force de ce dialogisme est plus ou moins grande : à côté des négations polémiques qui actualisent au plus haut degré l'altérité énonciative, certaines négations descriptives le laissent dans l'ombre[31]. C'est notamment le cas lorsque l'altérité est explicitée, revendiquée et reversée au compte de l'objectivité référentielle grâce à une classification binaire ; en voici un exemple emprunté à cet article même :

[20] On passe ainsi à des formes différenciées dont *certaines* incarnent la notion et constituent l'intérieur du domaine tandis que *d'autres* ***ne possèdent pas*** – ou possèdent de manière altérée – la propriété définitoire de la notion.

La catégorisation duale du référent permet à l'énonciateur de construire une représentation disjonctive stabilisée des notions[32], d'assumer pleinement la prise en charge de l'énoncé négatif, présenté comme le pendant de l'énoncé positif précédent, et d'échapper ainsi à la co-énonciation latente généralement associée à la négation.

Il convient cependant de ne pas associer systématiquement « polémique » avec « dialogique » et « descriptif » avec « non dialogique » : il existe en effet des négations descriptives dialogiques, comme en atteste l'exemple suivant :

[21] C'était une nuit du dimanche au lundi. (…) Digne dormait dans le calme. Les feux de signalisation clignotaient en pure perte. La circulation était nulle en direction de Barrême, de Malijai ou de Barcelonnette. *Aucun chien n'aboyait*. Les autorails colorés du CP étaient au repos dans la gare déserte. (P. Magnan, *Les Atrides*)

Le narrateur met en place un cadre romanesque caractérisé par l'absence de tout signe de vie et l'inexistence de tout élément pittoresque ; une sorte d'anti-paysage renonçant aux stéréotypes de la description romanesque. Cet énoncé est donc un clin d'œil aux nombreuses occurrences du type « Un chien aboyait au loin/dans la nuit » : en effet, sur 70 occurrences de la forme *aboyait* dans les romans du XXe siècle enregistrés dans la base Frantext, on en compte 10 qui relèvent de ce patron descriptif. En voici trois exemples caractéristiques :

[22] Un souffle de vent s'en alla d'arbre en arbre du côté du ruisseau. Quelque nuage aux bords éclatants jetait son ombre en passant sur la lune. *Un chien aboyait* dans une cour de ferme. (H. Pourrat, *Les Vaillances*)

30. Pour une analyse dans le cadre de la TOE, voir Culioli 1988.

31. Voir par exemple Nølke (1993).

32. On retrouve là les termes par lesquels J.-M. Barbéris (1998) distingue la subjectivité en *ipse* (ou « soi-même ») de la subjectivité en *idem* (ou « en même »).

[23] Il eut un oblique regard sur la campagne que la brume du soir estompait. Déjà des lumières s'allumaient au loin. *Un chien aboyait* et de jeunes garnements se défilaient sournoisement sur le sentier gris de la zone (...) (Francis Carco : *L'équipe : roman des fortifs*)

[24] Elle resta un moment sans répondre. Les lucioles voltigeaient. Quelque part, *un chien aboyait*, doux, triste, lointain. (M.E. Coindreau, *Lumière d'août*).

Le dialogisme interdiscursif[33] s'impose ici avec l'évidence de l'humour propre à l'auteur.

Mais au-delà de l'analyse littéraire, on soulignera qu'une fois encore le dialogisme est porté à la fois par une opération énonciative définitoire du signifié en langue du morphème (stabilisation de la valeur *p'*sur fond d'altérité notionnelle (*p*, *p'*) après parcours de l'ensemble des occurrences du domaine) et par la possibilité de récupérer dans le cotexte ou le contexte discursif un énonciateur à qui attribuer l'énoncé enchâssé : la négation est, en puissance, marqueur de dialogisme ; l'effet discursif est assuré par sa prise en charge énonciative en contexte.

5.2. La même analyse vaut encore pour le verbe ***pouvoir*** dont le signifié propre consiste à construire une alternative et à conférer un poids égal (une équiprobabilité) à chacune des branches de celle-ci, à chacun des chemins qui s'ouvrent à l'énonciateur : entièrement ancré sur l'altérité[34], le verbe *pouvoir* a généralement un fort potentiel dialogique, comme l'attestent ses combinaisons fréquentes avec d'autres marqueurs tels que *bien*[35], *quand même*, *si*, le conditionnel, etc. :

[25] L'hyperpuissance de l'armée israélienne ***peut bien*** aujourd'hui écraser les miliciens islamistes, il est peu probable que l'Autorité palestinienne en tire mécaniquement le bénéfice. Le Hamas ne disparaîtra pas comme par magie sous les tirs d'obus. (*Le Monde*, 6 janvier 2009)

[26] ***Même si***, à la vue des prochaines données macroéconomiques qui annoncent pour 2009 une récession plus importante que prévu, la chancelière allemande ***pourrait bien*** revoir ses positions, [...], cela portera sur l'ampleur de l'engagement des pouvoirs publics allemands et non sur une quelconque dimension européenne. (*Le Monde*, 18 décembre 2008)

[27] « Tu ***aurais quand même pu*** y penser », soupira la maîtresse. (Carrère, *La classe de neige*)

Même dans les emplois où *pouvoir* conserve son plein sens lexical de capacité, et en l'absence de tout autre marqueur convergent, *pouvoir* garde un potentiel dialogique : l'énoncé *Tu **peux** y arriver tout seul* se comprend généralement comme une réponse, anticipée ou non, à une inquiétude de l'interlocuteur *Je ne*

33. « Un énoncé doit être considéré, avant tout, comme une réponse à des énoncés antérieurs à l'intérieur d'une sphère donnée : il les réfute, les confirme, les complète, prend appui sur eux, les suppose connus et, d'une façon ou d'une autre, il compte avec eux » (Bakhtine 1984 [1952-1953] : 298, cité par Moirand 2004 : 198).

34. Cf. Fuchs 1991 ou le numéro 84 de *Langue française*.

35. Voir Defranq 2001.

vais pas y arriver. Il semble toutefois que l'effet discursif soit plus net et plus constant dans les emplois modaux. Ce constat suggère que la dialogisation d'un marqueur pourrait bien être associée à un processus de grammaticalisation (remarque qu'on pourrait appliquer non seulement au verbe *pouvoir*, mais aussi à l'adverbe *bien* ou au connecteur intégratif *quand bien même*, pour ne citer que ceux que j'ai évoqués dans cet article) : c'est là une hypothèse qui reste à explorer.

CONCLUSION

J'ai examiné, dans une liste qui peut paraître quelque peu hétéroclite, quelques-uns des marqueurs grammaticaux – ou grammaticalisés – qui sont réputés contribuer fortement à l'expression du dialogisme.

Je pense avoir montré que, derrière leur extrême diversité, se cache un point commun stable : **chacun de ces marqueurs sollicite, à sa façon, l'altérité constitutive de toute représentation notionnelle en langue**. Chacun d'eux convoque et construit une représentation duale de la notion ou du procès à l'issue d'un parcours sur l'intérieur et sur l'extérieur du domaine ; chacun d'eux laisse ainsi ouverte la possibilité d'un double point de vue – sur la propriété *p* ou sur son complémentaire *p'*– tout en assurant la prise en charge énonciative de *p*. Cette **prise en charge** donne, en creux, à *p'* le statut d'énoncé sous-jacent, car ce sont les deux facettes de l'altérité qui, à travers les opérations de parcours et de sélection d'une valeur par différenciation des diverses occurrences, puis identification de la « bonne » occurrence, font l'objet de l'acte énonciatif : celui-ci convoque donc nécessairement un énonciateur secondaire dont le co(n)texte dira s'il est présent, absent, figuré, fictif, double de l'énonciateur primaire, etc.

Si donc mon analyse est juste, il faut conclure qu'il y a bien, dans le système linguistique même, des opérations énonciatives primaires modélisables qui sous-tendent – mieux : qui intègrent à la grammaire de la langue – ce fait dialogique que, dans la lignée de Bakhtine, je juge constitutif du langage humain et qui ne saurait se réduire à une simple mise en scène polyphonique. Les formes linguistiques dont le signifié sollicite de telles opérations et qui en sont la trace en discours sont des marqueurs de dialogisme au sens strict en ce qu'ils en programment nécessairement l'émergence.

Références bibliographiques

ACHARD-BAYLE, G. (2006). « *Si* polysémique et *si* polyphonique », *in* L. Perrin (dir.), 407-434.

ANSCOMBRE, J.-C. (1990). « Thème, espaces discursifs et représentation événementielle », in J.-C. Anscombre et G. Zaccaria (éds), *Fonctionnalisme et pragmatique. À propos de la notion de thème*. Testi e studi 76 : 42-150.

ANSCOMBRE, J.-C. (2005). « Le ON-locuteur : une entité aux multiples visages », *in* J. Bres *et al.* (éds), 75-94.

BAKHINE, M. (1952/1979/1984b). « Les genres du discours » in *Esthétique de la création verbale*, Paris : Gallimard, 265-308.

BARBÉRIS, J.-M. (1998). « Pour un modèle de l'actualisation intégrateur du sujet » *in* Barbéris J.-M., Bres J. et Siblot P. (éds.), *De l'actualisation*, Paris : CNRS, 239-261.

BRES, J. (1999). « Vous les entendez ? Analyse du discours et dialogisme », *Modèles linguistiques* XX, 2 : 71-86.

BRES, J. (2007). « Sous la surface textuelle, la profondeur énonciative. Les formes du dialogisme de l'énoncé », *in* R. Therkelsen, N. Møller Andersen et H. Nølke (éds), *Sproglog Polyfoni*, Aarhus Universitetsforlag, 37-54.

BRES J. et NOWAKOWSKA A. (2006). « Dialogisme : du principe à la matérialité discursive », *in* L. Perrin (dir.), 21-48.

BRES, J. *et al.* (éds) (2005). *Dialogisme, polyphonie : approches linguistiques*, Bruxelles : De Boeck/Duculot.

BRES, J. et ROSIER, L. (2007). « Réfractions : polyphonie et dialogisme, deux exemples de reconfigurations théoriques dans les sciences du langage francophones », *in* B. Vauthier (éd.), *Bakhtine, Volochinov et Medvedev dans les contextes européen et russe*, *Slavica Occitania* 25 : 437-461.

CULIOLI, A. (1988). « La négation : marqueurs et opérations », *Travaux du Centre de Recherches Sémiologiques* 56 : 17-38.

CULIOLI, A. (1990 et 1999). *Pour une linguistique de l'énonciation*, t. I et t. III, Paris/Gap : Ophrys.

DEFRANQ, B. (2001). « Que peuvent bien *pouvoir* et *bien* ? », *Cahiers Chronos* 8 (« Les verbes modaux »), 33-46.

FLØTTUM, K. (2005). « Moi et autrui dans le discours scientifique : l'exemple de la négation *ne… pas* », *in* J. Bres et *al.* (éds), 323-337.

FUCHS, C. (coord.) (1989). *Langue française* 84, 1. « Modalité et interprétation : l'exemple de *pouvoir* ».

FUCHS, C. (1991). « Polysémie, interprétation et typicalité : l'exemple de *pouvoir* », *in* D. Dubois (éd.), *Sémantique et cognition : catégories, prototypes, typicalité*, Paris : Editions du CNRS, 161-170.

GAUDIN, L., SALVAN, G. et MELLET, S. (2008). « *Pourtant* et *pour autant* », *in* S. Mellet (dir.), 97-160.

HAILLET, P. P. (2002). *Le conditionnel en français : une approche polyphonique*, Paris/Gap : Ophrys.

HAIMAN, J. (1978). « Conditionals are topics », *Language* 54 : 564-589.

HAIMAN, J. (1986). « Constraints on the form and the meaning of the protasis », *in* E. Traugott *et al.* (eds), *On Conditionals*, Cambridge : Cambridge university Press, 215-227.

LEBAUD, D. et MEE RHEE, E. (2000). « *Cependant, pourtant* et altération d'un dire », in *Répétition, Altération, Reformulation*, Annales littéraires de l'Université de Besançon 701. Presses Universitaires Franc-Comtoises, 67-90.

LE GOFFIC, P. (1994). « Indéfinis, interrogatifs, relatifs : parcours avec ou sans issue », *Faits de Langues* 4 : 31-40.

MELLET, S. (2000). « À propos de deux marqueurs de bivocalité », *in* S. Mellet et M. Vuillaume (éds), *Cahiers Chronos*, 5, « Le style indirect libre et ses contextes », Amsterdam – Atlanta : Rodopi, 91-106.

MELLET, S. (dir.) (2008). *Concession et dialogisme. Les connecteurs concessifs à l'épreuve des corpus*. Bern : Peter Lang.

MELLET, S. et MONTE, M. (2008). « *Néanmoins* et *toutefois* », *in* S. Mellet (dir.), 55-85.

MELLET, S. et RUGGIA, S. (sous presse). « *Quand même*, à la croisée des approches énonciatives », *in* Actes du XXVe Congrès international de linguistique et philologie romanes (Innsbruck, 3-8 septembre 2007).

MERLE, J.-M. (1999). « Genèse et interprétation des repères hypothétiques en milieu toncal », *LINX* 41 : 61-74.

MOIRAND, S. (2004). « Le dialogisme, entre problématiques énonciatives et théories discursives », *Cahiers de Praxématique* 43 : 189-217.

MOREL, M.-A. (1996). *La concession en français*, Paris/Gap : Ophrys (« L'essentiel français »).

NØLKE, H. (1993). *Le regard du locuteur*, Paris : Kimé (en part. « *Ne… pas* : négation descriptive ou polémique ? Contraintes formelles sur son interprétation », pp. 233-258).

NØLKE, H. (2001). *Le regard du locuteur 2. Pour une linguistique des traces énonciatives*, Paris : Kimé.

NOWAKOWSKA, A. (dir.) (2004). *Cahiers de Praxématique* n° 43. *Aspects du dialogisme*.

PATARD A. et VERMEULEN C. (2008, sous presse). « Essai de représentation de la phrase hypothétique de forme [*si P (IMP), Q (COND)*] », *Cahiers Chronos.*

PERRIN, L. (dir.) (2006). *Le sens et ses voix. Dialogisme et polyphonie en langue et en discours*, Metz : Université Paul Verlaine, *Recherches linguistiques* n° 28.

TRÉVISE, ANNE (1999). « À propos des repérages fictifs : variété des formes et construction du sens », *LINX* 41 : 39-59.

VALENTIN, P. (éd.) (1989). *La comparaison.* Université Paris-Sorbonne : Linguistica Palatina, Colloqia III.

VELAND, REIDAR (1998). « *Quand même* et *tout de même* : concessivité, synonymie, évolution », *Revue Romane* 33, 2 : 217-247.

DE VOGUË, S. (1992). « *Si*, la syntaxe et le point de vue des opérations », in s.n. *La théorie d'Antoine Culioli. Ouvertures et incidences*, Paris/Gap : Ophrys, 123-144.

DE VOGUË, S. (1999). « Le champ des subordonnées dites conditionnelles en français », *LINX* 41 : 93-118.

DE VOGUË, S. (2004). « *Si*, au centre et aux marges de la condition », *in* C. Hare (coord.), *L'hypothèse au miroir des langues.* Paris : L'Harmattan, pp. 85-117.

ABSTRACTS

The aim of this introduction paper is to justify a grammatical approach of dialogism. **Jacques Bres and Sylvie Mellet** argue for the hypothesis that the language system (rather than the mere discourse level) has the potential to express dialogic phenomena and possesses specific markers to this end. They first specify the concept of dialogism by confronting it with other similar notions like polyphony or enunciative heterogeneity. They then examine the – either grammatical or lexical – nature of the elements by which dialogism is marked. They notably point out the recurrent association between the dialogic function of some markers and their grammaticalization. By the way, they also justify the choice of developing this analysis within the theoretical framework of French enunciative linguistics : indeed, they show that by articulating dialogism to the grammatical system, it is necessary to conceptualize the connexion between language and speech in terms of enunciative actualization.
Key-words : dialogism, enunciative heterogeneity, markers, actualization

To what extent verbal tenses are concerned with dialogism ? **Jacques Bres** develops the idea that the conditional is the only tense in the indicative mode to be dialogic in the language system : the morphological association of two verbal suffixes, – *r and – ai(s)*, entails an enonciative splitting : an enunciator (E_1) locates in the past (*–ai(s)*) another enunciator (e_1), who views the process as subsequent (*–r*). The future tense and the imperfect (and to a certain extent the prospective imperfect as well as the present tense and the prospective present) only have dialogic uses in context : if it is contextually required, their temporal and aspectual instructions enable them to participate actively to the production of a dialogic meaning.
Key-words : dialogism, enunciation, conditional, future, imparfait

In this paper, **Jean-Marc Sarale** describes various occurrences of *possessive noun phrases* which take a *dialogical* meaning in context, such as "your N" meaning "the N you spoke of" or "the thing you call N". This kind of enunciative splitting can happen in proper noun as well as in common noun phrases, at all persons (my/your/his…), regardless of syntactic function. It is suggested that the personal indicator implied in the possessive adjective may contextually point at another source than the main speaker, when interacting with a subjective indicator or a dialogical marker. The possessive adjective doesn't seem to be a *marker* of dialogism in itself, but rather a dialogical *signal* in context – some of his contextual interactions are described.
Key-words : Dialogism, Discourse analysis, Discursive semantics, Enunciative signal, Noun Determiner, Possessive adjective

Geneviève Salvan considers specific relative clauses, whose antecedent is separated from, to show that they operate as markers of dialogism. These relative clauses express an autonomous assertion and install in the sentence an enunciative duplication. Unlike coordination which joins several informations, they are building a hierarchical and enunciative oriented representation. They add an enunciative (re) orientation of first assertion, which is their dialogical specificity. The last part deals with the various dialogical and discursive values of these relative clauses.
Key words : enunciation, dialogism, enunciative duplication, syntax, relative clauses

Aleksandra Nowakowska deals with a syntactic structure called in grammar left and right dislocation : *Paul, he is a nice guy* ; *He is a nice guy, Paul*. The analysis is based on a body of articles in the journalistic press. Following an initial description of this syntactic structure and of the framework of analysis, this article provides a close study of dialogic function of dislocation. The hypothesis of work stipulates that the dislocation is dialogic because the theme implies a relationship with a prior utterance by another enunciation. This relationship between two utterances makes dislocation a dialogic marker and produces in a discourse, according to the rheme and the context, the different effects of sense : agreement, concession, irony, etc.
Key-words : theme, dialogism, detachment, dislocation, discourse analysis

Michèle Monte deals with the use of *si* in non conditional dependant clauses. Based on a big corpus (press and essays), our research distinguishes three categories of *si* P clauses : topical clauses in which Q explains P, concessive ones in which Q limits P, and comparative ones where Q is compared with P. We explain these uses of *si* – which are not so marginal as it could seem – by the value of *si* in the system : we definite *si* as a morpheme that puts the allocutor in front of a choice he is invited to make although the context and the clause position already show the locutor's preference. In a second part we show how the dialogism works in each category : anticipating a counter-argument, bringing into use arguments belonging to the interdiscourse, resuming the locutor's speech (auto-reformulation). In a third part we insist on the argumentative interest of *si* in contexts where the locutor wants the interlocutor to think it is himself who validates the *si* P content. Thanks to its value in the system, *si* allows to benefit from elements belonging to the context while giving the idea their validation is still in doubt.
Key words : dialogism, thematization, auto-reformulation, dependant clauses, argumentation

Sylvie Garnier and **Frédérique Sitri** question the characterization of *certes* as a « dialogical discourse marker ». After demonstrating the difficulty that most polyphonic descriptions of *certes* have in describing the different usages of the adverb in a unified manner, they show that *certes*, in marking the clause it refers to as containing a "certain" point of view as compared to other points of view, carries an aspect of alterity. In discourse, and particularly in the concessive constructions, this alterity is capable of making an altered discourse heard, and of producing effects of interdiscursive and interlocutive dialogism, or auto-dialogism that they attempt to characterize in various discursive genres.
Key words : *Certes*, dialogism, alterity, discourse marker, concession

Stéphane Bikialo develops the idea that the pseudo-objective motivation described by Bakthine comes in the form of a linguistical and discursive configuration that unites a form of language (a logical connector) and a distinctive discursive item. The purpose of this article is to explain the theoretical status, the formal characteristics (markers of consequence, cause and comment) and the nature of the enunciative heterogeneity and the discursive effect which are triggered by this configuration by insisting on the forms of language that these different forms of dialogism summon up.
Key words : pseudo-objective motivation, enunciative heterogeneity, dialogism

Sylvie Mellet examines the hypothesis that dialogism is not only a discursive effect of meaning, but that it is also grounded in the language structure. In that respect, the expression of dialogism may be considered as integrated to the grammar itself.
She supports this point by studying grammatical elements that are often and strongly associated to the expression of dialogism (concessive adverbials, comparative and conditional subordinate clauses, negation and the French modal verb *pouvoir*). Her analysis uses the framework of Culioli's *Théorie des Opérations énonciatives* and pays a particular attention to the notion of *notional alterity* : She shows that each of those grammatical elements may be analysed as a *scanning* operation marker (*parcours* in French) over the whole notional domain, i.e. over both alternative values *p* and *p'*. Thus, by focusing on the enunciative choice between the two propositional values and on the assumption of *p* rather than *p'*, the marker outlines the possibility of two assertive utterances, consequently of two enunciators and so, it makes the emergence of dialogism possible, or even necessary.
Key words : dialogism, alterity, enunciative operation, enunciative assumption, markers, concessive markers, comparison, conditional clauses, negation, *pouvoir*.

CONDITIONS DE PUBLICATION

Politique éditoriale

La revue accueille tout projet de numéro thématique construit par un (ou des) coordinateur(s) proposant un ensemble de recherches originales sur la langue française, préalablement situées dans le domaine au travers d'une présentation large des travaux existant sur la question. La proposition est à adresser à :

Danielle Leeman
Langue française, Revues universitaires
21, rue du Montparnasse
75283 Paris CEDEX 06
Danielle.Leeman@u-paris10.fr

Procédures d'acceptation

Le Conseil scientifique évalue d'abord globalement la proposition qui lui parvient sous forme résumée. En cas d'acceptation, chaque article complètement rédigé est soumis (anonymement) à deux réviseurs pour accord définitif.

Sélection des projets

Les projets sont sélectionnés sur la base d'une proposition de numéro complet (au maximum 8-9 contributions) présentée par un responsable scientifique (lequel peut être pluriel). La décision du Conseil scientifique est fondée sur le respect des recommandations suivantes :

1. La proposition d'un numéro consiste en, d'une part, un exposé argumenté de l'intérêt du recueil projeté, et, d'autre part, l'ensemble des présentations résumées, par leur auteur, de chacune des contributions prévues (au moins une page).
2. Les contributeurs pressentis le sont sur le critère de la qualité de leur apport scientifique : tout projet proposé implique donc en principe un minimum de participation internationale.
3. L'exposé argumenté initial, qui justifie la proposition, situe la thématique retenue dans le champ et montre son intérêt dans le contexte contemporain : il définit au sein des travaux déjà connus ou réalisés (« l'état de l'art ») l'apport original du projet soumis.
4. Cette caractérisation suppose que soient explicités et justifiés globalement le cadre théorique (ou leur articulation si plusieurs sont convoqués), la (les) problématique(s) traitée(s), les hypothèses de résolution, les objectifs, méthodes et résultats.
5. Une brève présentation des contributions prévues en explicite l'apport individuel et la complémentarité pour la cohérence de l'ensemble.

Évaluation des contributions

1. Une fois le projet global accepté par le Conseil scientifique, il est procédé à la relecture anonyme de l'ensemble des contributions rédigées, à raison de deux relecteurs au moins par article.
2. Si nécessaire, il est fait appel à un expert extérieur pour une relecture supplémentaire.
3. Chaque contribution est évaluée en fonction de la place qu'elle occupe dans l'économie générale du numéro, telle que définie par l'article introductif rédigé par le responsable scientifique : elle doit s'articuler à l'ensemble de manière cohérente.
4. Elle doit donc se situer explicitement sur les plans théorique et méthodologique, par conséquent manifester une ouverture à d'autres points de vue que celui qui est retenu, et apporter du nouveau (par des avancées théoriques, méthodologiques ou empiriques), témoignant par là d'une bonne connaissance des travaux pertinents déjà publiés dans le domaine : l'adéquation de la bibliographie au sujet traité entre dans l'appréciation de l'ensemble.
5. Le Conseil scientifique accorde une grande importance à la lisibilité des contributions : clarté des objectifs, de l'argumentation, de la démarche, des résultats, mais aussi clarté dans l'écriture elle-même – la vocation de la revue est en effet de diffuser les connaissances auprès d'un public large de chercheurs, spécialistes comme non spécialistes du domaine traité dans chaque numéro, mais aussi de chercheurs extérieurs au domaine des sciences du langage, et de non-chercheurs.